W0087557

Tina Caspari

Bille & Zottel

Reiterabenteuer mit Bille und Zottel

EGMONT

1. Auflage
© 2016 Schneiderbuch
verlegt durch EGMONT Verlagsgesellschaften mbH,
Gertrudenstraße 30–36, 50667 Köln
Alle Rechte vorbehalten
Der vorliegende Sammelband enthält folgende Titel:
Im Hauptfach Reiten (1982)
Sensation in der Manege (1983)
Frühling, Freunde, freche Fohlen (1984)
Umschlaggestaltung: Guter Punkt, München | www.guter-punkt.de
Umschlagmotiv: © Guter Punkt unter Verwendung von Motiven
    von iStock und shutterstock
Layout und Satz: Greiner & Reichel, Köln
Printed in Germany (671575)
ISBN 978-3-505-13810-2

MIX
Papier
FSC FSC® C014496

Die EGMONT Verlagsgesellschaften gehören als Teil der EGMONT-Gruppe zur
EGMONT Foundation – einer gemeinnützigen Stiftung, deren Ziel es ist, die sozialen,
kulturellen und gesundheitlichen Lebensumstände von Kindern und Jugendlichen zu
verbessern. Weitere ausführliche Informationen zur EGMONT Foundation unter:
www.egmont.com

Inhalt

Im Hauptfach Reiten

Ruhe vor dem Sturm

„Warum lachst du?"

„Ich habe gerade eine Entdeckung gemacht."

„Eine Entdeckung?"

„Ja, ich habe festgestellt, wie ähnlich ihr euch seid. Du und Zottel."

Simons Blick wanderte mit zärtlichem Spott zwischen dem Profil des Ponys und dem Profil seiner Freundin Bille hin und her. Zottels Kopf über dem seiner Besitzerin, die wuschelige Pferdemähne und der widerspenstige Lockenschopf Billes, vom kräftigen Ostwind über Stirn und Augen geweht, die Nasen schnuppernd dem Meer zugewandt – sogar den gleichen Ausdruck von wacher Neugierde und Lebensfreude hatten sie.

„Ich glaube, das musst du mir näher erklären!"

Bille ließ sich auf die Ellbogen zurückfallen, kuschelte sich genießerisch in die Sandmulde, die zwischen dem Strandhafer ein kleines Nest bildete, in dem man vor Windböen geschützt war, und blinzelte zu Simon hinauf.

„Ich bin viel zu faul, um lange Erklärungen abzugeben!"

Simon streckte sich neben Bille im Sand aus und fasste in ihren blonden Schopf. „Es ließe sich immerhin sagen, dass du genauso ein Zotteltier bist."

„He! Frech bist du gar nicht, wie? Und warum kommt dir diese Erkenntnis erst heute?"

„Ich weiß nicht. Vielleicht, weil ich gerade beobachtet habe, wie ihr zwei auf die gleiche Weise die Nüstern bläht."

„Ich blähe die Nüstern? Das wird ja immer schöner!"

„Ja, du hast eine richtig süße Pferdenase. Wusstest du das nicht?"

„Jetzt behaupte nur noch, ich sehe auch sonst aus wie ein Pferd! Bei aller Liebe zu unseren Rössern, aber …"

„Keine Sorge! Außer den genannten Äußerlichkeiten hast du nur noch eines mit unseren Lieblingen gemeinsam …"

„Und das wäre?"

„Deine Pferdenatur."

„Du unverschämter Typ! Na warte, meine Rache wird fürchterlich sein!"

„Das hoffe ich."

Simon schloss die Augen und spitzte den Mund. Einen Augenblick war Bille in Versuchung, eine Hand voll Sand über seine Lippen rieseln zu lassen, aber dann beugte sie sich über ihn und gab ihm einen zarten Kuss auf die Nasenspitze.

„Was, nicht mehr? Das war aber wenig … Strafe!"

Simon schlang die Arme um Bille und zog sie fest an sich.

„Ich bin so froh, dass es dich gibt", sagte Bille leise an seinem Ohr. „Das wird alles weniger schlimm machen."

„Weniger schlimm? Was meinst du?"

„Groß-Willmsdorf. Die Umstellung, all die Neuen, die fremden Schüler und Lehrer, die den Hof und den Park bevölkern werden! Groß-Willmsdorf als Internat! Ich kann's mir einfach noch nicht vorstellen. Anstatt der gewohnten Ruhe den ganzen Tag Lärm wie auf einem Schulhof! Überall werden sie ihre neugierigen Nasen hineinstecken, alles besser wissen wollen und …"

„Jetzt hör aber mal auf!", unterbrach Simon seine Freundin und richtete sich auf. „Warte doch erst mal ab! Herr Tiedjen hat alle Vorkehrungen getroffen, dass der Schulbetrieb streng von Hof und Gestüt getrennt bleibt. Niemand wird unerlaubt den Hof betreten, und die Schüler und Lehrer … na, ich denke mir, wenn das ein Internat werden soll, in dem Reiten Hauptfach ist und das speziell für pferdebegeisterte junge Reiter geschaffen wird, für echte Pferdenarren, dann werden sie schon nicht so übel sein. Die Unechten, die nicht zu uns passen, die werden wir schleunigst rausekeln, meinst du nicht?"

Bille verzog das Gesicht.

„Hm, sicher kommen eine Menge hübsche, begabte Reiterinnen, die dich anhimmeln, dich Tag und Nacht belagern und sich von dir Privatunterricht geben lassen!", sagte sie halb im Spaß, halb wütend und wandte sich von ihm ab.

Simon zog sie an den Schultern zu sich heran.

„Ja, ist denn das die Möglichkeit! Du bist eifersüchtig! Was soll ich denn da sagen, hm? Wenn dir die gut aussehenden Jungen zu Dutzenden zu Füßen liegen und um deine Gunst werben! Ich sehe sie schon vor mir, wie sie nachts Blumen aus Frau Lohmeiers Garten klauen und dir Sträuße durchs Fenster werfen! Wie sie dir im Stall Liebesbriefe zustecken und ihr letztes Taschengeld für silberne Armreifen rausschmeißen! Prügeln werden sie sich um dich! Und was wird dann aus mir?"

Bille lachte.

„Wir sind ganz schön blöd, wie?"

„Hm … Versprichst du mir was?"

„Was denn?"

„Wenn dir je solche Gedanken kommen, ich meine, in Bezug auf ein anderes Mädchen, versprichst du mir, gleich als Erstes zu mir zu kommen und mit mir darüber zu reden?"

„Abgemacht. Und du … Versprichst du mir das Gleiche?"

„Klar doch."

Simon beugte sich vor, um Bille zu küssen, aber Zottel, dessen Zügel lose um Billes linken Arm hing, hatte jetzt genug von dem romantischen Blick über Strand und Meer. Energisch warf er den Kopf hoch und machte ein paar Schritte, sodass Bille das Gleichgewicht verlor und zur Seite rollte.

„Nichts wird einem gegönnt", seufzte Simon abgrundtief. „Na komm, es ist ohnehin höchste Zeit für uns. Machen wir uns auf den Heimweg."

Er stand auf, klopfte sich den Sand von Pulli und Reithose, dann streckte er Bille die Hand hin. Bille sprang auf die Füße und wollte sich Zottel zuwenden, aber Simon zog sie schnell an sich, nahm ihren Kopf in beide Hände und küsste sie so heftig, dass Bille alles um sich herum vergaß. Sie ließ die Arme sinken, und Zottels Zügel fiel zu Boden.

Zottel brauchte nur den Bruchteil einer Sekunde, um seine Chance zu erkennen. Freudig trabte er zum Wasser hinunter, wandte sich nach rechts und ging in einen wiegenden Schaukelgalopp über. Simons Fuchsstute Pünktchen spitzte die Ohren und wieherte beunruhigt hinter ihrem Freund her. Simon und Bille ließen sich nicht stören.

Eine ganze Weile standen sie so und vergaßen die Welt um sich herum. Sie beendeten ihre Umarmung nicht einmal, als sich Hufgetrappel und heftiges Schnauben näherten und atemlos ein paar Reiter neben ihnen anhielten.

„Sagt mal, ihr vermisst nicht zufällig etwas?", fragte Simons jüngerer Bruder Florian scheinheilig.

„Doch. Ein rot geschecktes Pony", murmelte Simon, ohne Bille loszulassen. „Wir haben es euch entgegengeschickt, um zu sehen, wo ihr bleibt. Hat es euch gefunden?"

„So kann man's auch nennen."

„Wunderbar, dann können wir ja jetzt zurückreiten."

Simon entließ Bille schweren Herzens aus seinen Armen und wandte sich seiner Stute zu. Bille nahm Zottel in Empfang und stieg in den Sattel.

„Lieb von dir, Flori, dass du ihn mir eingefangen hast, vielen Dank!"

„Na ja, man hat ja Verständnis … Liebe muss was Schönes sein", brummte Florian – allerdings nicht allzu laut. Denn seit es ein Mädchen namens Nico in seinem Leben gab, das ihn, den erklärten Frauenfeind, bekehrt hatte, musste er sich vor dem Spott seiner Brüder in Acht nehmen.

„Armer Flori", sagte Daniel, sein ältester Bruder, denn auch sofort. „Noch fünf Tage muss er das harte Los eines Strohwitwers ertragen, bis Nico zurückkommt! Wir werden ihr erzählen, wie er gelitten hat."

„Das wirst du nicht tun!"

Florian versuchte, Daniel einen Schlag mit der Reitgerte zu verpassen. Er zielte zwar auf den Stiefel des Bruders, erwischte aber die Flanke seines Schimmels Asterix, der empört quiekend ausschlug, einen Riesensatz nach vorne machte und davongaloppierte. Daniel hatte Mühe, das Gleichgewicht zu halten, so unerwartet kam der Blitzstart seines Wallachs.

„Du solltest es dir mit Asterix nicht verderben, Flori!", rief seine Adoptivschwester Bettina lachend. „Du weißt doch, dass du ihn pflegen und reiten musst, wenn Daniel jetzt zum Studium weggeht. Er wird sich furchtbar an dir rächen und sich Nacht für Nacht in seinem Mist wälzen!"

Florian seufzte.

„Ein Schimmel ist wirklich das Letzte. Ich weiß schon, was ich an Bongo habe – stimmt's, Dicker?" Zärtlich kraulte er seinem kleinen Rappen die Mähne. „Der ist pflegeleicht! Auch wenn ich jetzt zu groß für ihn bin. Schade, dass so ein Pony nicht einfach mitwächst. Man müsste da mal was erfinden …"

Daniel war böse. Er erwartete sie hundert Meter weiter auf den Dünen. Es war ihm anzusehen, dass er sich gleich mit wilden Beschimpfungen auf den jüngeren Bruder stürzen würde, aber Bille ging dazwischen, ehe er richtig Luft geholt hatte.

„Nun kommt, vertragt euch, verderbt uns nicht den schönen Ferientag! Warum müsst ihr beiden dauernd streiten!"

„Das musst du verstehen, Bille!" Tom Tiedjen, der neben Bettina ritt, grinste anzüglich. „Der eine ist schlechter Laune, weil seine Herzallerliebste fern von ihm weilt, der andere, weil er gerade keine hat."

„Du sagst es", maulte Florian. „Ihr vier seid ja auch ein öffentliches Ärgernis! Zwei Liebespaare in der Familie! Und das muss man sich den ganzen Tag mit ansehen!"

„Bist du nicht ein bisschen undankbar, Flori? Ich finde, du hast allen Grund, dich darüber zu freuen, dass Nico in Zukunft hier bei uns auf dem Reiter-Internat zur Schule gehen darf", meinte Bettina. „Sonst würdest du sie nämlich frühestens in den nächsten Sommerferien wiedersehen. Was sind da schon die paar Tage Trennung!"

„Ha, ha, ha. Du hast's nötig. Kaum hat sich Tom von dir verabschiedet, rast du schon wieder zum Telefon, um ihn anzurufen!

„Dafür sehen Tom und ich uns während der Schulstunden nicht. Du dagegen kommst mit Nico in eine Klasse!"

Bille kicherte. „Auf die Schulnoten bin ich gespannt!"

„Meine werden super, darauf kannst du dich verlassen", sagte Florian überzeugt.

„Wieso denn das auf einmal?"

„Weil Nico ein Ass in allen Fächern ist, in denen ich schwach bin. Wir werden ihre Kenntnisse brüderlich zwischen uns teilen: Sie sagt mir, was ich nicht weiß, dafür darf ich dann bei ihr abschreiben."

„Toll!", spottete Simon. „Wirklich schade, dass es sich für Tom und mich nicht mehr lohnt, die Schule zu wechseln. Ich hätte zu gern erlebt, wie's im Reiter-Internat zugeht!"

„Dafür hast du's in ein paar Monaten hinter dir. Ich wünschte, ich wäre auch schon achtzehn und stünde kurz vor dem Abi ...", seufzte Bille.

„Mach dir nichts draus. Deine sechzehn Jahre stehen dir ausgezeichnet; genieße sie, solange du sie hast", sagte Daniel onkelhaft. „Wenn erst mal das graue Alter zuschlägt, zwanzig Jahre, abgeklärt und weise, schau mich an – wenn ich jetzt an unserer Schule vorbeigehe, nennen sie mich Opa!"

Sie waren von den Dünen in einen Feldweg eingebogen, der zur Landstraße hinüberführte. Bettinas Haflingerstute Sternchen drängte energisch vorwärts.

„Sternchen riecht den Stall. Sie erinnert sich ihrer Mutterpflichten. Kommt, legen wir mal wieder einen kleinen Trab ein", schlug Bettina vor.

„Außerdem backt Fräulein Fuchs heute Apfelkuchen", fiel Florian ein, „und den wollte ich unbedingt unter die Lupe nehmen, bevor er auf den Esstisch kommt. Wer weiß, ob er für euch überhaupt genießbar ist, oder ob ich ihn nicht besser gleich vernichte. He, Tom, kommst du mit nach Peershof oder reitest du gleich weiter?"

„Ich glaube, ich komme nicht mit. Troilus ist heute so zickig. Ich muss ihn noch ein bisschen toben lassen. Ich werde Bille heimbegleiten und dann noch für eine halbe Stunde mit ihm in die Halle gehen. Das wird sein jugendliches Temperament etwas zügeln."

„Also, tschüss dann! Das war ein traumhaft schöner Ausritt! Hoffentlich bleibt das Wetter in den letzten Ferientagen so gut! Seid nicht böse, aber ich muss mich beeilen. Ich habe Mutsch und Onkel Paul fest versprochen, heute früher heimzukommen, um meinen Babysitterdienst pünktlich anzutreten", rief Bille. „Meine liebe Schwester Inge nimmt es damit sehr genau."

„Alles klar, wir sehen uns morgen in Groß-Willmsdorf. Hoffentlich ist dein Patenkind brav und gönnt dir einen ungestörten Fernsehkrimi!" Bettina warf der Freundin zum Abschied eine Kusshand zu. „Aber er scheint ja ein Musterkind zu sein, wenn man deine Mutter so reden hört."

„Genauso ein Musterkind wie ich … als Baby. Wäre ja noch schöner, er ist ja schließlich mein Neffe!"

„Na, dann üb mal schön Babyhüten." Florian grinste anzüglich. „Wird ohnehin Zeit, dass du das lernst. Was denn – kein Kuss für Simon? Das gibt's doch nicht!"

„Mann, bist du naiv!", brummte Daniel. „Für die ist doch das Programm noch nicht gelaufen, auch wenn sie sich jetzt für zwei Stunden trennen müssen. Oder hast du geglaubt,

Simon ließe Bille allein in dem einsamen Haus mit dem schlafenden Baby …"

Diesmal war es Simon, der klatschend mit der Reitpeitsche zuschlug. Er allerdings traf Daniels Reitstiefel, und wenn Asterix auch diesmal quiekend auskeilte, dann nur vor Schreck.

„Hach, ist es wieder gemüüüütlich bei uns!", stöhnte Bettina. „Ciao, Tom, pass schön auf Bille auf und verteidige sie gegen diese widerlichen Lästermäuler. Aus denen spricht doch nur der nackte Neid."

„Wenn ihr meine kleine Schwester nicht in Ruhe lasst, schieß ich mal ganz locker aus der linken Hüfte!", drohte Tom lachend. „Ciao, Tina, ich rufe dich nachher an."

Tom und Bille ritten im Schritt die Landstraße hinunter. Erst auf dem Feldweg, der zum Dorf Wedenbruck führte, ließen sie ihre Pferde noch einmal richtig laufen.

„Lieb, dass du mitgekommen bist, Tom", sagte Bille, als sie von der Dorfstraße in die Einfahrt bogen und Tom aus dem Sattel sprang, um das Tor zu öffnen.

Das Shetlandpony Moischele ließ von der Koppel her ein sehnsüchtiges Wiehern hören.

„Ich hol dich gleich, mein Kleiner, warte noch einen Augenblick!", rief Bille hinüber.

Sie rutschte aus dem Sattel, löste den Gurt und legte den Sattel neben sich ins Gras – was sie augenblicklich daran erinnerte, dass sie Onkel Paul versprochen hatte, heute noch den Rasen zu mähen.

„Ach, verdammt …"

„Was ist?"

„Ich hab was vergessen. Wie spät ist es?"

„Zehn vor sechs."

„Oje. Tom, hast du nicht Lust, mir einen kleinen Gefallen zu tun?"

Tom grinste. Dann legte er den Kopf schief und ahmte Billes Stimme nach.

„Würdest du meine Ponys versorgen? Du bist ein Engel!!!"

„Das wollte ich gerade sagen."

„Wusste ich doch."

Tom band Troilus am Stall an, dann nahm er Zottel am Zaumzeug.

„Ich werde ihn auf der Koppel bei Moischele noch ein bisschen laufen lassen. Dann hat der Kleine Gesellschaft. Inzwischen richte ich das Futter her."

„Du bist …"

„… ein Engel. Das hatten wir bereits."

Bille holte den Rasenmäher aus der Garage und machte sich im Feuerwehrtempo an die Arbeit. Bis halb sieben musste alles fertig sein. Und sie hatte Mutsch versprochen, sich auch um das Abendessen zu kümmern. Wenn Mutsch abends einmal ausging – was selten genug vorkam –, dann war sie aufgeregt wie ein junges Mädchen, und man tat gut daran, ihr keinen Grund zum Ärgern zu geben.

Als Bille mit dem Rasen vor dem Haus fertig war, stürmte sie in die Küche, richtete in Windeseile ein paar üppig belegte Brote her, die sie mit Radieschen und Tomatenscheiben verzierte, deckte den Tisch, stellte Bier und Apfelsaft bereit und rannte wieder nach draußen.

Sie hatte gerade den Rasenmäher ums Haus herumgezogen, als sie das Auto ihrer Eltern vor der Einfahrt hörte. Bis Mutsch im Haus war und aus dem Schlafzimmerfenster schaute, hatte sie immerhin schon einen schmalen Streifen des hinteren Rasens gemäht.

„Na, das ist dir wohl gerade eben noch eingefallen", rief Mutsch denn auch prompt. „Nun komm erst mal essen, den Rasen kannst du morgen früh fertig machen. Du musst doch gleich rüber zu Inge."

Bille ließ den Rasenmäher stehen; sie schaute kurz zu Tom in den Stall, der verständnisvoll abwinkte und etwas wie „Ich mach das schon, geh nur" murmelte.

Bille achtete darauf, die staubigen Reitstiefel gleich in der Haustür von den Füßen zu ziehen, und lief in die Küche hinüber.

Während sie Bier in zwei Gläser schenkte, hörte sie Onkel Paul die Treppe herunterkommen.

„Dunkler Anzug! Krawatte!", brummte er. „Und das bei dem Wetter!"

„Trink erst mal ein Bier", sagte Bille mit dem milden Lächeln einer Krankenschwester. „Warum gehst du nicht ohne? Heutzutage muss man sich fürs Theater doch nicht mehr so fein machen! Als ich das letzte Mal mit war, hab ich eine Menge Leute mit Jeans und Pulli gesehen."

„Das bring mal deiner Mutter bei! Hm, ist das lecker, das schmeckt ja raffiniert! Was ist denn das?"

„Bücklingsfilet auf Rührei. Das Rührei war ein Rest vom Frühstück."

Mutsch stürmte – ein weißer Wirbelwind mit blauen Tupfen – in die Küche und zerrte verzweifelt an ihrem Reißverschluss.

„Typisch! Wenn ich's wirklich mal eilig hab, muss das verdammte Ding sich einklemmen! Ich weiß nicht, ich muss schon wieder zugenommen haben, das Kleid war doch sonst nicht so eng! Und meine Haare, eine einzige Katastrophe! Du meine Güte, die Schuhe, ich hab ja die Schuhe noch gar nicht geputzt! Und meine Fingernägel wollte ich noch lackieren."

„Nun man immer mit der Ruhe!", brummte Onkel Paul begütigend. „Setz dich erst mal und iss etwas! Wir haben noch viel Zeit!"

„Essen? Jetzt? Dazu habe ich keine Zeit. Es ist zehn vor sieben!"

„Na und? Um acht fängt die Vorstellung an, und wir fahren höchstens vierzig Minuten. Die Karten haben wir schon, warum regst du dich also auf?"

Bille war auf den Flur gelaufen und hatte Mutsch die Schuhe geholt.

„Na siehst du, blitzsauber, ich wusste es doch. Hier, setz dich und trink einen Schluck, ich kümmere mich um deine Frisur. Onkel Paul wird dich füttern, und du lackierst deine Nägel, okay? Übrigens, wie heißt eigentlich das Stück, das ihr seht?"

„Viel Lärm um nichts", murmelte Mutsch hinter einem Schinkenbrot hervor, das Onkel Paul ihr in den Mund schob.

„Na also!" Bille zwinkerte Onkel Paul zu.

„Wie meinst du das?" Mutsch schaute misstrauisch von einem zum anderen. „Musst du nicht gehen? Inge wartet vielleicht schon! Hoffentlich sind die beiden pünktlich!"

„Inge ist immer pünktlich."

„Ja, aber Thorsten nicht. Und ich kann es nun mal nicht leiden, wenn ich in letzter Minute ins Theater komme und mich durch die ganze Reihe drängen muss und den Leuten auf die Zehen trete und …"

„Ich geh schon. Werde den beiden ein bisschen Dampf machen. Viel Spaß, ihr beiden! Und wenn es spät wird, macht euch keine Sorgen, dann schlafe ich drüben auf der Couch."

„Und denk bitte daran …"

„Klar doch, ich denke an alles!"

Bille ging schnell hinaus.

Mit beiden Füßen im Fettnapf

Am nächsten Morgen brachte Bille die Ponys auf die Koppel, dann fuhr sie mit dem Fahrrad nach Groß-Willmsdorf. In der Nacht war es kühl gewesen. Tau lag auf den Gräsern, und die ersten Spuren des Altweibersommers hingen zwischen den Sträuchern, aber der Himmel strahlte in einem lichten Blau und versprach einen Supersommersonnentag. Kein Windhauch war zu spüren, nichts regte sich, als hätte ein unsichtbarer Fotograf die Landschaft für eine stimmungsvolle Aufnahme arrangiert – als wartete sie nun mit angehaltenem Atem auf das erlösende „Klick".

Schön ist es bei uns!, dachte Bille und atmete tief durch. Jedes Mal, wenn sie die vertrauten, zwischen Feldern und Koppeln eingebetteten Wirtschaftsgebäude des Gutes Groß-Willmsdorf vor sich liegen sah, den Park dahinter mit den riesigen alten Buchen und Kastanien, zwischen denen man das Dach des Gutshauses mehr ahnte als sah, überkam sie ein Gefühl von Zärtlichkeit. Groß-Willmsdorf war ihr zweites Zuhause. Und so sehr sie auch an Mutsch und an Onkel Paul, ihrem Stiefvater, hing, ein Leben ohne Groß-Willmsdorf, ohne Hans Tiedjen und seinen Sohn Tom, ohne die Pferde, die tägliche Arbeit im Stall und auf dem Reitplatz, wäre ihr vorgekommen, als hätte man sie ihrer Arme oder Beine beraubt. Es war einfach nicht vorstellbar.

Im Garten der Lohmeiers bogen sich die Äste der Apfel- und Birnbäume unter der Last der Früchte, und im Staudenbeet wetteiferten Gladiolen und Phlox um das aufregendste Rot. Herr Lohmeier, der Gutsverwalter, trat aus dem Haus und blinzelte zufrieden zum Himmel hinauf. Er winkte Bille zu und grüßte sie mit einer angedeuteten kleinen Verbeugung, dann vergewisserte er sich schnell, dass seine Frau es nicht gesehen hatte. Bille grinste. Beim Erntedankfest würde er sie wieder im Walzertakt herumschwenken und ihr bierselig versichern, zu welch beachtlicher junger Dame sie sich doch gemausert habe.

Im Stall waren Hubert und der alte Petersen gerade beim Füttern. Bille rief ihnen ein fröhliches „Guten Morgen!" zu und trat zu Black Arrow, ihrem Rappwallach, in die Box.

„Na, mein Schöner! Hast du gut geschlafen? Heute wird hart gearbeitet, aber du hast noch ein bisschen Zeit. Ich muss mich erst um die anderen kümmern."

Black Arrow ließ sich nicht beim Frühstück stören. Auf Billes zärtliches Kraulen und Streicheln hin wandte er ihr nur einmal kurz den Kopf zu, schnaubte ihr freundlich Teile seiner Mahlzeit ins Gesicht und wandte sich wieder der Krippe zu. Bille strich ihm noch einmal kräftig über Hals und Kruppe, dann ließ sie ihn allein, um ihren Morgenrundgang durch den Stutenstall und die Kinderstube zu machen und gleichmäßig ein paar Streicheleinheiten zu verteilen.

„Irgendwas Besonderes?", fragte sie Hubert im Vorübergehen.

„Der Chef will um zehn Uhr mit Nathan ins Gelände. Simon und Tom übernehmen die anderen. Du sollst dich um die Schulpferde kümmern."

„Okay, mach ich. Ich schau nur schnell mal zu den Fohlen rüber. Wo ist Tom?"

„Keine Ahnung. Er schläft wohl noch."

„Das darf doch nicht wahr sein. An so einem traumhaften Tag! Na warte, dem werde ich gleich mal auf die Beine helfen!"

Bille verzichtete auf den Besuch bei den Fohlen. Sie lief den Stall entlang bis zur Südseite, an der neuerdings eine breite, überdachte Holztreppe auf eine geräumige Veranda hinaufführte, von der aus man in die neue Wohnung kam, die Hans Tiedjen kürzlich mit seinem Sohn bezogen hatte.

Die Wohnungstür stand weit offen, und aus der Küche zogen blauschwarze Rauchschwaden, die Bille einen Geruch von verbranntem Speck entgegentrugen.

„Tom? He, Tom, wo steckst du?"

Bille stürmte in die Küche und fand sie leer, abgesehen von der alles einhüllenden Rauchwolke aus der Pfanne. Sie riss die Pfanne vom Herd, schaltete die Platte aus und öffnete das Fenster. Im Wohnzimmer hörte sie Tom sprechen. Natürlich, er telefonierte mit Bettina!

Sie nahm die qualmende Pfanne, ging ins Wohnzimmer hinüber und hielt sie Tom vor die Nase.

„Ich muss Schluss machen, Tina, mein Frühstück ist fertig!", flötete Tom in den Apparat. „Bis später."

„Du hast Nerven! Wolltest du die Wohnung samt Stall abbrennen, oder wie soll ich das verstehen?"

„Was willst du? Ich esse meinen Speck immer gut durchgebraten."

„Ha, ha, ha", machte Bille gelangweilt. „Dann solltest du ihn in Zukunft im Hof auf dem offenen Feuer grillen. Das ist weniger gefährlich."

„Ich habe doch gedacht, Frau Engelke … Wo ist sie überhaupt?"

„Ich habe sie nicht gesehen."

„Ach, verdammt!" Tom biss sich auf die Lippen. „Sie ist in die Stadt gefahren, einkaufen für die Party heute Abend. Sie hat mir noch zugerufen, dass sie jetzt wegmuss, und ich sollte …"

„… den Speck nicht anbrennen lassen. Was für eine Party heute Abend?"

„Begrüßungsabend für den Direktor des Internats und die Lehrer, die schon heute kommen. Du bist auch eingeladen, soll ich dir von Daddy bestellen. Um halb acht geht's los. Mach dich hübsch, du darfst wieder Tochter des Hauses spielen. Drinks anbieten und so."

„Wo ist Daddy jetzt?"

„Im Gutshaus drüben, sehen, wer schon angekommen ist und ob alles in Ordnung ist."

„Jetzt wird's ernst", seufzte Bille. „Ich kriege richtig Schmetterlinge im Bauch. Vier Tage noch, dann sitze ich im Gutshaus drüben auf der Schulbank. Ein komisches Gefühl."

Bille ging in die Küche hinüber, stellte die Pfanne mit dem Speck auf eine kalte Herdplatte und öffnete den Kühlschrank.

„Wie viele Eier?"

„Drei bitte. Warte, den Toast mache ich."

Während die Eier in der Pfanne brutzelten und Tom zwei Toastscheiben in den Toaster steckte, deckte Bille den Tisch. Sie baute Milch, Butter und Marmelade vor Toms Platz auf und ließ die Eier auf den Teller gleiten.

„Wenn das kein Service ist!", murmelte sie. „Aber Gesellschaft leisten kann ich dir nicht, ich muss in den Schulstall.

Bin verdammt spät dran. Wir sehen uns später in der Halle drüben, okay?"

„Alles klar. Und vielen Dank!"

Der Schulstall, der extra für die Schüler des neu gegründeten Internats gebaut worden war, lag jenseits des Parks auf der Westseite des Gutshauses. Ein breiter Gürtel aus hohen Buchen und Eichen trennte die dem Reitschulbetrieb dienenden Anlagen von Wohnhaus, Gestüt und Wirtschaftsgebäuden. Vor dem Schulstall hatte man einen kleinen Longierplatz angelegt, daneben erhob sich das weiträumige Gebäude der neuen Reithalle. Auf der anderen Seite des Schulstalls wartete die große Außenbahn auf ihre Vollendung. Im Herbst sollte mit der Bepflanzung der Wälle begonnen werden, die an drei Seiten des Platzes aufgeworfen worden waren. Zuschauerbänke waren für später geplant. Die Herstellung der Hindernisse sollten die Schüler selbst übernehmen.

Der Schulstall war nach neuesten Gesichtspunkten erbaut worden, hell und geräumig und mit allem Komfort für die Pferde versehen. Außerdem bot er alles, was man sich als Reiter und Pferdepfleger wünschen konnte. Neben der Sattel- und der Gerätekammer gab es sogar einen Raum für den theoretischen Unterricht und auf der Rückseite des Gebäudes zwei kleine Wohnungen für die beiden Pferdepfleger, mit direktem Zugang zum Stall.

Von den vierundzwanzig Boxen waren bisher erst acht belegt. Zwei weitere Pferde wollte Herr Tiedjen noch für den Schulbetrieb kaufen, die übrigen Boxen sollten den Gastpferden zur Verfügung stehen.

Bille begrüßte jeden der Neuen ausgiebig, einer nach dem anderen wurde gestreichelt, begutachtet und bekam seinen

Leckerbissen. Da waren die Rappstute Darling und Natascha, die hübsche Braune mit der breiten Blesse. Der Schwarzschimmel Bobby und der rassige braune Janosch. Rumpelstilzchen und Lucky, die beiden Islandpferde. Regula, eine Trakehner Hellfuchsstute, die sie zärtlich Reggi nannten. Und schließlich Luzifer, der zwar nachtschwarz war, aber ansonsten seinem teuflischen Namen keine Ehre machte. Er war dick, gefräßig und sanft wie ein Lämmchen, das ideale Pferd für ängstliche, noch ungeschickte Reitschüler.

Dass Luzifer im Schulstall von Groß-Willmsdorf gelandet war, verdankte er Billes Überredungskünsten und Herrn Tiedjens Gutmütigkeit. Denn eigentlich war er zu alt für den Schulbetrieb, den Herr Tiedjen ausschließlich mit frischen, unverdorbenen Pferden aufbauen wollte. Luzifer hatte in einer Zeitungsannonce mit herzerweichenden Worten um ein neues Zuhause gefleht. Die Anzeige hatte Bille neugierig gemacht, und sie hatte sofort die angegebene Telefonnummer angerufen und sich nach dem Pferd erkundigt.

Zwei Mädchen von acht und neun Jahren entpuppten sich als die Urheber der Annonce. Bille musste sich einen langen Verzweiflungsausbruch anhören, dem sie so viel entnahm, dass Luzifer abgeschafft werden sollte, sei es, weil er zu viel Geld kostete, sei es, weil die Mädchen sich nicht genügend um ihn gekümmert hatten. Alles Bitten und Flehen half nichts, der Spruch des Vaters war endgültig. Und wenn man nicht einen Käufer fand, war die Tötung des Rappen nicht mehr aufzuhalten.

Eine Stunde später hatten Bille und Herr Tiedjen in Luzifers Box gestanden. Der Stall war total verschmutzt und der Wallach ungepflegt. Die Fürsorge der Mädchen hatte sich ganz offensichtlich darauf beschränkt, Luzifer mit allem zu füttern, dessen sie habhaft werden konnten.

„Vati hat uns gesagt, wenn wir ein Pferd wollen, müssen wir ganz allein dafür sorgen", erklärte die Ältere. „Er mag nämlich eigentlich keine Pferde, und Mutti auch nicht. Sie hat Angst. – Ist er nicht goldig?"

„Er ist so lieb! Er geht überall mit uns hin", beteuerte die Jüngere.

„Und wer reitet ihn?"

„Niemand, wir führen ihn spazieren, oder er bleibt auf der Koppel beim Bauern."

Eine halbe Stunde hatte Bille gebraucht, um Daddy zum Kauf Luzifers zu überreden. Dann hatte sie den elfjährigen Wallach mit nach Groß-Willmsdorf nehmen dürfen. Vor ein paar Jahren war er ein gut ausgebildetes Reitpferd gewesen, jetzt sollte der überdimensionale Fettklops auf halbe Ration gesetzt und von Bille in ein scharfes Training genommen werden.

„Dich nehme ich als Ersten dran, Dicker", sagte Bille zärtlich. „Ich muss nur noch schnell den anderen Guten Morgen sagen. He! Warum ist Janosch nicht in seiner Box?" Bille sah sich nach dem Pferdepfleger um. „Herr Friedrich, wo sind Sie?"

„Herr Friedrich nicht da heute, Herr Friedrich heute frei ganzen Tag. Ich allein hier."

Aus dem Geräteraum schob sich zögernd ein junger Mann näher und sah Bille schüchtern an. Achmed, der Türke, der seit einigen Tagen als zweiter Pferdepfleger im Schulstall arbeitete. Seit er Bille im Sattel gesehen hatte, wie sie mit Black Arrow mühelos die schwierigsten Hindernisse nahm, war sie für ihn zu einer Art höherem Wesen geworden. Er blickte zu ihr auf, als schwebe sie auf einer unsichtbaren Wolke einen halben Meter über dem Boden.

„Was ist los, Achmed, warum schaust du mich so verzweifelt an? Ist was passiert, hast du was kaputt gemacht? Oder hast du Angst, dass du es nicht allein schaffst? Keine Sorge, ich helfe dir schon, und wenn du etwas wissen willst, brauchst du mich nur zu fragen", sagte Bille kameradschaftlich. Es war wirklich nicht sehr nett von Herrn Friedrich, den Jungen schon nach vier Tagen allein im Stall zu lassen, wo es für ihn doch schon schwierig war, die Pläne mit den Fütterungsanweisungen zu lesen, dachte sie bei sich.

„Janosch …", sagte Achmed und schaute Bille ratlos an.

„Ja? Was ist mit ihm? Warum ist er nicht in seiner Box?"

„Er ist weg."

„Ist er dir etwa abgehauen?", fragte Bille entsetzt.

„Nein, nein. Ein Mann kommen, nehmen Sattel und Pferd und …" Achmed machte eine weite Armbewegung zu den Feldern hinüber.

„Ein Mann ist mit Janosch ausgeritten? Wer? Simon? Daniel – oder vielleicht Edmund?"

„Nein, fremder Mann. Nicht jung."

„Ein fremder Mann?" Bille wurde mulmig zumute. Aber das war doch undenkbar … „Achmed! Das war sicher der neue Reitlehrer, Herr Toellmann!"

„Nein, den kenne ich. Auch jung. War hier den anderen Tag. Janosch nehmen ganz fremder Mann. Sehr eilig. Nur sagen: Alles in Ordnung und er nicht viel Zeit. Und weg war."

Bille war es, als zöge ihr jemand den Boden unter den Füßen weg. War das möglich? Hatte es sich herumgesprochen, dass sich der Türkenjunge allein mit einem guten halben

Dutzend wertvoller Reitpferde in einem Stall befand, der vom Hof aus nicht zu beobachten war? Pferdediebstahl? Gab es das nicht nur im Kino?

Aber wer um Himmels willen nahm einfach ein Pferd aus der Box und ritt mit ihm davon? Und dazu noch das Wertvollste von allen? Und in aller Eile! Der Pferdepfleger Friedrich war ein undurchsichtiger Typ, Bille mochte ihn nicht besonders. Von Pferden verstand er viel, aber seine ungehobelte Art und der Geruch nach Schnaps und Zigarren, den er verbreitete, gingen ihr auf die Nerven. Warum war er heute nicht da? Warum hatte er keinem von ihnen Bescheid gesagt, dass er den ganzen Tag fortbleiben wollte? Hatte er etwas mit dem Verschwinden von Janosch zu tun? Irgendwas stimmte da nicht!

Ich muss ins Büro rüberlaufen und mich erkundigen, ob jemand etwas über diesen Fremden weiß, fuhr es Bille durch den Kopf. Wenn nicht, dann …

„Wie lange ist das her?", wandte sie sich an den verunsicherten jungen Türken. „Wie viel Zeit?"

„Gerade erst … wenige Minuten, ich glaube."

„Und in welche Richtung ist er geritten?"

Achmed zeigte zum Wald hinüber.

„Dann hat er den Abkürzungsweg zur Straße nach Neukirchen genommen. Am Moorsee vorbei."

Kurz entschlossen drehte sich Bille um und lief zur Sattelkammer. Mit Darling hatte sie eine Chance, den Fremden einzuholen. Was immer er nun war, ein Dieb oder jemand, der sich einen bösen Scherz erlauben wollte, sie würde ihm gehörig die Meinung sagen. Keinen Augenblick dachte sie daran, in welche Gefahr sie sich begab, sollte es sich wirklich um einen Pferdedieb handeln. Sie sah nur eins: Janosch musste so schnell wie möglich zurückgeholt werden! Wer weiß, welches Unheil ihm von dem Fremden drohte!

In Windeseile war Darling gesattelt, und Minuten später ritt Bille dem Wald entgegen. Sie hatte Glück. Im weichen Waldboden waren deutlich frische Hufspuren zu erkennen. Keiner von ihnen war in den letzten Tagen diesen Weg geritten, das wusste sie, also konnten sie nur von dem Fremden stammen!

„Komm, Mädchen, zeig, was du kannst, wir müssen unseren Janosch finden!", flüsterte Bille und ließ die Rappstute angaloppieren. „Wir müssen ihn zurückholen, ehe der Kerl wer weiß was mit ihm anstellt!"

Darling schien zu verstehen, um was es ging. Bille spürte, wie sie sich streckte und über den Waldboden flog, als ginge es um den großen Preis von Deutschland. Billes Augen wurden zu schmalen Schlitzen, angestrengt suchte sie nach Zeichen, die ihr etwas über den Weg des Fremden sagen konnten. War er auf einen der Seitenpfade eingebogen? War er zum See hinübergeritten? Nein, er schien die ganze Zeit geradeaus galoppiert zu sein.

Also doch!, dachte Bille. Jemand, der nur zu seinem Vergnügen reitet, jagt nicht wie ein Verrückter durch den Wald. Jetzt führte der Weg wieder auf freies Feld, von hier aus konnte man weit übers Land schauen. Bille trieb Darling noch einmal kräftig an, bis sie eine kleine Anhöhe am Waldrand erreicht hatten, von der aus man den besten Ausblick hatte. Dort hielt sie an.

Sie brauchte nicht lange zu suchen. Unten in einer flachen Talmulde galoppierte der Fremde nun in gemächlichem Tempo über ein Stoppelfeld. Er war ein Profi, das sah man sofort, seine Haltung war einwandfrei, und Janosch bewegte sich unter ihm gelöst und schwungvoll. Aber dass die beiden einen scharfen Galopp hinter sich hatten, erkannte Bille schon von Weitem, der Wallach dampfte vor Schweiß. Das machte Bille so wütend, dass sie Darling kräftig antrieb und querfeldein auf den Fremden zuritt.

„He, Sie!", schrie Bille und richtete sich im Sattel auf. „Anhalten! Steigen Sie sofort ab! Hören Sie nicht! Anhalten! Geben Sie sofort das Pferd zurück!"

Der Fremde hatte sie nicht sofort bemerkt. Jetzt wandte er sich erstaunt zu ihr um, brachte Janosch zum Halten und schaute ihr halb verwirrt, halb ärgerlich entgegen.

„Was ... was soll das?", stotterte er.

Bille sah das nasse Fell Janoschs, das von Schaumflocken übersät war, der Wallach atmete heftig.

„Sie müssen nicht alle Tassen im Schrank haben!", schnaubte Bille. „Wie kommen Sie dazu, einfach ein Pferd aus unserem Stall zu nehmen und damit abzuhauen? Und es dann noch bis zum Umfallen durch den Wald zu jagen! Steigen Sie sofort ab und geben Sie mir das Pferd zurück, oder ich hole die Polizei!"

Es war schwer zu sagen, was in dem Fremden vorging. Er wurde abwechselnd rot und blass, mal schien es, als würde er im nächsten Augenblick explodieren, dann wieder biss er sich auf die Lippen, und in seinem Gesicht zuckte es, als wolle er in Tränen ausbrechen. Bille nahm es kaum wahr, ihre ganze Aufmerksamkeit galt dem erschöpften Janosch und Darling, die bei ihrem Wutausbruch nervös hin und her tänzelte.

„Was berechtigt dich eigentlich, hier derart mit mir umzuspringen", sagte der Fremde schließlich und musterte Bille neugierig. „Darf ich wissen, wer du bist?"

Bille warf ärgerlich den Kopf in den Nacken.

„Was mich berechtigt? Ich bin für das Pferd verantwortlich! Ich bin die Assistentin von Herrn Tiedjen und … und seine Adoptivtochter", fügte sie nach einem kurzen Zögern hinzu. Sollte der ruhig wissen, mit wem er es hier zu tun hatte!

Der Fremde sah seufzend den Weg zurück, den er gekommen war. Dann sprang er aus dem Sattel und reichte Bille Janoschs Zügel.

„Ja, wenn das so ist … dann beuge ich mich der Gewalt."

„Dem Recht, meinen Sie wohl."

„Und dem Recht. Natürlich."

Eigentlich sah er gar nicht so unsympathisch aus. Er war nicht groß, aber seine Figur war sportlich durchtrainiert. Sein Alter war schwer zu schätzen, das Gesicht schmal und jung, aber an den Schläfen zeigten sich die ersten grauen Haare. Wie ein Dieb sah er jedenfalls nicht aus. Gentleman-Verbrecher, dachte Bille. Jetzt grinste er auch noch. Dachte wohl, er könne sie mit einem Flirt einwickeln. Sollte sie ihn nach seinen Personalien fragen? Vielleicht wollte Daddy Anzeige erstatten? Wegen groben Unfugs, wenn nicht gar wegen Diebstahls!

„Haben Sie einen Ausweis dabei?", fragte sie steif.

Der Fremde hob bedauernd die Achseln.

„Tut mir leid. Aber mein Name ist Hans Meier aus Unteroberbach, Mittlere Gasse 3. Das wolltest du doch wissen, nicht wahr?"

Kein Zweifel, Name und Adresse waren erstunken und erlogen, er wollte sie auf den Arm nehmen. Bille schnaufte wütend.

„Sie halten mich wohl für blöd, wie? Aber das Lachen wird Ihnen schon noch vergehen, das verspreche ich Ihnen!"

„Ja, das fürchte ich auch", seufzte der Fremde und sah wehmutsvoll in Richtung Groß-Willmsdorf. „Aber für seine bösen Taten muss man büßen."

Bille warf ihm zum Abschied einen vernichtenden Blick zu, nahm die Zügel auf und trabte mit Janosch als Handpferd davon.

Das Erlebnis hatte sie viel Zeit gekostet, und so musste sie hart arbeiten, um mit ihrem Tagespensum fertig zu werden. Hans Tiedjen war gleich nach seinem Ausritt zu einer Besprechung mit dem Notar nach Neukirchen gefahren, und Tom und Simon waren mit ihren Pferden ins Gelände gegangen; so kam es, dass Bille bis zum Abend mit niemandem über Janoschs Entführung sprechen konnte.

Gegen sechs Uhr hetzte sie nach Hause, duschte und machte sich für die Party fertig. Um sieben Uhr hupte Simon vor dem Tor. Seit ein paar Tagen war er stolzer Besitzer einer uralten Ente, deren zahlreiche Roststellen an Zottels geflecktes Fell erinnerten. Er öffnete gerade die Tür, als Bille in ihrem weißen Sommerkleid die Treppe hinunterhüpfte.

„Wow!", murmelte Simon. „Sie sehen super aus, junge Dame! Wenn ich nicht schon in festen Händen wäre, würde ich Sie bitten, die Meine zu werden. Darf man nach dem werten Namen fragen? Sie sind nicht zufällig mit Sibylle Abromeit verwandt? Es ist da so eine gewisse Ähnlichkeit zu bemerken, die …"

„Du Spinner! Küss mich lieber", sagte Bille lachend. „Wenn du jedes Mal so einen Zirkus machst, traue ich mich bald gar nicht mehr, ein Kleid anzuziehen. Du, ich muss dir was Verrücktes erzählen, du glaubst nicht, was mir heute passiert ist!"

Als sie vor der Veranda hielten, war Bille gerade mit ihrer Erzählung fertig. Tom wartete bereits auf der Treppe.

„Da seid ihr ja endlich! Kommt, der erste Gast ist schon da! Und Frau Engelke wartet dringend auf eure Hilfe."

„Gut, dann verziehen wir uns erst mal in die Küche."

Frau Engelke kam ihnen in der Diele entgegen. Sie drückte Bille eine große Platte mit aufgeschnittenem Braten und Schinken in die Arme und wies auf einen Tisch auf der Veranda.

„Wir müssen das kalte Büfett noch aufbauen. Dass der aber auch so früh kommen muss", murmelte sie. „Mein Gott, ist mir das unangenehm. Nicht fertig, das ist mir noch nie passiert!"

„Nur die Nerven behalten, Frau Engelke", beruhigte Tom sie. „In fünf Minuten ist alles erledigt. Die haben doch erst noch eine Besprechung in Daddys Arbeitszimmer. Ich kümmere mich um die Getränke, und Bille und Simon bauen das Büfett auf, okay? Bleiben Sie ruhig in Ihrer Küche. Sie sind unsere Kommandozentrale und brauchen nur Befehle zu geben."

„Ja, ja, schon gut, nein, so was Unangenehmes aber auch …"

Bille und Tom schoben die sanft Protestierende in die Küche zurück, wo eine ganze Galerie fertig angerichteter Schüsseln und Platten auf dem Tisch stand. In wenigen Minuten hatten sie alles auf die Veranda geschafft und zwischen Blumensträußen und den schweren silbernen Leuchtern, die noch von Herrn Tiedjens Großmutter stammten, dekorativ aufgebaut. Auf einem kleineren Tisch standen Teller, Gläser und ein Korb mit Bestecken bereit, daneben lagen, liebevoll gefaltet, seidig schimmernde altmodische Servietten.

„Na, wenn das kein Bild wie aus dem Märchen ist!", sagte Bille zufrieden und betrachtete noch einmal kritisch ihr

Werk. „Eine leuchtend rote Blüte neben den Servietten wäre toll, sie würde das Weiß noch mehr hervorheben."

„Ja, wirklich wunderschön", sagte Herr Tiedjen hinter ihr. „Ich sollte dich öfter Partys arrangieren lassen! – Darf ich Sie mit einer Ihrer künftigen Schülerinnen bekannt machen, Herr Hütter? Sie ist sozusagen meine Adoptivtochter, unsere Bille, ich habe Ihnen schon von ihr erzählt …"

Bille drehte sich um.

„Daddy, ich habe dich gar nicht geh…" Das Wort blieb ihr buchstäblich im Hals stecken. Bille schnappte nach Luft. Der Pferdedieb!

„Bille, das ist dein zukünftiger Direktor, Herr Hütter", sagte Hans Tiedjen lächelnd. „Du musst ihn heute Abend gut versorgen, er hat einen anstrengenden Fußmarsch hinter sich."

Bille schoss das Blut in den Kopf. Ihr Gesicht brannte, als schlügen Flammen heraus.

Herr Hütter grinste. Er ergriff ihre Hand, schüttelte sie herzlich und zog Bille zum Büfett.

„Köstlich!", lobte er. „Ich habe einen Bärenhunger. Ich hatte nämlich ein kleines Missgeschick, weißt du. Eines eurer Pferde hat mich abgeworfen, und ich musste zu Fuß nach Hause gehen."

Zirkus ist nichts dagegen

Von diesem Tage an war die Freundschaft zwischen Bille und dem neuen Direktor besiegelt. Dass er sie nicht verraten hatte, rechnete Bille ihm hoch an; und sie selbst war es, die am späteren Abend das Erlebnis zum Besten gab und sich feierlich für ihr Benehmen entschuldigte.

„Was willst du? Es war meine Schuld. Mit einem Satz hätte ich dich darüber aufklären können, dass Herr Tiedjen mir angeboten hatte, eines der Schulpferde zu reiten. Ich habe mich ja nicht einmal zu erkennen gegeben, sogar geschwindelt habe ich!", beruhigte der Direktor sie.

„Das stimmt allerdings, Herr Meier", sagte Bille kichernd. „Warum eigentlich?"

„Ich weiß nicht genau. Vielleicht hat's mir imponiert, wie du das Pferd verteidigt hast und dem vermeintlichen Pferdedieb zu Leibe gerückt bist. Nun, meine Strafe für die Schwindelei habe ich ja bekommen. Und ich habe sie auf mich genommen."

In den folgenden Tagen stellten sich Bille, Bettina und Florian Direktor Hütter als Helfer zur Verfügung. So viele Kleinigkeiten waren noch zu erledigen, bevor die künftigen Internatsschüler einziehen würden.

Die Schlafräume der Schüler bekamen Namen, jeder den eines berühmten Pferdes. Das hatte sich Bettina ausgedacht.

Für die Klassenräume wählten sie Namen der bekanntesten Turnierplätze; und jeder dieser Namen wurde in schwungvollen Buchstaben auf ein Holzschildchen gemalt und farbig umrandet.

Dann entwarfen sie eine Stall- und Hofordnung. Bettina steuerte ein paar lustige Federzeichnungen bei, Bille bemühte sich um ihre schönste Sonntagsschrift, und Florian focht einen heißen Kampf mit dem Fotokopierer aus, ehe sie einen Stapel säuberlich vervielfältigter Plakate in den Händen hielten, die sie nun an den Innenseiten der Schlafraumtüren befestigen konnten.

Schließlich durchstöberten sie auf dem Speicher jene Kisten voller Erinnerungsstücke, die Hans Tiedjen wegen des Platzmangels in der neuen Wohnung hier zurückgelassen hatte.

„Schaut euch das an – ich komme mir vor wie ein Schatzgräber!" Bille hob begeistert einen Umschlag mit vergilbten Fotos hoch. „Pferdeaufnahmen aus der Zeit von Daddys Vater und Großvater. Und hier: alte Zuchtbücher, Stammbäume, Urkunden!"

„Hier sind Zeitungsartikel und Fotos von den Turnieren!", rief Bettina. „Mann, das ist ja super! Mit dem Material können wir das ganze Haus ausstaffieren. Die großen Bilder und Urkunden rahmen wir einzeln, aus den anderen fertigen wir witzige Collagen an. Dann noch ein paar Hufeisen und ausrangiertes Reitzubehör an die Wände …"

„Oh! Schnell, kommt her! Das ist einsame Spitze!" Florian kniete hingerissen über einem alten Koffer. „Echte Kupferstiche! Und alles Pferdemotive! Spanische Reitschule in Wien, englische Vollblüter, hier eine Serie Kutschwagen … und da, eine Schleppjagd."

„Die kommen in die Aula und in den Speisesaal", entschied Bille. „Außerdem hat Daddy mir versprochen, uns ein paar seiner Preise und Plaketten zu Dekorationszwecken zu überlassen. Ebenfalls für die Aula und für die Bibliothek. Habt ihr die Sammlung Pferdebücher gesehen, die er gestiftet hat? Neidisch könnte man auf die Internatler werden!"

„Vorhin habe ich dieses Lehrer-Ehepaar kennengelernt, die ein eigenes Pferd mitbringen", berichtete Bettina. „Süß, sage ich euch!"

„Wer, die Lehrer?"

„Quatsch, das Pferd! Eine Dunkelfuchsstute, noch ganz jung. Die haben sie aus Polen mitgebracht. Da verbringen sie immer ihre Ferien, auf einem Gestüt. Körber heißen sie."

„Hm, die waren mir gleich sympathisch. Reiten super. Hoffentlich kriegen wir einen von ihnen im Unterricht."

„Weißt du, was sie unterrichten?"

„Deutsch, Latein, Englisch und Geschichte, glaube ich."

„Wetten, dass ihr die netten Lehrer kriegt?", maulte Florian. „Ich muss mich dann mit dem grässlichen rumschlagen, der vorhin angekommen ist. Habt ihr ihn gesehen? So einer mit Glatze und einem gewaltigen Schnauzbart? Der schaut einen an, als fräße er jeden Tag drei kleine Kinder zum Frühstück!"

„Genau. Drei kleine Reiter – mit Stiefeln und Sporen, die Sporen zuerst, als Leckerbissen!" Bettina kicherte.

„Hoffentlich unterrichtet der nicht Mathe und Physik", stöhnte Florian. „Dann bin ich aufgeschmissen. Er sieht aus, als habe er kein Fünkchen Humor."

„Sicher nicht den Humor, den er braucht, wenn er deine Schrift sieht", spottete Bettina. „Na ja, warten wir's ab. Hauptsache, die neuen Schüler sind in Ordnung."

„Ja, auf die bin ich echt gespannt", meinte Bille nachdenklich. „Glaubt ihr, dass das alles so richtige Snobs sind? Ich meine … Reiter-Internat, das hört sich so elitär an. So nach: ‚Mein Vater, der Generaldirektor! Wenn Sie mir eine Sechs geben, kauft er den ganzen Laden hier und feuert Sie!' Billig ist es ja gerade nicht, hier Schüler zu werden."

„Kann schon sein, dass ein paar von den Typen drunter sind. Aber alle sind bestimmt nicht so. Und die paar miesen werden wir schon in die Mangel nehmen!", sagte Florian hoffnungsvoll. „Wer hier die Nase zu hoch trägt, der wird in der Reithalle so lange gescheucht, bis er vor Erschöpfung nachts in den Stiefeln schläft."

Am nächsten Tag kurz nach dem Mittagessen brach der Sturm los. Ein Bus brachte einen Teil der neuen Schüler vom Bahnhof Neukirchen nach Groß-Willmsdorf. Die anderen kamen mit Privatwagen, manche mit Anhänger, begleitet von besorgten Eltern und neugierigen Geschwistern. Auch die vierbeinigen Familienmitglieder waren dabei: kläffende Nervensägen im Taschenformat und majestätische Aristokraten von der Größe gut gemästeter Kälber, die hochmütig ihre Marken auf die umliegenden Bäume und Sträucher verteilten. Sogar eine Perserkatze entdeckte Bille hinter der Heckscheibe eines Wagens. Sie hatte sie für ein Maskottchen aus dem Spielzeugladen gehalten, bis das Plüschtier begann, sich hingebungsvoll die Pfoten zu putzen.

Eines hatten alle Ankömmlinge gemeinsam: Sie waren von heftigem Lampenfieber befallen. Keiner konnte auch nur für einen Augenblick an seinem Platz bleiben. Hatte man ihn gerade in seinem Zimmer abgeliefert, schoss er schon wieder durch die Halle, riss alle Türen auf, rannte nach draußen und

wieder hinein und stieß auf seinem Weg mindestens fünf-
mal mit jemandem zusammen.

„Es ist, als hättest du einen Ameisenhaufen breit gewalzt",
stöhnte Florian. „Überall trittst du auf die Biester!"

Bille, Bettina und Florian hatten in der Halle einen Infor-
mationsstand aufgebaut. Von hier aus geleiteten sie die ankommenden Neulinge in ihre Zimmer, zeigten ihnen den
Weg zum Stall, den Kofferkeller, Tischtennisraum und Speisesaal, und beantworteten geduldig immer wieder die gleichen Fragen. Begeisterungsrufe über das behaglich und liebevoll eingerichtete Gut nahmen sie mit Genugtuung zur
Kenntnis, Mäkeleien wurden mit gerunzelter Stirn regis-
triert.

Ein blasses, verschlossenes Mädchen, das besonders hoch-
näsig schien, musste sich von Florian die erste Abfuhr gefallen lassen. Als sie sich maulend darüber beschwerte, dass sie
ihr Zimmer mit drei anderen teilen musste, zeigte er seelenruhig auf die Eingangstür.

„Du kannst gern wieder nach Hause fahren. Es gibt eine
Menge Leute, die glücklich wären, deinen Platz hier zu bekommen. Keiner wird gezwungen."

„Doch, ich", knurrte das Mädchen. „Sonst wäre ich jetzt
nicht hier."

„Dann lass deine Wut auf deine Alten nicht an uns aus,
wir können nichts dafür", sagte Florian gleichmütig. „Wir
tun unser Bestes, damit ihr euch hier wohlfühlt."

Plötzlich wurde sein Blick starr, seine Augen weiteten
sich, als wäre draußen vor dem Gutshaus ein Ufo gelandet.
Wie von einer Wippe hochgeschleudert, vollführte Florian
einen Luftsprung, bei dem er mit Armen und Beinen in alle
Richtungen zappelte. Dabei ließ er einen so fürchterlichen

Indianerschrei los, dass die anwesenden Schüler und Eltern entsetzt herumfuhren.

„Nicoooo! Halloooo!!!"

„Flori, leidest du an Gehirnerweichung?", flüsterte Bettina erschrocken und lächelte entschuldigend in die Runde.

Aber Florian beachtete sie gar nicht. Er stürzte auf ein knabenhaft schlankes Mädchen mit kurz geschnittenen Haaren und abgewetzten Jeans zu, das in der Tür aufgetaucht war, hob sie hoch und wirbelte sie herum. Nico antwortete mit einem ähnlichen Indianergeheul.

Florian musste gefühlt haben, dass alle Blicke auf ihn gerichtet waren. Sicher hielten sie Nico für einen Jungen und wunderten sich über die Art der Begrüßung. Und mit einem entschuldigenden Lächeln, mit dem nun auch er alle Anwesenden bedachte, sagte er in die Stille hinein: „Sie ist nämlich ein Mädchen!"

Womit er die Situation keineswegs rettete. Aber weder das Kopfschütteln noch das belustigte Tuscheln fielen ihm auf, er hatte jetzt nur noch Augen für Nico.

„Komm in den Stall", drängte er. „Du musst sofort die beiden Neuen sehen – super, sage ich dir! Eine Trakehnerstute und ein Rappe, der aussieht, als wäre er Bongos großer Bruder!"

Für den Rest des Nachmittags waren die beiden nicht mehr zu sehen.

Billes Aufmerksamkeit wurde jetzt von einem kleinen Mädchen gefesselt, das schon eine ganze Weile vor dem schwarzen Brett stand und hingerissen die Anschläge studierte. Die Art, wie sie die Füße nach außen kippte und auf den Fußkanten vor- und zurückwippte, erinnerte ein bisschen an Pippi Langstrumpf, aber das Mädchen hatte lange blonde Haare und ein Spitzmausgesicht mit großen dunkelbraunen Knopfaugen. Auf einem Kostümfest würde sie sicher als Mickymaus gehen.

Bille trat zu ihr heran.

„Na, hast du deine große Schwester herbegleitet?"

„Wieso Schwester?"

„Oder ist's ein Bruder? Reitet er schon lange?"

Die Mickymaus-Knopfaugen weiteten sich erstaunt.

„Ich hab keine Geschwister!"

„Und wen hast du dann herbegleitet?"

„Herbegleitet? Mich selber!" Die Kleine wies empört auf einen prall gefüllten Rucksack, der neben ihr auf dem Boden stand und ihr fast zur Hüfte reichte. „Ich bin Jeannette Martinez, Jeannie the Mini, mit dem Superhirn! Ich bin hier Schülerin!"

„Im Ernst?"

„Glotz nicht so blöd, ich bin elf, ich kann's beweisen!"

„Ah … entschuldige, ich wollte dich ja nicht kränken, ich habe dich für ein bisschen jünger gehalten", stotterte Bille. „Wie bist du … ich meine, wie bist du auf die Idee gekommen, ausgerechnet in ein Reiter-Internat zu gehen?"

„Blöde Frage. Weil man da reiten kann, natürlich!"

„Reitest du schon länger?"

Jeannie zuckte vieldeutig mit den Achseln.

„Wie man's nimmt."

„Wahrscheinlich auf Ponys?"

„Alles. Vom Pony bis zum Vollblüter." Jeannie grinste breit zu Bille hinauf. „Aber meistens bin ich mehr unter dem Pferd als obendrauf. So, jetzt will ich mir den Laden hier mal ansehen. Ciao, bis später. Übrigens, warst du schon in deiner Bude? Sind sie gut?"

„Super. Aber ich wohne nicht hier, ich bin extern.“

„Ah ja?“

„Hm. Bist du eigentlich Spanierin? Weil du Martinez heißt …“

„Nee, das ist mein Künstlername“, sagte Jeannie und verzog spöttisch das Gesicht. Dann schulterte sie mit erstaunlicher Kraft ihren Rucksack und stiefelte die Treppe hinauf.

„Ganz schön frech“, murmelte Bille. „Sicher hat sie noch nie richtigen Reitunterricht gehabt …“

Am Spätnachmittag war eine erste Prüfung des reiterlichen Könnens der neuen Schüler angesetzt. Wer Lust hatte, durfte sich in eine Liste eintragen, bekam ein Pferd zugeteilt und musste sich um fünf Uhr in der Reithalle melden. Herr Tiedjen stand mit seinem jungen Kollegen, dem neuen Reitlehrer Toellmann, in der Bahn, rief jeden einzeln zu sich, unterhielt sich ausführlich mit ihm, dann durfte er aufsitzen und ein paar Minuten lang zeigen, was er schon beherrschte.

Bille, die im Wohnhaus noch alle Hände voll zu tun gehabt hatte, kam erst dazu, als die Prüfung schon in vollem Gange war. Im Schulstall herrschte eine Stimmung wie auf dem Rummelplatz. Die Tribüne in der Reithalle war überfüllt; auf dem Vorplatz wimmelte es von Neugierigen, die überall zugleich sein wollten. Bille bahnte sich einen Weg durch die schwatzende Menge und fand einen Stehplatz an der Balustrade in der hintersten Ecke.

„Da kommt Mini!“, flüsterte ein Mädchen neben ihr. „Sie ist mit in unserem Zimmer. Jeannette Martinez. Das ist vielleicht 'ne ulkige Nudel!“

Mini ist der richtige Name für diese halbe Portion!, dachte Bille. Aber warum um Himmels willen haben sie ihr den riesigen Luzifer gegeben und nicht einen von den Isländern?

Die Kleine war in Trainingsanzug und Turnschuhen in der Bahn erschienen, die Haare hochgesteckt. Energisch zog sie Luzifer hinter sich her. Über der Schulter trug sie die Longierleine. Bille lächelte. Also doch eine Anfängerin.

Hans Tiedjen und Herr Toellmann nickten ihr aufmunternd zu, als sie die Leine an Luzifers Zaumzeug befestigte, die Longierpeitsche herbeiholte und Herrn Toellmann Leine und Peitsche in die Hand drückte.

„Warum reitet sie ohne Sattel? Nur mit dem komischen Gurt?", fragte das Mädchen neben Bille.

„Weiß nicht", murmelte eine andere. „Sie hat was von Voltigieren gesagt."

Luzifer galoppierte schnaufend im Kreis. Mini schlüpfte aus ihrem Trainingsanzug, unter dem sie ein Trikot trug, hüpfte ein paarmal auf der Stelle, dann lief sie los, rannte ein paar Meter neben Luzifer her und schwang sich leicht wie ein Pingpongball auf den Rücken des schweren Rappen. Eine Runde saß sie aus, dann ging sie in die Hocke, stellte sich auf, mit weit ausgebreiteten Armen. Sie ließ sich auf die Knie nieder, streckte ein Bein weit nach oben, löste wieder die Arme und blieb so fast eine Runde. Die Zuschauer hielten den Atem an, als sie jetzt in den Kopfstand ging, dann einen Handstand machte und schließlich einen Salto. Stürmischer Applaus brach los.

„Mann, das ist ja eine echte Artistin!", wisperte das Mädchen neben Bille. „Schau dir das an! Jetzt hängt sie neben dem Pferd! Hält sich nur mit dem Fuß und einer Hand!"

Ein Segen, dass wir Luzifer gekauft haben!, dachte Bille. Super, das Mädchen! Überschlag auf dem Pferd, das habe ich noch nicht gesehen! Und der Dicke lässt sich alles gefallen, als hätte er sein Leben lang nichts anderes gemacht.

Hinter Bille tauchte Bettina auf. Sie rieb sich die Augen und gähnte herzhaft. Was unten in der Reitbahn vor sich ging, bemerkte sie vor Erschöpfung gar nicht.

„O Mann, ist das ein Rummel!", stöhnte sie. „Zirkus ist nichts dagegen!"

„Das kannst du aber laut sagen!", meinte Bille lachend und applaudierte Mini heftig. „Die zwei wichtigsten Zirkusnummern haben wir jedenfalls schon: Florian als Clown und Mini-Jeannie als Akrobatin. Und wenn die Schule morgen anfängt, dann …"

„… dann schlägt die Stunde der Raubtierbändiger", vollendete Bettina den Satz.

Ignaz der Schreckliche

Bettina stand am offenen Fenster ihres neuen Klassenzimmers, drehte gedankenverloren eine ihrer dunklen Locken wieder und wieder um den Zeigefinger und betrachtete prüfend die schwatzende und kichernde Schar ihrer neuen Klassenkameraden. Achtzehn Internatsschüler waren es, sieben Jungen und elf Mädchen, dazu kamen vier Externe. Außer ihr selbst und Bille hatten noch zwei ihrer ehemaligen Mitschüler von der Möglichkeit Gebrauch gemacht, in Groß-Willmsdorf zur Schule zu gehen, um von dem lästig langen Schulweg in die Kreisstadt befreit zu sein. Vielleicht glaubten sie auch, hier im Internat würde es weniger streng zugehen.

Bille, die neben Bettina am Fensterbrett lehnte und in den Park hinaussah, wandte sich um.

„Weißt du eigentlich, dass dieses Zimmer zurzeit von Daddys Großmutter das *Damenzimmer* genannt wurde? Hier empfing sie ihre zahlreichen Freundinnen zum Kaffeeklatsch. Eine von ihnen muss besonders schwatzhaft gewesen sein. Daddys Großvater konnte sie auf den Tod nicht leiden. Sie kam immer zu früh, in der Hoffnung, ihn noch im Damenzimmer anzutreffen und ihre Klatschgeschichten an ihn loszuwerden. Daddy hat erzählt, dass sein Großvater vor dieser Dame ein paarmal durchs Fenster die Flucht ergriffen hat, wenn er sie draußen auf dem Gang kommen hörte!"

Bettina kicherte.

„Er wird sich schön die Hosen zerrissen haben, wenn damals auch schon die großen Feuerdornsträucher unter dem Fenster standen!"

„Nein, damals gab es hier noch Spalierobst. Pfirsich- und Birnbäume, die bis unter die Fenster der ersten Etage reichten. Und an denen man hinunterklettern konnte – heimlich natürlich –, hat Daddy erzählt."

„Acht Uhr. Gehen wir lieber auf unsere Plätze. Ich bin total gespannt, wen wir als Klassenlehrer bekommen. Hoffentlich einen von den netten Körbers."

Bettinas Wunsch erfüllte sich nicht. Es vergingen noch ein paar Minuten, dann wurde die Tür aufgerissen, und mit einem Schritt, als trüge er Soldatenstiefel, marschierte der Glatzköpfige mit dem gewaltigen Schnauzbart herein. Er stellte sich vor der Klasse auf, warf einen grimmigen Blick in die Runde, dann sah er auf seine Armbanduhr und dröhnte: „Morgen, Freunde. Wenn ich eines hasse, dann ist es Unpünktlichkeit. Na ja, lassen wir das."

Bille sah Bettina an und rollte die Augen gen Himmel.

„Also", der Bass des Glatzköpfigen hätte mühelos auch ein Fußballstadion gefüllt, „ich bin Ihr Klassenlehrer. Übrigens, da die meisten von Ihnen, wie ich festgestellt habe, bereits sechzehn sind, werde ich Sie siezen. Bitte nehmen Sie das als Ermunterung, sich zu benehmen wie Erwachsene. Ich bin altmodisch, liebe Disziplin und einen Unterricht, der nicht durch Privatgespräche behindert wird, und ich bin nicht der Ansicht, dass Schule in erster Linie dazu da ist, Spaß zu machen. Mein Name ist Ignaz Albert. Ignaz der Schreckliche. Es wird gut sein, wenn Sie sich das merken."

Bille stöhnte unhörbar. Da hatten sie sich ja etwas Tolles

eingebrockt! Wären sie doch bloß in ihrer alten Schule geblieben!

„Sie haben bei mir also Deutsch und Latein", fuhr Ignaz der Schreckliche fort. „Aber beginnen wir damit, uns kennenzulernen. Sie werden jetzt bitte der Reihe nach aufstehen und sich mir und den Mitschülern mit einem Lebenslauf in Stichworten vorstellen. Dann werden Sie Ihren Namen auf einen Zettel schreiben und mir übergeben. Am Schluss werden wir die Zettel verlosen, und jeder von Ihnen wird eine Personenbeschreibung verfassen über denjenigen, dessen Name auf seinem Zettel steht. Schriftlich. Beinhaltend den Lebenslauf und das Aussehen desjenigen Mitschülers sowie einige eigene Beobachtungen. Hören Sie also aufmerksam zu, denn Sie wissen nicht, über wen Sie schreiben müssen. Dieses Spiel wird uns helfen, uns in kurzer Zeit kennenzulernen."

„Warum einfach, wenn's auch umständlich geht", wisperte Bettina.

„Na, jedenfalls weiß er genau, wie er uns an den Zügel kriegt", flüsterte Bille zurück.

„Wie sagten Sie so richtig?", dröhnte Ignaz' des Schrecklichen Stimme auf sie nieder.

Bille strahlte ihn mit ihrem charmantesten Lächeln an.

„Ich sagte, Sie wissen genau, wie Sie uns an den Zügel kriegen, Herr Albert."

„Inhaltlich richtig. Die sprachliche Form muss ich bemängeln. Würden Sie so nett sein, den Satz richtig zu formulieren?"

Bille schaute den Lehrer verwirrt an.

„Wenn ich mich nicht irre, hätte es heißen müssen: ‚Ich sagte, Sie wüssten genau, wie Sie uns an den Zügel bekämen, Herr Albert.' Oder?"

„Gewiss, Herr Albert."

„Da wir einmal dabei sind, fangen Sie bitte gleich damit an, sich vorzustellen. Am besten, Sie gehen nach vorn, damit alle Sie gut sehen und verstehen können."

Hätte ich doch bloß den Mund gehalten, dachte Bille ärgerlich, das habe ich jetzt davon! Nichts blöder, als wenn man als Erste vorne stehen muss!

Bettina nickte ihr aufmunternd zu. Bille stand auf, stakste zur Tafel und wandte sich der Klasse zu.

„Also, mein Name ist Sibylle Abromeit, ich bin sechzehn Jahre alt und wohne in Wedenbruck. Als ich acht Jahre alt war, starb mein Vater, und meine Mutter musste unseren Laden allein weiterführen. Als ich dreizehn war, hat sie dann wieder geheiratet: Onkel Paul, er war ein Freund meines Vaters. Kurz davor habe ich auch Herrn Tiedjen kennengelernt und mit dem Reiten begonnen. Vorher habe ich allerdings schon lange heimlich im Stall geholfen und … ja …" Verdammt, es war gar nicht so leicht, sein Leben in der richtigen Reihenfolge zu erzählen. „Ich habe noch eine ältere Schwester, sie ist verheiratet, hat einen kleinen Sohn und wohnt auch in Wedenbruck. Und … ich besitze ein Pony, ein ehemaliges Zirkuspferd, rot-weiß gescheckt und sehr verfressen. Und seit drei Wochen hab ich auch ein eigenes Reitpferd, mit dem ich auf Turniere gehen kann. Er heißt Black Arrow und steht hier in Groß-Willmsdorf. Und … äh … reicht das nicht?"

Bille hatte das Gefühl, alles wirklich Wichtige ausgelassen zu haben. Ihre Turniersiege, das Training bei Herrn Tiedjen, ihre Freunde – und für was sie sich außer für Pferde noch interessierte. Zukunftspläne, Wünsche, was sie liebte und was sie hasste. Aber Ignaz der Schreckliche winkte sie auf ihren Platz zurück und zeigte auf ein Mädchen in der ersten Reihe.

Bille war noch so mit sich selbst und dem, was sie eben gesagt und nicht gesagt hatte, beschäftigt, dass sie nur mit halbem Ohr zuhörte. Gabriele wie? Kam aus Hamburg. Ein hübsches Gesicht hatte sie und Grübchen. Ritt seit sieben Jahren. Hobbys: Lesen und Musik, Klassik. Hoffentlich muss ich über Bettina schreiben, dachte Bille, da weiß ich wenigstens was. Kann man sich doch unmöglich merken, die Steckbriefe von so vielen fremden Mitschülern.

Jetzt war ein Junge dran. Peter. Er hatte schulterlange Haare, ein sehr weiches, verträumtes Gesicht, beim Reden wippte er ständig mit den Schultern, und in jedem Satz kam dreimal das Wort „also" vor. Oder „ja, also". Spezialist in Dressur. Spielt Oboe. Bille begann sich Notizen zu machen.

Franca. Das war doch das Mädchen, mit dem Florian gestern aneinandergeraten war. Sie sprach eigentlich nur über ihre Eltern. „Mein Vater hat … – Meine Mutter ist …" Die Eltern waren erfolgreiche Unternehmer. Firmen in mehreren Ländern, auch in Übersee. Besitz hier und Besitz dort. Von Franca erfuhr man nur, dass sie ein Einzelkind war und unter der Obhut ihrer Großmutter aufgewachsen war. Alles, was Franca sagte, klang böse, trotzig, als wäre sie hier unter Feinden.

„Eingebildete Ziege!", flüsterte Bille.

„Nein", widersprach Bettina. „Ich glaube, sie ist sehr einsam und sehr unglücklich. Sonst würde sie nicht so um sich schlagen."

Bille schwieg beschämt. Bettina hatte einen sechsten Sinn für Menschen; sie erkannte sofort, was sich hinter einer Fassade verbarg.

Jetzt kam wieder ein Junge, klein und dunkel und offensichtlich entschlossen, die Gesellschaft mal ein bisschen aufzumöbeln.

„Giuseppe Santini", trompetete er, „aber ihr könnt mich Beppo nennen. Italiener, in Hamburg geboren. Mein Vater macht in Orangen. Meine Eltern halten mich für einen hoffnungslosen Fall, deshalb bin ich hier."

„Und sonst haben Sie uns nichts zu erzählen?", dröhnte Ignaz' des Schrecklichen Opernbass über die Köpfe hinweg.

„Mir fällt nichts ein …"

„Keine Hobbys?"

„Doch, alle."

„Dann nennen Sie uns wenigstens das Wichtigste."

„Mädchen."

Die Klasse prustete los.

„Pferde nicht?"

„Doch, natürlich! Die auch."

„Dann bin ich wenigstens etwas beruhigt", grollte Ignaz der Schreckliche. „Die Nächste. Sie dort, die Dame in Blau!"

Es war wirklich nicht leicht, bei einem nach dem anderen zuzuhören und sich Namen, Aussehen und besondere Merkmale einzuprägen. Billes Gedanken schweiften immer wieder ab, wanderten in den Park hinaus, zum Stall hinüber, wo Black Arrow auf seinen Nachmittagsausritt wartete. Oder sie drehten sich um den Klassenlehrer, der mit schweren Schritten im Klassenraum hin und her spazierte, den Mund mit dem gewaltigen Schnauzbart darüber mal wie zum Pfeifen gespitzt, mal spöttisch verzogen. Die Glatze spiegelte wie eine blassrosa Weihnachtskugel in Spezialgröße, unter den buschigen Augenbrauen überraschten hellblaue Kinderaugen mit langen Wimpern.

Irgendwie schien er unwirklich, dieser grimmige Ignaz Albert. Als hätte sich jemand verkleidet, um auf der Bühne einen strengen, humorlosen Lehrer zu spielen. Wieso der wohl ausgerechnet nach Groß-Willmsdorf gekommen war? Wie ein begeisterter Reiter und Pferdeliebhaber sah er nicht gerade aus. Eher wie ein Freistilringer auf Urlaub. Jedenfalls schien es geraten, sich bei ihm nichts zuschulden kommen zu lassen. Seine spöttischen Kommentare waren ätzend. Wie musste es erst sein, wenn er in Wut geriet!

Bettina kam als Letzte mit dem Vorstellen dran. Die Jungen machten lange Hälse, als sich das hübsche Mädchen mit den langen dunklen Haaren und den ausdrucksvollen Augen vor der Tafel aufstellte.

„Schneewittchen!", flüsterte einer, der ganz vorn saß.

„Prinzessin, lass mich dein Frosch sein!", übertrumpfte ihn sein Nachbar.

Bettina strich sich die Haare aus der Stirn und ließ dabei dezent den Freundschaftsring funkeln, den sie von Tom zum Geburtstag bekommen hatte. Dabei ging ihr Blick kühl mitten durch die Jungen hindurch. Sie konnte das einfach super, fand Bille.

„Ich heiße Bettina Henrich. Vor fast fünf Jahren sind meine Eltern tödlich verunglückt, seit der Zeit lebe ich bei meinem Onkel und meiner Tante hier auf Gut Peershof. Sie haben mich adoptiert. Ich habe drei Brüder, die genauso gern reiten wie ich, und besitze die hübscheste Haflingerstute, die es je gegeben hat – und ein Fohlen."

„Zweifellos ebenfalls das Hübscheste, das es je gegeben hat", dröhnte Ignaz. „Nun gut, setzen Sie sich. Sehr erschöpfend waren Ihre Auskünfte nicht, meine Freunde, das werden Sie merken, wenn Sie jetzt Ihre Personenbeschreibungen anfertigen sollen. Ich hoffe, Sie sind wenigstens gute Beobachter und besitzen Fantasie und Witz genug, auch das Ungesagte aus den dürren Worten Ihrer Mitschüler herauszufiltern. In dieser Tüte befinden sich die Zettel mit Ihren Namen. Ich werde sie noch einmal gut mischen, und Bettina wird dann herumgehen und jeden einen Zettel ziehen lassen. Wer seinen eigenen Namen auf dem Zettel findet, wirft ihn bitte zurück und nimmt einen anderen."

Die zweite Stunde war längst angebrochen, und sie hockten grübelnd über ihren Heften, um möglichst Originelles über den jeweiligen Mitschüler zu Papier zu bringen. Bille hatte ausgerechnet Franca erwischt. Nun saß sie da und starrte immer wieder zu dem Mädchen hinüber, um wenigstens ihr Äußeres einigermaßen treffend zu beschreiben. Da erscholl draußen im Park lautes Geschrei. Die Köpfe fuhren hoch. Ignaz der Schreckliche erhob sich stirnrunzelnd.

„Das muss Achmed sein!", flüsterte Bettina.

„Ja, und Toellmann und Friedrich!"

Bille wollte aufstehen.

„Bleiben Sie sitzen!" Wenn Ignaz der Schreckliche sprach, klang es, als hätte er ein unsichtbares Mikrofon vor dem Mund, so gewaltig füllte seine Stimme den Raum.

Bille sank erschrocken auf ihren Stuhl zurück.

Jetzt mischte sich in das Rufen der Männer draußen das Geräusch galoppierender Hufe – eine fliegende Mähne wischte am Fenster vorbei.

„Das ist Donata! Das ist mein Pferd!", schrie Franca ängstlich auf. „Sie muss ausgebrochen sein, sie ist so schreckhaft!"

„Bleiben Sie sitzen!", sagte Ignaz der Schreckliche noch eine Spur lauter und stiefelte zum Fenster. Die junge Fuchsstute schien völlig die Nerven verloren zu haben. Sie raste im Park hin und her, und es war unmöglich, sie in eine Ecke zu treiben. Da alles – die Menschen, die Pferde, der Stall, die Umgebung – ihr fremd waren, geriet sie mehr und mehr in Panik. Franca schluchzte auf. Sie war von Entsetzen wie gelähmt. Die anderen reckten die Hälse und versuchten, von dem Schauspiel da draußen wenigstens etwas mitzubekommen.

Bille juckte es in den Füßen, einfach aufzuspringen und hinauszulaufen, aber Ignaz der Schreckliche sah nicht aus, als ob er Verständnis für ein solches Verhalten aufzubringen vermochte.

Doch jetzt geschah etwas Unerwartetes. Die drei Männer im Park schienen das kopflos hin und her stürmende Pferd eingekreist zu haben. Bille konnte am breiten Rücken des Lehrers vorbei einen Blick auf die Gruppe erhaschen, die sich langsam auf die Stute zubewegte, mit ausgestreckten Armen und bereit, blitzschnell nach ihrem Halfter zu greifen. Doch im letzten Augenblick, Herr Toellmann sprang gerade auf sie zu, bäumte sie sich auf, stieg und raste den Weg zurück, den sie gekommen war – genau auf das Fenster zu, an dem Ignaz der Schreckliche stand.

Keiner begriff im ersten Augenblick, was passierte. Die Schüler nicht und noch weniger das erregte Pferd. Am wenigsten die Männer hinten im Park. Ignaz der Schreckliche war mit einem gewaltigen Satz über Fensterbrett und Sträucher gesprungen und genau vor der fliehenden Stute gelandet. Die stand, alle vier Beine in den Boden gestemmt, wie erstarrt vor diesem Hindernis, das da scheinbar direkt aus dem Himmel vor ihr niedergegangen war. Ignaz der Schreckliche trat auf das schweißnasse Tier zu und griff behutsam nach dem Halfter. Er redete sanft auf die Stute ein, streichelte sie wieder und wieder, und langsam ließ die Spannung in dem zitternden Pferdekörper nach.

„Was für Pranken er hat!", flüsterte Bille überwältigt. „Und wie zart er damit umgehen kann! Schau, wie ruhig sie wird, wie sie Vertrauen zu ihm fasst. Was er wohl mit ihr redet?"

„Toll!", murmelte Peter auf Billes anderer Seite. „Ehrlich, das hätte ich ihm nicht zugetraut."

Ignaz der Schreckliche vergewisserte sich, dass die Stute sich weitgehend beruhigt hatte, und übergab sie Herrn Toellmann. Dann wandte er sich um, nahm kurz Maß und sprang auf dem gleichen Wege, auf dem er den Klassenraum verlassen hatte, wieder hinein. Alle Augen starrten ihm fassungslos entgegen.

„Ist was?", fragte Ignaz der Schreckliche. „Lassen Sie sich nicht stören. In zehn Minuten sammeln wir ein."

Ein Pony kommt selten allein

„Wenn ich's mir überlege – eigentlich finde ich es super, dass wir jetzt so viel mehr Pferde in Groß-Willmsdorf haben!", stellte Bille fest. „Alle Boxen, alle Koppeln sind belegt. Wo du hinsiehst: Rappen, Braune, Füchse, Schimmel! Bei uns ist wirklich was los!"

„Die Neuzugänge können sich neben unseren Pferden wirklich sehen lassen", stimmte ihr Simon zu. „Die Schulpferde sind alle ausgezeichnet. Und dann die Gastpferde! Nicos Sylvester, Francas Donata – und die kleine Stute aus Polen zum Beispiel, alles erstklassige Pferde."

Bille klopfte Black Arrow zärtlich den Hals.

„Trotzdem bleibst du mein Star, Blacky Boy. Das war ein herrlicher Ausritt, wie? So im Jagdgalopp über die Stoppelfelder …"

Wie zur Antwort schnaubte Feodora, die schöne Schwarzschimmelstute, die Simon ritt, begeistert und spitzte die Ohren. Sie genoss den Ausflug wie ein Kind einen schulfreien Tag.

Im Schritt ritten sie zwischen den Koppeln hindurch auf den Stall zu. Die Stuten hoben neugierig die Köpfe und grüßten wiehernd herüber, interessiert kamen zwei Fohlen heran.

„Oh!", sagte Bille plötzlich und wendete. „Lass uns lieber außen rum reiten."

Simon ritt ihr kopfschüttelnd nach.

„Was ist denn los? Hast du einen deiner gefürchteten Lehrer gesehen?"

Bille lächelte verschmitzt.

„Nein, ich wollte nur nicht stören. Die Freistunden im Internat sind knapp genug …"

„Ich verstehe kein Wort."

„Nico und Florian. Sie saßen hinter der Koppel unter dem Holunderstrauch."

„Ja, dann …"

Als sie in den Stall kamen und absattelten, trat ihnen mit einem verlegenen Räuspern Hubert entgegen.

„Wenn ihr hier fertig seid und wenn ihr dann noch 'n büschn Zeit habt, denn … denn hätt ich gern mal 'n paar Worte mit euch geredet. In einer ernsten Angelegenheit sozusagen."

„Um Himmels willen, Hubert, haben wir was angestellt? Oder ist was passiert?", fragte Bille erschrocken.

„I wo, im Gegenteil, es … es handelt sich da eher um so 'ne Art Feier", nuschelte Hubert. Die Sache schien ihn ziemlich in Verlegenheit zu bringen.

„Wir beeilen uns!", versprach Simon. „Und dann setzen wir uns in der Sattelkammer zusammen."

Hubert verzog sich zum Fohlenstall, er schien tief in Gedanken versunken.

„Wie alt ist Hubert eigentlich?", fragte Simon.

„Warte mal … Karlchen ist sechzehn – dann muss Hubert achtundzwanzig sein. Er ist zwölf Jahre älter als sein Bruder. Warum fragst du?"

„Nun ja, Feier … Könnte es nicht sein, dass Hubert zehnjähriges Dienstjubiläum hat und nicht recht weiß, ob er das mit einem kleinen Umtrunk für seine Freunde im Stall würdigen soll?"

„Schon möglich. Vielleicht möchte er, dass wir ihm bei der Ausgestaltung seines Festes helfen!"

Aber Hubert hatte einen viel gewichtigeren Grund zum Feiern, wie sich bald herausstellte. Er wartete, bis Bille und Simon sich gesetzt hatten, dann räusperte er sich umständlich, verschränkte die Arme und starrte auf einen Fleck an der Wand, genau zwischen den Köpfen seiner beiden erwartungsvollen Zuhörer.

„Tja, die Sache ist nämlich die … ich … ich werde denn ja nun wohl heiraten, nich?"

„Hubert! Na, das ist ja eine Überraschung!" Bille sprang auf und schloss den Pferdepfleger herzlich in die Arme. „Gratuliere! Das finde ich super! Und ich wünsche dir alles Glück der Welt für deine Zukunft, so viel wie überhaupt in dein Leben reingeht!"

Hubert grinste gerührt und wusste nicht recht, wo er hinschauen sollte.

Nun gratulierte auch Simon. „Herzlichen Glückwunsch, Hubert! Da hast du ja ein ganz schönes Geheimnis draus gemacht! Kein Mensch hat etwas davon gemerkt! Wer ist denn die Glückliche?"

„Sie heißt Bruni … Brunhilde. Ist aus Neukirchen." Hubert wand sich vor Verlegenheit, er war es nicht gewohnt, über seine Privatangelegenheiten zu sprechen. „Na ja, da haben wir uns ja auch kennengelernt. Sie hat in dem Futtermittelgroßhandel gearbeitet, da hab ich sie immer gesehen, wenn ich was abgeholt habe. Und dann haben wir uns mal beim Tanzen getroffen. Na ja, wie so was denn so läuft. Ihr Kerl hatte zu viel getrunken, und sie hat mit ihm

Schluss gemacht. Sitzt da allein am Tisch und heult. Bin ich hin. Na ja, und denn hat sich das so ergeben. So nach und nach."

„Toll!", sagte Bille, ehrliche Begeisterung in der Stimme. „Ich kenne sie vom Sehen, so eine kleine Dunkle, Energische. Die sieht süß aus!"

„Nicht wahr?" Hubert strahlte. „Erst hab ich ja gedacht, ich bin nicht gut genug für so was Gebildetes! Sie hat Abitur und so. Aber dann … Wie ich ihr so von meiner Arbeit erzähle, da sagt sie auf einmal: ‚Wissen Sie, Herr Brodersen, dass ich Sie schon immer heimlich bewundert hab? Ich hab mich nur nicht getraut, es Ihnen zu sagen!' Sie mich, könnt ihr euch das vorstellen? Ich hab sie gefragt, warum. ‚Weil Sie doch so einen verantwortungsvollen Posten haben', hat sie gemeint. ‚Bei so einem berühmten Mann. Und dann die Pferde, das sind doch Werte, das geht doch in die Hunderttausende!', hat sie gemeint. ‚Das ist doch, wie wenn man in Amerika das Fort Knox bewachen muss, wo sie das Gold drin haben.' Und dann hat sie mir erzählt, dass sie eine Schwäche für Pferde hat." Hubert wurde rot. „Schon wenn sie das riecht, Sattelleder und … und Pferdestallgeruch eben … sie liebt das."

„Und da konntest du natürlich nicht Nein sagen!" Simon lachte und schlug Hubert freundschaftlich auf die Schulter. „Das war also die ernste Angelegenheit, die du uns mitteilen wolltest."

„Nein", sagte Hubert. „Oder doch, natürlich. Aber vor allem wollte ich mit euch über die Hochzeit reden. Wir haben uns da nämlich was ausgedacht. Es … wir … Nun ja, es soll was ganz Besonderes sein. Ich meine, Hochzeitskutsche mit Schimmeln, das hat ja jeder. Aber ein Vierspänner mit

Ponys, und dann so richtig bunt geschmückt, da würden sie Augen machen! Und wo wir doch jetzt im Schulstall noch die beiden Isländer haben ..."

„Hubert, das ist eine super Idee! Jetzt müssen wir nur noch üben, vierspännig zu fahren", rief Bille. „Am besten, wir probieren es nachher gleich mal. Ich hab keine Ahnung, ob unsere Isländer schon mal im Geschirr gegangen sind."

Hubert strahlte.

„Klar, dass ihr alle eingeladen seid! Soll 'n ganz großes Fest werden! Ich meine, wenn schon, denn schon, nicht?", nuschelte er.

Und es wurde ein großes Fest. Das größte, das es in Wedenbruck seit langer Zeit gegeben hatte. Es lieferte noch ausreichend Gesprächsstoff für die kommenden Generationen.

Tagelang hatten Bille und ihre Freunde mit den Ponys Vierspännigfahren geübt. Eine Weile hatte es Diskussionen darüber gegeben, ob man lieber Bongo oder Moischele ins Gespann nehmen solle. Bongo stach in der Farbe von den anderen ab, Moischele in der Größe, genauer gesagt, in seiner Winzigkeit. Schließlich entschieden sie sich dafür, Bongo ins Geschirr zu nehmen und Moischele mit Blumenkörben beladen vorauslaufen zu lassen – zusammen mit den Blumen streuenden Kindern.

„Wie wär's, wenn wir Bongo weiß schminken?", fragte Bettina augenzwinkernd.

„Kommt überhaupt nicht infrage!", zeterte Florian sofort los. „Und ich hab hinterher die Sauerei mit dem Putzen!"

„Reg dich nicht auf, Flori, wir werden das Gespann sowieso üppig mit Blumen und Zweigen behängen, dass keiner die Farbe der Ponys genau erkennen kann."

Bettina behielt recht. Eine ganze Wagenladung von Blumen holten sie zusammen und stürzten sich mit Feuereifer auf das Schmücken der Kutsche und der fünf Ponys. Als das Werk vollendet war, hatte man Mühe, unter den mit Blüten besteckten Schabracken und flatternden Bändern, dem üppigen Kopfschmuck aus Schleifen, Blumen und bunten Federn ein Stückchen Fell zu entdecken. Die Ponys standen so breitbeinig und steif da, als hätte man sie in Ritterrüstungen gesteckt. Ein Wunder, dass sie sich die Prozedur so geduldig gefallen ließen.

Florian und Simon hatten aus der Zeit ihres Großvaters alte Kutscherlivreen aufgetrieben, die Frau Henrich in einer Truhe auf dem Speicher aufbewahrt hatte. Sie stanken zwar so nach Mottenpulver, dass Simon ständig niesen musste, aber das störte den festlichen Anblick ihres Aufzugs kaum, zumal Simon sein Gesicht hinter einem eleganten weißen Spitzentuch verborgen hatte.

Bille trug ihren Turnierdress und führte Moischele. Bettina, Tom und Daniel ritten in roten Röcken hinter dem Wagen und bildeten sozusagen die Nachhut.

Die Braut war für diese Nacht mit ihrer kompletten Verwandtschaft im *Krug* abgestiegen. Dort sollte sie von Hubert abgeholt und zur Kirche geleitet werden.

Als Bille und ihre Freunde mit der Hochzeitskutsche vor dem Brodersenschen Hof hielten, stand Hubert bereits am Tor. Seine Gesichtsfarbe erinnerte ein wenig an frischen Quark, und der schwarze Anzug bereitete ihm offensichtlich Beklemmungen. Seine Schultern rührten unruhig gegen den straffen Stoff an, und immer wieder fuhr er sich nervös mit dem Zeigefinger unter den Kragen, um sich wenigstens dort etwas Luft zu verschaffen. Mutter Brodersen fand immer wieder einen Fussel auf dem makellos sauberen Jackett ihres Sohnes. Karlchen, Huberts jüngerer Bruder, redete ihm Mut zu. Und Vater Brodersen kämpfte seinerseits mit dem zu eng gewordenen Hosenbund seines Festanzugs. Dutzende von Dorfbewohnern standen herum, um dem aufgeregten Bräutigam Zuspruch und seelischen Beistand zuteil werden zu lassen.

Der prächtig geschmückte Vierspänner lenkte Hubert einen Augenblick von seinen Nöten ab.

„Mann, habt ihr das hingekriegt! So schön hab ich mir das gar nicht vorgestellt. Brunis Leute werden Augen machen!"

Hubert und Vater Brodersen bestiegen die Kutsche, um die Braut abzuholen. Alle Übrigen gingen zu Fuß zur Kirche hinüber, mehr oder weniger eilig, um sich einen guten Platz zu sichern. Simon verhinderte im letzten Moment, dass Vater Brodersen sich auf den Brautstrauß setzte, den Hubert neben sich auf die Bank gelegt hatte – dann konnte es losgehen.

Bruni sah aus wie ein praller rotbackiger Apfel in einem Berg von Schlagsahne. Hubert wurde es gleich noch ein bisschen enger in seinem Hochzeitsanzug vor lauter Glück. Simon sprang vom Kutschbock und half dem vor Aufregung zitternden Bräutigam aus dem Wagen. Dann drückte er ihm den Brautstrauß in den Arm und schob ihn sanft in Richtung der wartenden Braut.

„Du musst ihr den Strauß übergeben und sie zum Wagen führen!", flüsterte er. Denn Hubert stand immer noch da und starrte seine Bruni an, als wäre sie eine Luxus-Geschenkpackung, die unmöglich für ihn bestimmt sein konnte.

„Mädchen, du bist einfach der absolute Wahnsinn!",

stammelte er und streckte ihr den Brautstrauß entgegen. „Na, denn komm man, nu wird's ernst."

Bruni strahlte. Simon half ihr, die üppigen Falten des Kleides und die lange Schleppe in der Kutsche unterzubringen, dann ging es feierlich zur Kirche.

„Nein, so was Schönes aber auch! So was Niedliches!", rief Bruni immer wieder aus und reckte den Hals nach den Ponys. „Hast du dir das ausgedacht, Hubert? Also, so was Hübsches hab ich mein Lebtag noch nicht gesehen, nicht, Papa?"

Brunis Vater hatte neben Vater Brodersen Platz genommen. Das heißt, soweit er Platz fand neben dem Schwergewicht Brodersen, zumal die Rückbank eigentlich für Kinder gedacht war. Aber da Brunis Vater das an Gewicht zu wenig hatte, was Brodersen senior zu viel auf die Waage brachte, überstand er die Fahrt – teils glücklich, teils hilfeflehend –, den Blick auf die bräutlich-hübsche Tochter gerichtet und in dem Gefühl, durch das brodersensche Übergewicht etwas aus der Form geraten zu sein.

Der Pastor erwartete sie vor der Kirche. Simon betätigte sich wieder als hochherrschaftlicher Diener, half erst der Braut samt Hochzeitskleid aus der Kutsche, dann dem Bräutigam, der offensichtlich Watte in den Knien hatte, winkte die Kinder, die zum Blumenstreuen ausersehen waren, herbei und geleitete den Zug bis zur Kirchentür. Drinnen brauste die Orgel auf – wie auf Kommando fuhren die Köpfe der wartenden Hochzeitsgäste herum, und ein hörbares „Ah!" ging durch die Reihen. Simon schloss die Kirchentür.

„Wir lösen uns ab mit Zuschauen", sagte Bille. „Jeder darf mal für ein paar Minuten rein. Drei bleiben bei den Pferden. Tina, Daniel, Tom – geht ihr zuerst. Simon nimmt eure Pferde, Florian und ich die Ponys."

Die Ponys wurden nun allmählich doch unruhig, denn die höchst überflüssige Dekoration, in die sie rundherum eingehüllt waren, begann zu kratzen und zu kitzeln. Immer heftiger schlugen sie mit den Köpfen und scharrten mit den Hufen. Bille und Florian hoben die heruntergerissenen Blumen auf und befestigten sie von Neuem am Geschirr, aber nach und nach bildete sich ein dichter Teppich aus Blütenblättern um das Gespann.

Bille zählte die Minuten. Drinnen predigte der Pastor. Schließlich erschien Daniel.

„Mach dir keine Hoffnung, dass Bettina und Tom so bald kommen, die sind total weggetreten vor Begeisterung. Ich hab ihnen dauernd Zeichen gemacht, aber sie haben es nicht bemerkt. Die üben scheinbar schon in Gedanken."

„Macht nichts, ich kann hier sowieso nicht weg. Kümmere dich mal um Rumpelstilzchen, der dreht gleich durch."

Endlich brauste die Orgel drinnen zum Schlusschoral auf. Die Glocken begannen zu läuten, und Bettina und Tom kamen mit hochroten Köpfen heraus. Der Fotograf stürzte aus der Kirche und nahm das Portal ins Visier.

Florian schwang sich auf den Kutschbock, und Bille sandte ein Stoßgebet gen Himmel, das frischgebackene Ehepaar möge möglichst schnell die Kutsche besteigen und losfahren. Aber nun musste erst mal fotografiert und gratuliert werden. Das ganze Dorf schien in der Kirche gewesen zu sein und umringte nun mit Hochrufen und Gelächter Brautpaar und Kutsche.

Bille schmerzten die Arme vom ungeduldigen Ziehen und Zerren der Ponys, Reithose und Hemd klebten ihr schweißnass am Körper, und sie verfluchte insgeheim die Idee mit dem üppigen Blumenschmuck. Das strahlende Lächeln auf ihrem Gesicht fühlte sich an wie aus Gips gegossen, aber was half's – sie standen im Blickpunkt des begeisterten Publikums und mussten aushalten.

Endlich gab Vater Brodersen das Zeichen zur Abfahrt. Simon behielt Rumpelstilzchen eisern an der Hand und lief neben dem Gespann her, um die verärgerten Ponys am Durchgehen zu hindern. Im Schritttempo bewegte sich der Zug zum Brodersenschen Hof zurück.

Die ganze Scheune hatten sie ausgeräumt, mit Holzbrettern ausgelegt und eine Festtafel aufgebaut. Auf einem Podium schmetterte die Feuerwehrkapelle den Begrüßungsmarsch.

„Geschafft!", stöhnte Bille, als Brautpaar und Gäste im Festsaal verschwunden waren. „Jetzt nichts wie runter mit dem Zeug!"

„Ihr könnt sie bis heute Abend hier im Stall unterstellen!", rief Frau Brodersen, die mit ein paar Helferinnen aus dem Dorf zwischen Küche und Scheune hin- und herrannte, um die Speisen aufzutragen. „Und dann kommt erst mal zum Essen!"

„Wir wollten uns eigentlich umziehen, wir sind ..."

„Ach was, jetzt stärkt euch erst mal. Ihr seht doch so toll aus in euren Uniformen!"

In der Scheune knallten schon die Sektkorken. Karlchen zapfte das Bierfass an und stand augenblicklich unter einer schäumenden Dusche.

„Das hätte mir passieren sollen!", seufzte Florian und stürzte durstig ein Glas Sekt hinunter, um sich gleich darauf ein Bier zu holen. Stimmung und Temperatur stiegen langsam, aber stetig dem Siedepunkt entgegen.

Vater Brodersen hatte sich offensichtlich vorgenommen,

alles in den Schatten zu stellen, was es an Hochzeitsfeierlichkeiten in Wedenbruck und Umgebung je gegeben hatte. Frau Brodersen und ihre Helferinnen mussten tage- und nächtelang in der Küche gestanden haben. Die Tische bogen sich unter Suppenschüsseln, Braten und Pasteten, Salaten und Beilagen aller Art und schließlich zwei Dutzend verschiedener Kuchen, Torten und Puddings.

Der Pastor setzte zu einer längeren Tischrede mit abschließendem Segensgebet an, aber Vater Brodersen erkannte die Gefahr und fiel ihm ins Wort.

„Mit dem Predigen is nu genuch, Herr Paster – ich heiße euch alle herzlich in meinem Hause willkommen, und meine Frau natürlich auch, sie hat sich mächtig Mühe gegeben, damit ihr euch hier wohlfühlt, und nu lasst es euch man schmecken. Mahlzeit!"

Der Pastor sprach dann doch noch wenigstens das Tischgebet, und bald darauf hörte man nur noch eifriges Schlürfen und Besteckklappern, allenfalls unterbrochen von Ausrufen der Begeisterung, die den Kochkünsten der Hausfrau galten.

Nach der Suppe flüsterte Hubert dem Vater etwas zu, und Brodersen stand noch einmal auf.

„Die Herren dürfen jetzt die Jacken ablegen. Is ja man mächtig warm hier drin, und wir wollen's ja auch gemütlich haben, nich!"

„Und die Damen?", fragte einer der weiblichen Gäste vorwitzig.

„Die Damen können ablegen, was sie mögen!"

Die Gespräche wurden lebhafter. Immer neue Weinflaschen machten die Runde, dazwischen gab es ein „Schnäpschen zum Platz schaffen", wie Hubert verkündete. Irgendwann hielt Brunis Vater eine Rede, die ihn selbst zu Tränen rührte. Deshalb wurde sie wesentlich kürzer als geplant. Vater Brodersen schlug ihm anerkennend auf die Schulter.

„Mann, das hast du schön gesagt! Lass uns Brüderschaft trinken!"

Brunis Mutter unterhielt sich lebhaft mit Mutter Brodersen über die Obsternte. Karlchen begann sich für eine der jungen Cousinen Brunis zu interessieren und erzählte ihr haarsträubende Geschichten von seinem verantwortungsvollen Posten in der Tankstelle und dem risikoreichen Training für sein erstes Motocross-Rennen. Dorfbewohner, Freunde und die zwei Familien feierten ein Fest der Verbrüderung.

„Schade, dass Daddy gerade heute nicht hier sein kann", sagte Bille. „Was für eine Hochzeit!"

Tom grinste.

„Ich glaube, mein lieber Vater flieht ganz gern vor solchen Ereignissen. Er hasst es, sich als Star feiern und bewundern zu lassen. Dafür esse und trinke ich für ihn mit. Gib mir doch noch mal den Hirschbraten rüber …"

Zwischen Braten und Nachtisch wurde zum ersten Tanz aufgespielt. Hubert musste mit seiner Bruni den Ehrenwalzer tanzen. Er entledigte sich dieser Pflicht, so gut es ging – beflügelt vom Alkohol schwenkte er die Braut, dass einem vom Hinsehen schwindlig werden konnte. Schließlich erlösten ihn Bravorufe und Applaus.

„Endlich Kuchen", seufzte Florian, als hätte es bis dahin nichts zu essen gegeben. „Ob man von jedem was nehmen darf?"

„Dürfen schon", kicherte Bettina, „ob man kann, ist die Frage! Aber nur Mut, Flori, der Abend ist noch lang."

Brunis Vater begann schmetternd zur Musik zu singen.

Sein Tenor war beachtlich für so einen kleinen Körper. Und er war stolz darauf, das sah man ihm an.

„Kinder, trinkt! Tanzt! Seid fröhlich! So eine Hochzeit gibt's nur einmal im Leben! Wo sind überhaupt die Hauptpersonen? Wo sind die Ponys?"

„Ja, wo sind die Hauptpersonen?", rief ein alter Onkel, der fast taub war. „Ein Tusch für die Hauptpersonen!"

„O ja, die Ponys, holt doch mal die Ponys her!", kam es nun aus allen Ecken.

„Macht das lieber nicht!", mahnte Onkel Paul. Aber niemand hörte auf ihn.

„Nicht doch, Bille, das musst du verhindern!", rief Mutsch ängstlich. „Das gibt doch bloß wieder …"

Aber ihre Stimme verlor sich im allgemeinen Begeisterungsgeschrei.

Florian, Karlchen und Tom, alle drei leicht beschwipst, trotz der Unmengen an Speisen, die sie vertilgt hatten, erhoben sich und gingen nach draußen. Bille folgte seufzend.

Während die vier im Stall verschwanden, ging man zur Besichtigung der Geschenke über, die seitwärts auf einem Tisch aufgebaut waren. Bettwäsche und Handtücher, Gläser, Geschirr und Besteck, bestickte Tischdecken, ein halbes Dutzend Korkenzieher und Tortenheber, Aschenbecher, eine Kaffeemaschine, Zierteller, ein elektrischer Eierkocher und was immer man für unentbehrlich in einer jungen Ehe hielt.

Bettina, Simon und Daniel sahen zu, wie Bruni ein Stück nach dem anderen von seiner Umhüllung befreite und sich bei dem Spender überschwänglich bedankte. Nur einmal ging ein Schatten über ihr Gesicht, als sie aus Wolken von Seidenpapier eine riesige bunt bemalte Vase von unbeschreiblicher Scheußlichkeit wickelte.

„Oh …", machte sie verlegen. „Wie schön … Die ist sicher von Frieda, hab ich recht?"

Neben Bettina kicherte eine von Brunis Cousinen. Bettina sah sie fragend an.

„Das ist ein Wanderpokal", flüsterte die pummelige Kleine. „Jeder, der die Vase kriegt, schenkt sie bei der nächsten Gelegenheit weiter."

Draußen im Stall berieten sich Bille und die drei Jungen.

„Was haltet ihr davon, wenn wir schnell nach Hause laufen und uns umziehen?", sagte Bille. „Ich stehe die Hitze einfach nicht durch, meine Klamotten sind zum Auswringen nass!"

„Machen wir", sagte Florian. „Ich hab auch das Gefühl, mich trifft gleich der Hitzschlag."

„Ich kann gar nicht so schnell schwitzen, wie mir heiß ist!", stöhnte Tom. „Ein Glück, dass wir unsere Sachen bei Bille deponiert haben. Wartest du hier, Karlchen? Wir sind in einer Viertelstunde zurück."

„Ist recht, ich muss sowieso mal in Ruhe wohin. Bis gleich dann."

Zottel wieherte enttäuscht hinter Bille her. Sollten sie wirklich nichts von der Hochzeitstafel abbekommen? Von der Scheune her duftete es nach den herrlichsten Leckerbissen, da gab es Musik und Gelächter, den schönsten Zirkus!

Doch die Erlösung war nahe. Drinnen erinnerte sich Brunis Vater bierselig an die Ponys, die immer noch nicht erschienen waren. Und da alle jetzt zur Tanzfläche strömten, beschloss er, sich persönlich der Sache anzunehmen. Auf unsicheren Beinen schwankte er zum Stall hinüber und öffnete den Laufstall, in dem die fünf Ponys Platz gefunden hatten.

„Na, dann kommt man, ihr braven kleinen Kerle! Habt eure Sache so gut gemacht und müsst hier im Dunkeln warten!"

Zottel ließ alle Formen der Höflichkeit beiseite, drängte seinen Wohltäter an die Wand und trabte zügig zur Scheune hinüber. Er hatte genug Zeit verloren, fand er. Die anderen schlossen sich ihm mehr oder weniger zögernd an.

„Da sind sie ja! Einen Tusch für unsere Ponys!", rief einer der Gäste, und alles applaudierte.

Zottel schüttelte geschmeichelt die Mähne und tippelte mit kleinen Schritten auf die Tanzfläche. Die anderen hielten sich unsicher zurück. Der Lärm und die vielen Leute waren doch ein bisschen viel auf einmal.

„Mein Gott auch, wie süß", begeisterte sich Frieda.

„Ja, sind sie nicht einfach schnuckelig", stimmte ihr Brunis Mutter zu.

„Wenn das man gut geht", brummte Onkel Paul und schenkte sich zur Stärkung noch einen Klaren ein. „Aber warum sollen sie schließlich nicht!"

Das fand Zottel auch und wählte unter den Torten die mit dem dicksten Zuckerguss. Die anderen beschränkten sich darauf, sich von den Gästen mit Zuckerstücken verwöhnen zu lassen.

Thorsten, Billes Schwager, der sich bisher lediglich mit den leiblichen Genüssen befasst hatte – besonders mit denen in flüssiger Form –, erwachte aus seinem gedankenvollen Schweigen.

„Moischele! Moischele, mein Kleiner, komm zu Papa! Komm, mein Junge, heute wird gefeiert! Magst du Bier? Nein? Habt ihr das gesehen, er schüttelt den Kopf! Was magst du denn?"

Moischele schnaubte und warf den Kopf hoch, wobei seine Nase in Richtung Tanzfläche zeigte.

„Tanzen willst du? Gemacht. Kapelle! Einen Walzer!", rief Thorsten.

Er erhob sich schwankend und führte Moischele am Halfter auf die Tanzfläche. Die Tanzenden wichen lachend zur Seite. Zottel schaute einmal kurz zu seinem Freund und ging dann zu Mokka-Cremetorte über. Tanzen war gut, aber Kuchen war zweifellos besser.

Moischele, von Thorsten fest am Halfter gehalten, ließ sich gehorsam im Kreis bewegen, wenn er auch kein Interesse zeigte, seine Schritte dem Takt anzupassen. Aber das schaffte Thorsten ebenso wenig. Hin und wieder gerieten sie in ihrer Begeisterung über die Tanzfläche hinaus, doch das störte sie nicht. Krach! schob Moischele mit seinem Hinterteil die dicke Tante Martha von ihrem Stuhl und beförderte mit einem koketten Huftritt den Stuhl fünf Meter weiter, wo er ein Tablett voller Kaffeetassen mit zu Boden nahm.

Pitsch! schlug sein Schweif in eine Schüssel mit Schlagsahne und mit der nächsten Drehung dem Pastor über seinen schwarzen Anzug, sodass er aussah wie ein Zebra. Zottel begann hilfsbereit, die Schlagsahneschüssel auf die Genießbarkeit ihres Inhalts hin zu untersuchen.

Knarz! lehnte sich Moischele gegen Karlchens leeren Stuhl, der splitternd nachgab.

„Bist du aus 'm Takt gekommen?" Thorsten lachte glucksend. „Macht nichts, Junge, das kann jedem mal passieren."

Bei der nächsten Drehung ging das Tischtuch ein Stück weit mit. Die Gäste schauten verdutzt, wer eben noch Kaffee und Kuchen vor seiner Nase gehabt hatte, saß jetzt vor dem Bier und Käse seines Nachbarn. Vater Brodersen am anderen Ende des Tisches hechtete hinter seinem Weinglas her, das vor ihm davonzulaufen schien.

Moischele wurde die Dreherei allmählich zu viel, und er begann, sich gegen Thorstens eisernen Griff zur Wehr zu setzen. Er schlug mit dem Kopf und strebte energisch rückwärts. Thorsten bewies Kraft und Standfestigkeit, aber plötzlich trat er ins Leere und verlor das Gleichgewicht. Moischele war frei, aber so unerwartet, dass er wie ein Sektkorken in Zottels Richtung schoss und an seinem Bauch landete. Zottel, der jetzt um keinen Preis gestört sein wollte, keilte zur Warnung einmal nachdrücklich aus. Moischele, zu Unrecht angegriffen, keilte verärgert zurück, traf aber nur die Schüssel mit dem Heringssalat, die mit einem Salto zwei Meter über den Tisch segelte und auf der Platte mit Apfelkuchen landete. Deshalb versuchte er es noch einmal. Diesmal hatte er mehr Erfolg, er erwischte gleich drei Torten, darunter die mit Schokoladensahne, die sich Zottel als Nächste vorgenommen hatte.

Diesmal wurde Zottel wirklich wütend. Er keilte so kräftig zurück, dass Moischele quiekend vor Entsetzen floh und dabei mehrere Stühle umriss.

Den Hochzeitsgästen, die bisher gelacht hatten, wurde es jetzt mulmig. Mutsch und Onkel Paul waren aufgesprungen, um die beiden Kampfhähne einzufangen und zu beruhigen. Aber da alle anderen plötzlich ebenfalls in die Höhe fuhren, teils um Gläser und Geschirr vor weiteren Angriffen zu retten, teils um sich in Sicherheit zu bringen, kamen sie nicht zu den Ponys durch.

Nun gerieten auch die anderen drei Ponys – Bongo, Rumpelstilzchen und Lucky – in Panik und begannen verzweifelt, den Ausgang zu suchen. Der aber war bereits verstopft.

Die einen drängten nach draußen, wer draußen gewesen war, schob sich neugierig herein. Dahinter stand, wie ein Racheengel zeternd und wilde Drohungen gegen sämtliche Männer ausstoßend, Mutter Brodersen – es war ein heilloses Durcheinander.

Bongo erwischte mit einem Huftritt den Stapel Handtücher auf dem Geschenketisch. Die landeten auf der noch unbeirrt weiterspielenden Kapelle, sodass die Feuerwehrmänner sich zu ihrem Erstaunen im Nu in Beduinen verwandelt sahen. Der Posaunist ließ vor Schreck sein Instrument fallen. Um das kümmerte sich Rumpelstilzchen, der ängstlich vor Vater Brodersen zurückweichend darauftrat und die Posaune damit in eine Art modernes Kunstwerk verwandelte.

Lucky gab dem Geschenketisch den Rest. Moischele floh auf die Bühne und räumte zwei Feuerwehrmänner ab.

Der Kampf um den Ausgang entschied sich schnell. Die von drinnen Drängelnden hatten gesiegt, in Sekundenschnelle war die Scheune wie leer gefegt. Zurück blieben die Ponys, von denen sich Zottel und Bongo der Reste des Büfetts erinnerten, die anderen drei standen verängstigt inmitten der Trümmer.

Und Hubert, der seine Bruni im Arm hielt und zärtlich beruhigend über ihre zuckenden Schultern strich.

„Musst nicht traurig sein, Bruni! Komm, komm!"

Bruni hob ihr Gesicht zu ihm auf. Sie lachte, dass ihr die Tränen in die Augen traten.

„Nein, war das eine Hochzeit! So was Himmlisches aber auch! Und das Schönste von allem …"

„… kommt erst noch", sagte Hubert und grinste verlegen.

„Nee, das Schönste …", rief Bruni unter Lachtränen, „das Schönste ist: Der Wanderpokal ist hin!"

Herbstjagd in Groß-Willmsdorf

„Bitte Tür frei!"

„Tür ist frei!"

Tom schob das Tor zur Reithalle auf und zog Troilus hinter sich her. Bille und Simon galoppierten auf dem Zirkel, bis Tom die Tür wieder geschlossen hatte, dann wechselten sie durch die ganze Bahn. Simon gab Feodora den Kopf frei und ließ sie drauflostoben. Bille parierte zum Schritt durch und hielt neben Tom in der Mitte der Bahn.

„Warum grinst du so, du hast doch was?"

„Ich? Wie kommst du darauf?" Tom schnitt eine Grimasse, die er für ein Unschuldsgesicht hielt.

„Na los, sag schon!"

„Ach wie gut, dass niemand weiß … was ich weiß … und auch nicht verrate."

„Dann nicht."

Bille ritt auf den Hufschlag zurück und trabte an.

„Was denn! Ihr wollt die große Neuigkeit nicht wissen? Ihr seid gemein! Zur Strafe sage ich euch auch nicht, dass Daddy eine Hubertusjagd veranstaltet."

„Was? Wann? Seit wann weißt du das?"

Bille parierte Black Arrow so hart durch, dass er buckelte. Entschuldigend klopfte sie ihm den Hals. Auch Simon stoppte Feodora im Fluge und kam in die Mitte der Bahn.

„Na los, erzähl schon!"

„Ja, wir haben die Idee heute beim Mittagessen ausgebrütet. Er meinte, es sei gut, um die Kameradschaft innerhalb der Reiterjugend des Internats zu fördern und mal so einen kleinen Höhepunkt in den grauen Unterrichtsalltag zu setzen. So eine Herbstjagd ist da genau das Richtige, meinte er. Natürlich soll sie nicht allzu schwer sein, damit sich möglichst viele beteiligen können, auch von den umliegenden Reitvereinen. Am Samstag in einer Woche soll sie stattfinden."

„Samstag in einer Woche, das heißt in zehn Tagen. Und die Strecke?", fragte Simon.

„Die sollen wir mit ihm gemeinsam an diesem Wochenende festlegen. In der kommenden Woche werden wir dann die Hindernisse bauen. Keines über einen Meter hoch und so, dass man sie auch umgehen kann, damit auch wirklich alle mitmachen können, die Lust haben."

„Aber wir haben doch gar nicht genügend Pferde", meinte Bille. „Hat er daran auch gedacht?"

„Nun ja, er meint, wir könnten den wirklich guten Reitern aus dem Internat Pferde von uns zur Verfügung stellen. Sinfonie, Troja, Iris zum Beispiel. Vielleicht wird Florian Bongo hergeben, er reitet jetzt ja sowieso Asterix. Pünktchen können wir die Strapaze nicht mehr zumuten, aber was ist mit Zottel?"

„Mini könnte Zottel nehmen. Aber ihr wisst ja, dass er nicht springt."

„Das macht nichts – Mini nämlich auch nicht. Sie ist ein Ass im Voltigieren, aber sie hat noch nicht einmal Springunterricht gehabt", erklärte Simon. „Sie beginnt gerade erst damit, die Grundlagen der Dressur zu lernen."

„Außerdem hat Daddy noch eine Lösung parat. Die Strecke wird etwa fünfzehn Kilometer lang werden. Zwischendrin gibt's eine Pause. Wer mag, reitet nur die Hälfte der Strecke und überlässt sein Pferd für die andere Hälfte einem Mitschüler."

„Ja, und dann kommen am Montag die beiden Neuzugänge für den Schulbetrieb", überlegte Bille. „Wenn sich dann noch ein Teil der Schüler fürs Zuschauen entscheidet, weil sie sich eine solche Jagd vorerst nicht zutrauen …"

„Wir müssen gleich auf der Einladung betonen, dass unsere Jagd nichts wäre ohne eine ausreichende Anzahl Zuschauer!", fiel ihr Simon ins Wort. „Damit sich keiner benachteiligt fühlt."

Wie geplant legten sie am Wochenende mit Herrn Tiedjen die Strecke fest. Und gleich am Montag begannen sie mit dem Errichten der Hindernisse. Der Aufgalopp sollte hinter dem neuen Außenreitplatz der Schule stattfinden, das Halali im Park vor dem Gutshof. Dazwischen lag eine Strecke von fast sechzehn Kilometern mit insgesamt siebzehn Sprüngen.

Für das erste Hindernis mussten die Blumenkästen mit jungen Tannen dran glauben, die die Veranda des Gutshauses begrenzten. Bille hatte schon oft im Stillen darüber nachgedacht, welche Verschwendung es sei, sie dort oben herumstehen zu lassen. Als zweiten Sprung wählten sie ein einfaches Holzgatter, alle weiteren wurden aus dem Material gebaut, das sich in der Nähe fand: Birken- oder Fichtenstämme, Reisig, Strohballen, Wälle aus Grassoden, ein Wassertrog, aufgeschichtete Kartoffelsäcke (in denen sich allerdings keine Kartoffeln, sondern im Wald gesammelte Tannenzapfen befanden), leere Tonnen, alte Autoreifen und eine mit Zweigen ausgestopfte Fischreuse. An einer Stelle führte die Strecke durch einen flachen Teich, an einer anderen über einen Bach.

Vier Tage lang arbeiteten Bille, Bettina, Tom, Simon und Florian an den Hindernissen. Am Freitag ritten sie die Strecke einmal zur Probe, begleitet von Herrn Tiedjen, und ernteten viel Lob für ihren Einfallsreichtum.

Am nächsten Tag um elf Uhr herrschte bereits hektisches Treiben in den Ställen und Putzständen. Jeder brachte sein Pferd auf Hochglanz, fand hier noch etwas zu bürsten, dort noch ein paar Mähnenhaare zu ordnen, Bandagen wurden angelegt, Gamaschen auf ihren Sitz geprüft, schließlich ging es ans Satteln. Diskussionen gingen hin und her, ob man mit Gerte oder ohne reiten solle, ob mit Pelham oder normaler Trense.

„Wenn ich euch einen guten Rat geben darf, reitet ohne Gerte!", rief Herr Toellmann dazwischen. „Ihr werdet euch wundern, wie auch die faulsten unter euren Pferden plötzlich aufdrehen, wenn es auf die Jagd geht. Ihr werdet Mühe haben, sie zu halten."

Gegen halb zwölf fuhren die ersten Transporter vor. Gäste aus den umliegenden Reitvereinen kamen, begleitet von ihren Eltern oder Reitlehrern. Das aufregende Entladen begann, von den Internatsschülern kritisch beobachtet, denn nicht alle Pferdebesitzer gingen mit ihren Tieren so sorgsam um, wie man es von einem guten Reiter erwarten konnte. Das war es, was sie bei Herrn Tiedjen zuerst gelernt hatten: die Sorgfalt im Umgang mit dem Pferd.

So löste ein Reiter, er musste schon zwanzig sein, empörte Diskussionen aus, als er sein Pferd so roh rückwärts aus dem Transporter stieß, dass es abrutschte und sich an der scharfen Kante der Laderampe verletzte. Eine zwanzig Zentimeter lange blutende Wunde war der traurige Erfolg. Nico rannte sofort los, um die Stallapotheke zu holen, und versorgte die Wunde mit Blauspray, während der Reiter wütende Beschimpfungen auf sein Pech murmelte, da er nun die Jagd nicht mitreiten konnte.

Florian, der auf einen Sprung herübergekommen war, um nach Nico zu schauen und ihr nötigenfalls Mut zuzusprechen, betrachtete interessiert die hübsche Stute, die noch schweißnass von den Aufregungen des Transportes war.

„Wunderschöner Hellfuchs! Noch sehr jung, wie?"

„Vier. Aber zickig wie eine alte Jungfer. Bringt mich echt auf die Palme, das Luder."

Nico und Florian warfen sich einen vielsagenden Blick zu.

„Langsam gefahren sind Sie nicht gerade. Sie sollten sie ein bisschen rumführen. Haben Sie keine Decke?"

„Ach was, ich haue gleich wieder ab. Was soll ich hier noch lange rumstehen."

„Warten Sie einen Moment, ich mache das!" Nicos Stimme duldete keinen Widerspruch. Sie nahm die Stute am Halfter und marschierte mit ihr davon.

„He, he!", rief der junge Mann hinter ihr her, unternahm aber nichts, um sie zurückzuholen.

„Es gibt Pferde, die brauchen vor allem Zartgefühl", sagte Florian vorwurfsvoll. „Wie heißt Ihre Stute?"

„Florentine."

„Florentine …", wiederholte Florian nachdenklich.

„In einer Viertelstunde geht es los, Leute! Seid ihr fertig?", rief Herr Toellmann über den Platz.

Florian spurtete zu Nico hinüber.

„Ist dein Pferd fertig? Soll ich dich hier ablösen?"

„Alles klar. Iris steht fertig gesattelt in der Box. Ich muss mir nur noch das Plastron umbinden und die Jacke anziehen."

„Okay, dann bis gleich."

Florian hetzte zum Hof zurück, wo Simon, Bille, Bettina und Tom schon in Turnierkleidung bei ihren Pferden standen und auf den Aufbruch warteten. Simon hatte den Fuchsschwanz an seiner linken Schulter befestigt, Tom trug das weiße Band des Masters am Arm. Bille, Bettina, Nico und Florian hatten die Aufgabe der Piqueure übernommen, da sie die Strecke schon kannten und den anderen Reitern keine Konkurrenz machen wollten. Nico sollte zur linken, Bettina zur rechten Seite der Jagdgesellschaft reiten, Bille und Florian sollten die Nachhut bilden. Ein leuchtend blaues Band am linken Ärmel kennzeichnete sie.

Um Punkt halb eins versammelten sie sich auf der neuen Schulreitbahn und stellten sich in einem Halbkreis auf. Herr Tiedjen hatte – als Überraschung für seine jungen Reiter – eine Bläsergruppe organisiert, die die Jagdsignale blies. Dann folgten ein paar einführende Worte des Direktors und eine kurze aufmunternde Rede Hans Tiedjens. Kaum einer hörte recht zu, denn die allgemeine Nervosität übertrug sich allmählich auch auf die Pferde. Sie waren schwer zur Ruhe zu bringen.

Das Lampenfieber kribbelte im Bauch, Plastrons verrutschten, Handschuhe kniffen, Reitkappen drückten auf einmal, die Reitjacken schienen zu eng geworden.

Endlich ertönte das erlösende Signal. Simon galoppierte davon; er ritt Nathan, setzte spielerisch über die beiden ersten Hindernisse und verschwand aus dem Blickfeld der anderen. Dann ritt auch Tom an. Die Jagd begann.

Wer es nicht geglaubt hatte, musste jetzt Herrn Toellmann

recht geben. Die Pferde drängten vorwärts, dass es aller Kraft bedurfte, sie zu halten. Franca konnte nur mit knapper Not ihre Stute am Durchgehen hindern. Beppo, der ein ausgezeichneter Reiter war und von Körbers die kleine polnische Stute anvertraut bekommen hatte, hatte das Gefühl, auf einem Rodeopferd zu sitzen, solche übermütigen Sprünge machte sie. Bille musste ein paar Volten reiten, um zu verhindern, dass sich Black Arrow sofort an die Spitze der Pferde setzte.

Die ersten zwei Hindernisse waren von gut der Hälfte aller Reiter genommen worden, da passierte es. Fünf Pferde zugleich drängten auf das Gatter zu und hinüber. Bettina sah es noch rechtzeitig und lenkte Sternchen in einem weiten Bogen außen herum. Fünf Pferde kamen auch heil hinüber und galoppierten stürmisch drauflos, aber drei davon hatten ihren Reiter verloren.

„Vorsicht!", brüllte Bettina.

„Halt! Stopp!", rief Nico.

Bille kam ihnen zu Hilfe, und zu dritt gelang es ihnen, die reiterlosen Pferde einzufangen.

Die Reiter rappelten sich verwirrt auf und klopften sich den Dreck aus den nun nicht mehr blütenweißen Turnierhosen. Verletzt war glücklicherweise keiner. Sie stiegen wieder auf, und der Rest der Gruppe nahm das Hindernis vorsichtig, einer nach dem anderen.

Allmählich flaute die übergroße Spannung ab. Eine lange Galoppstrecke löste Reiter und Pferd, und die Freude an der Jagd begann sich langsam in ihnen auszubreiten. Zottel blieb wie immer an Black Arrows Seite. Mini nahm es mit Gelassenheit, denn Bille hatte sie schon vorher über diese seine Eigenart aufgeklärt. Da sie nicht sprang, durfte sie auch den

Fuchs nicht greifen, also kam es gar nicht darauf an, ob sie an der Spitze oder am Ende ritt. Hauptsache, sie konnte dabei sein!

Noch am Vormittag war der Himmel grau und verhangen gewesen, und sie hatten Sorge gehabt, ihre Jagd könne ins Wasser fallen. Jetzt kam auf einmal die Sonne heraus, setzte kleine Lichter auf die nassen Blätter der Bäume und ließ die Landschaft in tiefen Farben aufleuchten.

Simon legte eine Schrittstrecke ein, erst vor dem nächsten Hindernis galoppierte er wieder an. Zwei Sprünge, nicht weit voneinander entfernt, dann ging es im Trab quer durch den Tannenwald. Die Pferde dampften, dass eine dichte Nebelwolke entstand, kaum konnte man den Vorreiter erkennen. Doch bald darauf ritten sie wieder im hellen Sonnenlicht. Die Strecke führte in eine Kiesgrube hinunter, durch einen flachen Teich, und auf der anderen Seite wieder hinauf. Bongo platschte zur Verzweiflung seines Reiters, einem Jungen aus der sechsten Klasse, so tief ins Wasser hinein, dass es ihm für den Rest der Jagd kniehoch in den Stiefeln stand. Florian, der auf Asterix nicht weit hinter ihm war, grinste verständnisvoll.

Von ferne klangen die Jagdhörner herüber. Eine Autokolonne mit den Zuschauern – Schüler, Lehrer und die Bläsergruppe – folgte von Weitem der Strecke, kreuzte immer wieder auf Feldwegen und Alleen ihren Weg und grüßte mit einem Signal herüber.

Zwei Sprünge noch, dann hielten sie am Waldrand neben einer Wiese, erwartet von den Zuschauern und ein paar Betreuern, die zwei große Kessel mit Gulaschsuppe und heißen Würstchen zwischen sich aufgestellt hatten. Daneben standen Kisten mit Erfrischungsgetränken bereit.

„Na?" Herr Tiedjen trat ihnen lachend entgegen. „Lauter strahlende Gesichter? Kein Sturz, kein Abwurf?"

„Herrlich war's", rief Bille. „Super! So was sollten wir viel öfter machen!"

Die anderen nickten begeistert.

Jetzt kamen die übrigen Internatsschüler zu ihrem Recht. Ein wildes Gerangel begann, wer welches Pferd trocken reiten dürfe, während die Teilnehmer der Jagd sich stärkten. Andere verteilten Suppe, Würstchen, Brötchen und Getränke und erkundigten sich eingehend nach allen Einzelheiten der Jagd. Zwei Schüler von der Schulzeitung machten Interviews und Fotos, dazwischen stapften nervös ein paar Reiter herum, die sich ein Pferd mit einem Schulkameraden geteilt hatten und nun die zweite Hälfte der Jagd mitreiten durften.

Nach einer halben Stunde hieß es wieder: „Aufsitzen!", und die Bläser gaben das Signal zur Fortführung der Jagd. Wer wohl den Fuchs am Ende greifen wird?, überlegte Bille. Es waren ein paar hervorragende Reiter dabei, und Bille stellte mit Genugtuung fest, dass die besten alle Schüler Hans Tiedjens waren.

Eine Stunde lang ging es noch durch Wald und Moor, über Stoppelfelder und Wiesen, durch ein Dickicht und unter tief hängenden Zweigen hindurch, dann näherten sie sich dem Park. Jetzt war das Halali nahe, die Bläser standen bereits auf der Veranda, die Zuschauer hingen in dicken Trauben in den Fenstern, da man von oben das Geschehen am besten verfolgen konnte.

Simon setzte über das letzte Hindernis, kurz darauf folgte Tom, der Master, und gab die Jagd auf den Fuchs frei. Simon ritt in einem weiten Kreis um den Platz, damit die ganze

Gesellschaft Gelegenheit hatte, das letzte Hindernis zu nehmen, dann galoppierte er mitten durch die Gruppe der Reiter hindurch. Nur von links und mit der rechten Hand durfte der Fuchs gegriffen werden.

Franca hatte als Erste die Chance. Sie galoppierte dicht an Simon vorbei und griff nach dem Fuchsschwanz, aber ihre Stute Donata brach zur Seite aus, bevor sie ihn fest packen konnte. Als Nächster machte einer der auswärtigen Gäste den Versuch, aber er war zu weit entfernt, sein Arm reichte nicht bis zu Simons Schulter. Auch zwei der älteren Internatsschüler hatten kein Glück.

Jetzt stürmte Beppo heran. Die Augen fest auf den Fuchsschwanz geheftet, galoppierte er auf Simon zu, schnellte aus dem Sattel, wie von einer Sprungfeder getrieben, packte den Fuchsschwanz, riss ihn ab und hielt ihn triumphierend in die Höhe. Die Zuschauer applaudierten heftig, die Bläser formierten sich zum feierlichen Schlusssignal und schmetterten, was ihre Lungen hergaben.

Im Halbkreis stellte sich die Jagdgesellschaft vor der Veranda auf, Herr Tiedjen trat vor, beglückwünschte den neuen Fuchs und dankte dem alten. Dann gratulierte er den Reitern zu ihrer Leistung und überreichte jedem den Bruch, eine grüne Schleife mit einem Eichenzweig daran. Ganz feierlich wurde es ihnen zumute. Mit einem dreifachen „Horrido!" und „Hoho!" war die Jagd beendet.

„Um sechs Uhr treffen wir uns alle im Speisesaal zum Jagdgericht!", rief Tom. „Alle Reiter bitte in vorschriftsmäßiger Turnierkleidung erscheinen, sonst gibt's Strafpunkte!"

„Zottel ist wunderbar gegangen!", schwärmte Mini Bille vor. „Ich bin so froh, dass ich ihn reiten durfte! Vielen, vielen Dank!"

„Das nächste Mal wirst du dann auch springen", sagte Bille lächelnd. „Ich werde mich darum kümmern, dass du dann ein anderes Pferd bekommst."

„Glaubst du, dass ich vor dem Jagdgericht verurteilt werde? Weil ich doch kein einziges Hindernis übersprungen habe."

„Ach was, so ernst musst du das nicht nehmen, das Ganze ist doch nur ein Spaß. Oder sagen wir, ein bisschen ernste Kritik in Spaß verpackt."

Aber so ganz vermochten Billes Worte die Sorgenfalten von Minis Stirn nicht zu vertreiben.

Am Abend gab es ein festliches Essen für alle Jagdteilnehmer und Gäste. Auf dem Podium stand ein Tisch mit drei Stühlen dahinter, hier nahmen Richter, Staatsanwalt und Verteidiger Platz, nachdem der Nachtisch – Eis und Obstsalat – verzehrt war.

Simon hatte die Rolle des Richters übernommen, Tom stellte einen gestrengen Staatsanwalt dar, und Bille fungierte als Verteidigerin. Etwas abseits saß Bettina als Gerichtsschreiberin und Vollzugsbeamtin.

„Aufstehen!", schrie Florian jetzt über die Köpfe. „Das hohe Gericht erscheint!"

Unter ohrenbetäubendem Lärm sprang alles von den Stühlen. Simon, Tom, Bettina und Bille marschierten mit ernsten Gesichtern in den Saal und nahmen auf dem Podium Platz. Die Zuhörer setzten sich wieder und steckten wispernd die Köpfe zusammen. Sätze wie „Verdammt, ich habe meine Handschuhe vergessen!" oder „Ich hab meine Reitkappe nicht mit, kannst du mir deine borgen, wenn ich nach vorn muss?" wurden hörbar.

Bettina stand wieder auf und schaute in die Runde.

„Als Erstes rufen wir Herrn Giuseppe Santini vor das Gericht! Auch neuer Fuchs genannt."

Beppo stolperte nach vorn.

Tom stand auf, räusperte sich und fixierte Beppo von oben bis unten.

„Herr Santini, Sie sind dem Gericht als ausgezeichneter Reiter bekannt und haben heute die Ehre erworben, neuer Fuchs zu sein. Trotzdem sind dem Gericht ein paar schwerwiegende Vergehen bekannt geworden, die einen Schatten auf Ihre Reiterehre werfen. Wo zum Beispiel befindet sich der unterste Knopf Ihres Jacketts? Und stimmt es, dass Sie Ihre Handschuhe verloren haben, als Sie sie während der Jagd auszogen, mit dem eines Reiters unwürdigen Ausspruch: ‚Ich kann die Scheißdinger nicht vertragen'? Ist es richtig, dass Sie beim Durchqueren des Teiches so heftig zugeritten sind, dass die nachfolgenden Reiter bis auf die Haut durchnässt wurden und einem von ihnen die Brille mit Schlamm zugekleistert wurde? Diese schwerwiegenden Vergehen veranlassen mich, für Herrn Santini eine Strafe von einer Kiste Cola für die Mitschüler seiner Klasse zu fordern!"

Jetzt sprang Bille auf.

„Hohes Gericht! Die schweren Vorwürfe, die hier gegen unseren neuen Fuchs erhoben werden, muss ich mit allem Nachdruck zurückweisen! Es ist richtig, dass an seiner Jacke ein Knopf fehlt, aber nur, weil eine begeisterte Verehrerin im Taumel der Siegesfreude ihm diesen Knopf heimlich entwendet hat! Das Gleiche gilt für die Handschuhe, die er sich vorübergehend in die Tasche gesteckt hat, weil ein unverantwortlicher Verkäufer sie ihm drei Nummern zu klein eingepackt hatte, und das trotz vorheriger Anprobe! Eine bedauerliche Verwechslung offenbar. Der von Ihnen gerügte

Ausspruch galt erstens nicht den Handschuhen, sondern den lästigen Fliegen, die sein Pferd attackierten, und zweitens war er auch nicht für fremde Ohren bestimmt! Was nun das zu schnelle Durchqueren des Wassers betrifft: Es handelte sich um einen Akt reiner Menschenliebe. Herr Santini hat den nachfolgenden Reitern lediglich etwas Kühlung verschaffen wollen! Und deshalb fordere ich Freispruch!"

Alle lachten.

Simon hatte Mühe, seine ernste Richtermiene zu bewahren.

„Nun ja, den verschwundenen Knopf und die Handschuhe wollen wir ihm nachsehen. Das mit der Kühlung scheint dem Gericht allerdings zweifelhaft. Und deshalb verurteilen wir Herrn Santini zu einer Strafe von einer Literflasche Cola für seine Zimmergenossen."

So wurde einer nach dem anderen vor die Schranken des Gerichts gerufen. Die Vergehen waren so vielfältig wie die Strafen, die verhängt wurden. Vergessene Reitkappen oder Plastrons wurden mit Absingen von Hoppe-hoppe-Reiter bestraft, nicht gesprungene Hindernisse mussten im Saal ohne Pferd nachgesprungen werden, ungebührliches Lachen über einen gestürzten Reiter, der fünfzig Meter hinter seinem Pferd herlaufen musste, mit Apportieren einer Reitkappe, auf allen vieren laufend (einmal um den ganzen Saal), und rücksichtsloses Bestrafen eines Pferdes mit einem Trab dreimal um den Saal mit einem Sattel auf dem Kopf. Einer musste den ganzen Abend sein Jackett verkehrt herum tragen, ein anderer jemandem, den er behindert hatte, eine Woche lang das Pferd putzen.

Mini erntete einen Freispruch. Sie wurde nachträglich von Bille zum beobachtenden Reporter deklariert, der vom Pferd aus das Jagdgeschehen verfolgt hatte. Ihr war nichts vorzuwerfen. Schließlich mussten sich auch Bille, Simon und Tom vor den anderen verantworten. Sie kauften sich frei mit drei Blechen voller Apfelkuchen, den Mutsch, Frau Engelke und Fräulein Fuchs, die Haushälterin vom Peershof, vorsorglich gebacken hatten.

Das Fest dauerte bis gegen Mitternacht. Es gab Musik und Tanz, und immer wieder machten die Ereignisse des Tages die Runde. Eines war allen klar: Mit dieser Hubertusjagd waren sie zu einer großen Familie geworden, zur Reiterfamilie von Groß-Willmsdorf.

Wiehern im Lehrerzimmer verboten

Die Lehrer des Internats waren fast ausnahmslos selbst Reiter oder doch große Pferdefreunde. An den Nachmittagen sah man sie oft hoch zu Ross im Gelände, oder sie tauchten im Stall oder in der Reithalle auf, besuchten ihre vierbeinigen Lieblinge oder überzeugten sich von den Fortschritten der Reiterjugend.

Beim Bauen der Hindernisse für den Schulparcours halfen sie tüchtig mit, und Ignaz der Schreckliche gab sogar aushilfsweise hin und wieder eine Reitstunde. Im Reitunterricht war er fast noch gefürchteter als in den Schulstunden, nicht allerdings von den Pferden, die er mit äußerster Rücksicht behandelte. Und in noch einem Punkt wurde ihm uneingeschränkte Bewunderung zuteil: wenn es um Tiermedizin ging. Sein Unterricht auf diesem Gebiet war bei allen Schülern begehrt, und hatte sich eines der Pferde verletzt, kam man zuerst zu ihm, um sich Rat und Hilfe zu holen.

Wenn Ignaz der Schreckliche ins Gelände ging, bevorzugte er Luzifer, und nach wenigen Wochen war es ihm gelungen, aus dem überfütterten, faulen Wallach ein gut durchtrainiertes, bewegungsfreudiges Reitpferd zu machen. Nicht zuletzt deshalb verehrten und bewunderten Bille und Bettina ihren gestrengen Klassenlehrer.

Nun gab es unter den Lehrern des Internats allerdings

auch solche, deren Pferdeliebe reine Theorie blieb. In der Praxis vermieden sie ängstlich die Begegnung mit den – wie sie meinten – unglaublich wild und gefährlich aussehenden Geschöpfen, die einem schon durch ihre Größe Respekt einflößen konnten. Und dann das riesige Gebiss, die Kraft der Hufe – wenn es ihnen in den Sinn kam auszuschlagen!

Den Schülern fiel diese Zurückhaltung nicht weiter auf, sie waren viel zu sehr mit sich selbst beschäftigt. Schule und Reiten, das waren zwei Dinge, die den Tag bis zur letzten Minute ausfüllten, und eigentlich reichte die Zeit nie für das aus, was man alles gern getan hätte.

In diesen Tagen, die von einer kräftigen Herbstsonne vergoldet wurden, standen vor allem lange Ausritte auf dem Programm. Außerdem musste man das schöne Wetter für das Training auf dem neu errichteten Parcours nutzen. So lag das Gutshaus an den Nachmittagen wie ausgestorben.

Einer hatte in diesen Tagen allen Grund, sich zu beklagen – das war Zottel. Während Bille stundenlang mit Black Arrow und Troja trainierte oder die Stuten bewegte, musste er sich auf der Koppel langweilen. Kein Ausritt durch den herbstlichen Wald, über die Felder oder an den Strand hinüber fand statt. Bille arbeitete hart für ihr nächstes Turnier und hatte jeden Sinn für vergnüglichen Zeitvertreib verloren.

Kein Wunder, dass Zottel sich nach ein wenig Abwechslung sehnte. Wenn er nur eine Möglichkeit gefunden hätte, aus der Koppel auszubrechen!

An einem Montagnachmittag war es so weit. Ein paar Pilzesucher waren über die Koppel gegangen, hatten nach späten Wiesenchampignons Ausschau gehalten und das in einer Ecke dösende Pony nicht bemerkt. Als sie die Koppel verließen, blieb das Gatter hinter ihnen offen.

Zottel hob voll froher Ahnung den Kopf und spitzte die Ohren. Er wartete eine Weile, bis die Gruppe verschwunden war, dann kam er gemächlich näher. Ohne Hast schob er sich durch den Torspalt und spazierte zum Park hinüber.

Aufregendes gab es hier nicht zu entdecken. Zottel probierte mal hier, mal dort ein Grasbüschel, schnupperte an Phlox und Astern, scharrte gelangweilt im Kies und trollte sich schließlich zum Gutshaus, in der Hoffnung, dort einer verständnisvollen Seele zu begegnen, die ein paar Kekse oder Zuckerstücke für ihn übrig hätte.

An der rechten Seite des Hauses gab es ein Erkerzimmer, das einen direkten Zugang zum Park hatte. Früher hatte man es das Gartenzimmer genannt, jetzt war das Lehrerzimmer dort untergebracht. Der Erker war mit Vorhängen vom übrigen Raum abgetrennt und rundum mit Bücherregalen und einer kleinen Kaffeeküche versehen worden.

Die Flügeltür stand bei dem schönen Wetter weit offen, und so beschloss Zottel, sich drinnen mal ein wenig umzusehen. Leichtfüßig erklomm er die fünf breiten Stufen und trat ein. Vor sich sah er einen großen ovalen Tisch voller Bücher, Hefte und Papiere. Mit dem Rücken zu ihm saß eine Frau mit einer Brille und schrieb mit Rotstift auf blau beschriebenen Heftseiten.

„Ich bin gleich fertig, Kollege", murmelte die Lehrerin, ohne sich in ihrer Arbeit stören zu lassen.

Zottel trat vorsichtig näher und schnupperte. Ganz sanft blies er in die dunklen Locken der Frau, die ein bisschen nach fremden Blumen roch. Die Lehrerin ließ den Stift fallen und kicherte nervös. Hastig zeigte sie auf eine Stelle in dem Heft.

„Hier, sehen Sie sich das an! Haben Sie schon einmal so

einen blödsinnigen Fehler gesehen? Und das in der neunten Klasse!"

Höhöhöm, machte Zottel.

„Nicht wahr? Geradezu lächerlich!" Die Lehrerin starrte auf das Heft, und ihr Oberkörper wurde immer steifer.

Warum drehte sie sich nicht mal um, streichelte ihn und gab ihm etwas zu naschen?, dachte Zottel. Er stupste sanft ihren Hals an, seine weichen Lippen berührten das Ohrläppchen der Frau und zupften ein wenig daran.

Die Frau schloss die Augen und wurde immer kleiner.

„Nicht doch, Kollege, ich bitte Sie! Das geht doch nicht … hier … das … können Sie nicht machen! Jeden Augenblick können die anderen kommen, die Konferenz beginnt in ein paar Minuten! Wie kommen Sie überhaupt auf den Gedanken, dass ich …"

Zottel drängte näher. Und nun legte sich eine solche Wolke intensiven Pferdegeruchs über die verwirrte Lehrerin, dass sie erschrocken herumfuhr.

„Nein … nein … Hilfe! Hilfe! Du Untier! Weg! Weg da! Ist denn hier niemand, der dieses Pferd rausbringt!"

Die Lehrerin wand sich von ihrem Stuhl, schob sich ängstlich an Zottel vorbei und stürzte nach draußen, um vom Pferdestall jemanden zu Hilfe zu holen.

Zottel sah ihr kopfschüttelnd nach, dann begann er sich ein wenig im Zimmer umzuschauen. Nirgends etwas Essbares, nur Bücher, Hefte, Aktenordner und alle möglichen anderen Dinge, die ihn nicht im Geringsten interessierten!

Doch dort – vielleicht verbarg sich hinter dem Vorhang etwas, das seinen Neigungen entgegenkam? Zottel steckte die Nase durch den Vorhangspalt. Tatsächlich, das roch vertraut, da musste es etwas geben. Der Nase folgte der Kopf, weit vorgestreckt, die Ohren aufmerksam nach vorn gerichtet, und schließlich das ganze Pony.

Schnuppernd tastete Zottel die Regale ab. Hier! Neben den Kaffeetassen stand eine offene Packung Zuckerstücke! Und daneben eine Schachtel Kekse! Na also! Zottel schritt sofort zur Tat.

Hinter dem Vorhang klappte eine Tür. Stimmen näherten sich, Stühle wurden auf dem Parkett hin- und hergeschoben, jemand lachte dröhnend, erzählte etwas, und dann lachten sie alle.

Es wurde sehr laut, aber Zottel ließ sich nicht stören. Er hielt die Kekspackung mit einem Huf am Boden fest, riss mit den Zähnen das Papier auseinander und zog mit gespitzten Lippen ein Gebäckstück nach dem anderen heraus. Kleine Bisquits waren es, die wie zarter Schaum im Maul zergingen, so etwas Gutes hatte er selten erwischt. Die Zuckerstücke hob er sich als Nachtisch auf.

Drüben wurde es leiser, nur einer sprach mit erhobener Stimme, und die anderen murmelten Beifall. Zottel war zu beschäftigt, um darauf zu achten. Jetzt sprach eine weibliche Stimme. Sie hatte einen wunderbar warmen Klang. Zottel kannte sie und hob für einen Augenblick den Kopf. Das war die Dame, die ihn täglich auf der Koppel begrüßte. Zottel schickte ein zartes Hmhmhmhm hinüber.

„Ich wüsste nicht, was es da zu lachen gäbe", sagte die Dame leicht befremdet. „Liebe Kollegen, wir können dieses Problem nicht ernst genug nehmen!"

„Ja, das muss ich auch sagen." Das war Direktor Hütters Stimme. „Es geht hier um die seelische Gesundheit der Kinder, die uns genauso am Herzen liegen sollte wie ihre schulischen Leistungen!"

„Gewiss, Herr Direktor."

„Selbstverständlich!"

„Ich bin ganz Ihrer Ansicht."

„Nun gut, fahren Sie fort, Frau Körber."

„Ja, wie ich vorhin schon sagte, wir sollten auf jeden Fall darauf achten …"

„Verzeihung, wenn ich Sie nochmal unterbreche, aber hier kommt noch eine Nachzüglerin", sagte Herr Hütter. „Kollegin Weber, kommen Sie doch herein!"

„Ist er weg?", flüsterte die Lehrerin und sah sich ängstlich um. „Ah ja, dann … oh, ich bitte tausendmal um Entschuldigung für mein Zuspätkommen, aber …"

„Schon gut, bitte nehmen Sie doch Platz. Kollegin Körber will uns gerade einen Vorschlag machen. Bitte, Frau Körber, fahren Sie fort."

„Ja, also … es geht mir um Folgendes. Ich habe beobachtet, dass unseren Schülern bei aller Verschiedenheit eines gemeinsam ist: eine bedauerliche Vernachlässigung der …"

Schnurps, schnurps, schnurps, ertönte es hinter dem Vorhang. Zottel ging zu den Zuckerstücken über. Die Lehrer sahen sich irritiert an.

„… eine bedauerliche Vernachlässigung der musischen, insbesondere der literarischen Interessen. Manche haben noch nie ein Theaterstück besucht, die Lektüre der meisten besteht aus Reiterzeitschriften und Pferdebüchern, musikalische Interessen beschränken sich auf Rock-Schallplatten. Wir sollten Neigungsgruppen ins Leben rufen und jedem Schüler die Teilnahme an einer Gruppe zur Pflicht machen. Ich denke an eine Theatergruppe, ein Schulorchester, einen Mal- und Zeichenkurs, eine literarische Runde mit Vorlese- und Diskussionsabenden. Die einzelnen Gruppen …"

Schnurps, schnurps, schnurps …

„Es spukt im alten Gutshaus", flüsterte kichernd der junge Mathematiklehrer. „Ein merkwürdiges Geräusch!"

„Als ob jemand an den Wänden kratzt", bemerkte Frau Körber kopfschüttelnd.

„Vielleicht gibt es hier noch ein Verlies mit einem schmachtenden Gefangenen!"

„Bitte, meine Damen und Herren!" Herr Hütter klopfte ärgerlich auf den Tisch.

Frau Körber räusperte sich. Sie wartete, bis von Neuem Ruhe eingekehrt war, dann fuhr sie fort: „Ja, also, die einzelnen Gruppen sollten mit den Ergebnissen ihrer Arbeit in regelmäßigen Abständen an die Öffentlichkeit treten. Innerhalb der Schule, meine ich. Theater- und Konzertaufführungen, Ausstellungen, Lesungen …"

Zottel hatte Zuckerstaub in die Nase bekommen und schnaubte heftig.

Frau Körber sah etwas hilflos in die Runde.

„Ja, das war es, was ich zur Diskussion stellen wollte."

Jetzt meldete sich Herr Vorwaldt zu Wort. Er war der Älteste im Lehrerkollegium und fühlte sich immer ein wenig in seiner Bedeutung unterschätzt.

„Ich bin Ihnen, liebe Kollegin Körber, außerordentlich dankbar für diese Anregung! Mich schmerzt es zutiefst, mit ansehen zu müssen, wie unser kostbarstes Bildungsgut bei der heranwachsenden Generation einfach verloren geht! Und damit auch der Sinn für den Reichtum der Sprache. Denken wir allein an unsere herrlichen Balladen!" Herr Vorwaldt reckte sich hoch auf, richtete die Augen zur Decke und holte tief Luft.

Herr Körber warf seiner Frau einen vielsagenden Blick

zu und bedeckte die Augen mit der Hand. Er kannte Herrn Vorwaldt und seine Leidenschaft fürs Deklamieren, die durch nichts zu bremsen war. Frau Körbers Mundwinkel zuckten. An eine solche Wirkung ihres Vorschlags hatte sie nicht gedacht. Zum Glück schien die übrige Lehrerschaft ahnungslos, alle schauten erwartungsvoll auf den älteren Kollegen.

„Zum Grab der Trauten schlich der Knabe", begann Herr Vorwaldt in eigentümlich hohem Singsang, „ihm ist das Herz so bang und schwer ..."

Höhöhöhö. Zottel fuhr mit der Nase noch einmal prüfend die Regale entlang. Vielleicht hatte er Glück und fand noch mehr von den köstlichen Keksen? Drinnen am Tisch starrten sich die Lehrer erschrocken an.

„Oder nein, warten Sie", sagte Herr Vorwaldt auf der Suche nach einem besser geeigneten Text, „dieses Unvergleichliche: Nächtlich am Busento lispeln ..."

Hier geschah Zottel ein Missgeschick. Sei es, dass er zu reichlich von dem feuchten Gras der Koppel genossen hatte, sei es, dass er überhaupt einmal wieder zu viel gefressen hatte, jedenfalls entquoll seinen runden Hinterbacken ein unmissverständlich dumpf blubbernder Ton, begleitet von einem ebenso unmissverständlichen Geruch. Und dieses mitten in Herrn Vorwaldts Worten: „... aus den Wassern schallt es Antwort, und in Wirbeln klingt es wieder ..."

Die gesamte Lehrerschaft erstarrte. Mit bleichem Gesicht sah man sich verstohlen nach seinen Nachbarn um. Wer konnte es wagen, sich derart ungebührlich zu benehmen? Herr Vorwaldt setzte sich mit puterrotem Kopf, was ihn vorübergehend in den Verdacht geraten ließ, er selbst sei der Urheber gewesen.

„Der arme Mann muss krank sein", flüsterte Direktor Hütter den Körbers zu.

Zum Glück löste Zottel selbst das Rätsel um dieses unglaubliche Geschehnis. Draußen ritt Florian auf Asterix vorbei. Zottel spitzte die Ohren und schickte dem Freund ein fröhliches Wiehern nach.

Eine Schrecksekunde lang, die in einem schrillen Schrei Fräulein Webers gipfelte, brauchte man im Lehrerzimmer, um die Zusammenhänge zu begreifen. Dann sprang Herr Körber auf, riss den Vorhang zu Seite – und der Schock löste sich in schallendem Gelächter auf.

Feuer im Schulstall

Den Pferdepfleger Friedrich mochte niemand besonders gern. Wenn Herr Tiedjen oder Herr Toellmann in der Nähe waren, strahlte er vor Liebenswürdigkeit und behandelte die Pferde wie Kostbarkeiten. Aber kaum fühlte er sich unbeobachtet, wurde er grob und rücksichtslos gegen die Tiere. Achmed behandelte er wie seinen persönlichen Sklaven, und auch die Schüler kommandierte er herum, wie es ihm gerade in den Sinn kam. Hatte er ein Glas zu viel getrunken, legte er eine weinerliche Geschwätzigkeit an den Tag, die allen auf die Nerven ging. Und er hatte ab Mittag meistens zu viel getrunken.

„Wegen Herrn Friedrich mache ich mir wirklich Sorgen", sagte Bille zu Tom nach einem Gespräch, das sie gerade mit Nico im Schulstall geführt hatte. „Weiß Daddy eigentlich, was für ein unmöglicher Typ dieser Mann ist?"

„Vermutlich nicht im vollen Umfang", meinte Tom. „Er erlebt es ja nicht mit. Wir sollten noch mal in Ruhe mit ihm darüber sprechen. Keine Ahnung, was Friedrich für einen Vertrag bekommen hat, aber vielleicht kann man sich doch bald nach einem geeigneteren Mann umsehen. Merkwürdig, seine Zeugnisse waren gut."

„Vielleicht hat man ihn weggelobt, so was soll's ja geben."
Bille schwang sich auf die Haferkiste, schlang die Arme um

die Knie und starrte nachdenklich vor sich ins Leere. „Er ist zwölf Jahre in seiner vorigen Stellung gewesen. Und in einem großen Gestüt! Da geht man doch nicht einfach weg, wenn man keinen Grund hat. Es sei denn, er hat mit seiner Trinkerei Mist gebaut, und man hat ihm nahegelegt, von sich aus zu kündigen."

„Das ist gut möglich. Irgendwie kann er einem leidtun, aber ich muss sagen, ich wäre auch froh, wenn wir jemanden wie Hubert oder Petersen bekommen könnten. Gerade weil der Pferdepfleger im Schulstall neben den Schulpferden auch die Verantwortung für so viele Privatpferde hat. Und Achmed macht seine Arbeit zwar gut, aber alleine kann er es auch nicht schaffen."

Bille seufzte.

„Leute wie Petersen und Hubert wachsen nicht auf Bäumen. Es wird nicht leicht sein, jemanden zu finden, der so gut ist. Reitest du heute noch?"

„Vielleicht. Ich muss erst mal mein Referat für Englisch fertig machen, morgen muss ich's halten."

„Oje. Ich muss mich auch schwer auf den Hosenboden setzen, ich hab die ersten Wochen ganz schön geschlampt. Gestern habe ich bis gegen Mitternacht Latein gepaukt."

„Wir sind schon arme Schweine", sagte Tom lachend. „Aber so ist es nun mal: Schule und Reiten sind zwei Hauptberufe, die beide den ganzen Menschen fordern. Darum können wir uns nicht herummogeln."

„Nun ja", gab Bille lächelnd zu. „Es schlaucht einen manchmal schon ganz schön. Aber ich möchte es nicht anders haben. Ich brauche die Arbeit mit den Pferden im Stall wie die Luft zum Atmen. Auch wenn ich dann hin und wieder bis in die Nacht hinein dasitze und pauke."

„Also gut, gehen wir, was für unsere Bildung tun. Bis später!"

„Okay. Und vergiss nicht, mit Daddy über den Fall Friedrich zu sprechen!"

„Mach ich."

Der Fall Friedrich löste sich unerwartet schnell. Es war ein Samstagabend, als Bille Nico im Internat besuchte. Jedes zweite Wochenende durften die Schüler zu ihren Eltern fahren, aber da Nico weit entfernt wohnte und ihr das Zusammensein mit den Freunden hier im Moment wichtiger war – vor allem natürlich das mit Florian –, verzichtete sie meistens auf diesen Ausflug. Dazu kam, dass sie sich mit ihren Heimeltern, den Körbers, sehr gut verstand. Sie genoss es, das Zimmer einmal ganz allein für sich zu haben, und ein weiterer Vorteil bestand natürlich darin, dass sie an diesen Wochenenden so viel und lange reiten konnte, wie sie Lust hatte.

Sie saßen schon seit zwei Stunden mit angezogenen Beinen auf Nicos Bett, futterten Erdnüsse und sprachen über die Pferde und ihre Zukunft.

„Bist du Natascha heute geritten?", erkundigte sich Bille. „Ich finde, sie ist ein Traumpferd. Fast zu schade für den Schulbetrieb."

„Das stimmt. Obgleich ihr Sprungvermögen begrenzt ist. Zu einem wirklich erstklassigen Springpferd reicht es wohl doch nicht, sie ist insgesamt ein bisschen zart. Aber sie gleicht das durch ihr Temperament wieder aus."

„Wie du!", meinte Bille lachend. „Ich muss jetzt gehen, sonst machen sich Mutsch und Onkel Paul Sorgen. Und Simon hat bestimmt auch schon dreimal angerufen. Er wollte heute Abend mal ganz intensiv lernen, aber inzwischen hat er die Bücher sicher schon in die Ecke gefeuert!"

„Aber, aber! Simon schmeißt doch nicht mit Büchern! Und lernen? Dem fliegt doch alles zu! Warte, ich begleite dich noch ein Stück, dann kann ich noch mal einen Blick in den Stall werfen."

„Das hatte ich sowieso vor."

Bille begleitete Nico zuerst in den Schulstall. Später wollte sie dann Black Arrow noch Gute Nacht sagen. Aber so weit kam es nicht mehr.

Schon auf dem Weg zum Stall hoben die beiden Mädchen schnuppernd die Nase in die Luft.

„Das riecht aber merkwürdig", sagte Bille kopfschüttelnd. „Wo das wohl herkommt?"

„Vielleicht hat Friedrich sein Essen anbrennen lassen. Achmed hat heute seinen freien Tag, der ist nicht da."

Nico öffnete die Stalltür. Sie prallte zurück.

„Um Himmels willen, Bille! Alles voller Rauch! Es brennt!"

„Schnell, drück den Feueralarmknopf! Neben dem Sicherungskasten! Und dann die Pferde raus! Janosch zuerst, er ist so was wie ein Leittier für die anderen, ihm werden sie nachlaufen!"

Bille stieß die beiden Flügel der Tür weit auf und stürzte zu Janoschs Box. Die Pferde waren bereits in höchster Aufregung. Bille zog den angstvoll schnaubenden Wallach hinter sich her zum Ausgang.

„Fang mit den hintersten Boxen an!", schrie sie Nico zu, während auf dem Dach die Sirene aufheulte. „Nimm dir die Longierpeitsche!"

Sie gab Janosch einen kräftigen Klaps, und der Wallach stürmte ins Freie. Ihm folgten Bobby und Donata. Bille rannte die Stallgasse entlang und öffnete sämtliche Boxen. Im Vorüberlaufen griff sie sich eine Peitsche in der

Sattelkammer. Zum Glück hatte sie mit ihrer Vermutung recht gehabt: Nachdem Janosch aus dem Stall geflohen war, drängten sie alle hinaus.

„Mein Gott, wie sollen wir die bloß alle wieder einfangen!", schrie Nico. „Sie werden vor Angst in alle Richtungen auseinanderlaufen!"

„Sicher nicht. Die kommen zurück! Sind alle draußen? Los, wir müssen sehen, wo das Feuer herkommt. Die Feuerspritze, schnell!"

„Da drüben! Hast du eine Ahnung, wie das Ding funktioniert?"

„Wo steckt denn Herr Friedrich? Warum ist er nicht da? Er hat doch Dienst! Warum hilft er uns nicht?"

Bille raste noch einmal die Stallgasse hinauf bis ans andere Ende des Gebäudes, an dem die Wohnungen der Pferdepfleger lagen. Sie hämmerte gegen die Tür.

„Herr Friedrich! Herr Friedrich! Schnell! Es brennt! Im Stall ist ein Feuer ausgebrochen!"

Plötzlich stutzte sie. Unter der Tür krochen dichte Rauchschwaden hervor, durch die Türritzen erkannte sie flackerndes Licht.

„Um Himmels willen, Herr Friedrich!"

Hinter ihr näherten sich Schritte und Stimmen.

„Hierher, schnell!", schrie Bille verzweifelt. „Wir müssen ihn aus seiner Wohnung holen!"

„Geh du nach draußen und kümmere dich um die Pferde!", sagte Ignaz der Schreckliche hinter ihr ruhig. „Ein Segen, dass wir gerade unseren Spaziergang machen wollten. Holen Sie Decken, Herr Körber, und dann schauen Sie, ob der Wasserschlauch bis hierher reicht!"

Ignaz der Schreckliche nahm kurz Maß und warf sich

gegen die Tür, die krachend und splitternd nachgab. Eine Wolke schwarzblauen Rauches kam ihm entgegen, im Zimmer züngelten Flammen an den Gardinen hoch, mehr war hinter der Wand aus dichtem Qualm nicht zu erkennen. Ignaz der Schreckliche drückte sich ein Taschentuch vor Mund und Nase und tastete sich vorwärts.

„Schnell, Körber! Helfen Sie mir! Friedrich … Er liegt am Boden!"

Während die beiden Männer den ohnmächtigen Pferdepfleger aus dem brennenden Zimmer zogen, tauchten in der Stallgasse Herr Tiedjen, Tom, Herr Lohmeier, der Verwalter, und sein Assistent Edmund auf. Mit Decken und Eimern voll Wasser gingen sie den Flammen zu Leibe. Herr Körber half mit dem Wasserschlauch. Als die Feuerwehr draußen vorfuhr, war der Brand bereits unter Kontrolle.

Schwer atmend und hustend kamen die Männer aus dem Stall und überließen den Feuerwehrleuten, was noch zu tun war.

Herrn Friedrich hatte man auf eine Trage gelegt. Zwei der inzwischen herbeigeeilten Lehrer brachten ihn im Laufschritt zur Sanitätsstation des Internats hinüber und riefen einen Krankenwagen. Bille und Nico kümmerten sich um die Pferde. Eines nach dem anderen wurde eingefangen und auf die Koppel gebracht. Da sich die ganze Herde auf dem Außenreitplatz zusammengedrängt hatte, ging es leichter, als sie gedacht hatten.

Herr Tiedjen betrachtete kopfschüttelnd den Stall.

„Das hätte böse ausgehen können. Außer der Wohnung von Friedrich ist zum Glück nichts beschädigt worden! Wie hat das nur passieren können? Wer hat denn den Brand zuerst bemerkt? Sie, Herr Körber?"

„Das müssen Bille und Nico gewesen sein", sagte Ignaz der Schreckliche hustend. „Als Herr Körber und ich kamen, waren die beiden allein im Stall. Sie hatten gerade die Pferde rausgeschafft."

„Großartig, die Mädchen. Die kriegen den tiedjenschen Hausorden! Wo stecken sie denn?"

„Hinten auf der Koppel bei den Pferden, glaube ich", sagte Tom. „Warte, ich schaue mal nach ihnen."

„Kommen Sie, Herr Albert, reißen wir erst mal sämtliche Fenster im Stall auf, damit der Rauch abziehen kann. Wir werden die Pferde heute Nacht in die Reithalle verfrachten müssen, bis die Boxen wieder bewohnbar sind. Weiß man schon, was mit Friedrich los ist? Ist er schwer verletzt?"

„Ich glaube nicht. Eine Rauchvergiftung wohl und ein paar unerhebliche Verbrennungen", sagte Herr Körber. „Und …"

„Und was?"

Herr Körber und Ignaz der Schreckliche warfen sich einen Blick zu. Aber hier war Schonung wohl nicht am Platze.

„Der Mann stank unbeschreiblich nach Alkohol", sagte Herr Körber. „Er muss stockbesoffen gewesen sein!"

Im Stall kam einer der Feuerwehrmänner zu ihnen.

„Wir haben die Brandursache gefunden, Herr Tiedjen", berichtete er. „Ein Kurzschluss. Der Mann muss gestürzt sein, dabei hat er das Kabel aus dem Fernseher gerissen. Der Fernseher ist explodiert, hat zu brennen angefangen. Obendrauf lagen wohl ein paar Zeitungen, daneben die Vorhänge … Na ja, den Rest kann man sich zusammenreimen. Aus der Wohnung ist Rauch auch in den Stall gedrungen."

„Über das Kabel des Fernsehers gefallen", knurrte Hans Tiedjen. „In seinem Suff. Na, das dürfte das Ende seines Gastspiels bei uns gewesen sein. Jetzt muss ich nur sehen, wo ich einen guten Pferdepfleger herbekomme. Na, meine Herren, ich denke, wir spülen erst mal den Rauch aus unseren Kehlen. Darf ich Sie auf einen kleinen Umtrunk zu mir einladen? Ich denke, den haben wir nach diesem Schrecken verdient. Herr Lohmeier, seien Sie doch bitte so nett und kümmern Sie sich um die Herren von der Feuerwehr. Ich erwarte Sie dann später bei mir. Ach ja – und sagen Sie bitte meinem Sohn und den beiden Mädchen, wir wären schon vorgegangen. Eine kleine Pause wird auch ihnen guttun. Später werden wir dann gemeinsam Notquartiere für die Pferde einrichten, falls der Stall noch unbenutzbar ist."

„Ich denke, das wird nicht nötig sein, Herr Tiedjen", meldete sich Edmund, der Assistent, zu Wort. „Drei Stunden gründliche Lüftung, und der Brandgeruch ist fast wieder verschwunden."

„Umso besser. Kommen Sie, gehen wir."

Auf der Koppel waren Bille, Nico und Tom immer noch damit beschäftigt, die verstörten Pferde zu beruhigen.

„Das ist mal wieder typisch!", rief Tom Bille zu. „Gibt es etwas wirklich Entscheidendes zu tun, müsst ihr Mädchen das unbedingt allein machen!"

„Klar doch!", sagte Bille lachend und kraulte Darling zärtlich hinter den Ohren. „Pure Eitelkeit, mein Lieber! Wenn wir schon mal die Gelegenheit haben, die Helden zu spielen, dann lassen wir uns doch von euch nicht die Show stehlen!"

# Das Turnier

Die Herbstferien kamen, und in Groß-Willmsdorf wurde es still. Für Bille, Bettina, Tom, Simon und Florian waren es zwei arbeitsreiche Wochen. Die Schulpferde mussten ausreichend bewegt werden, und da es der Wettergott nicht besonders gut mit ihnen meinte und tagelang Regen bescherte, verbrachten sie täglich mehrere Stunden in der Halle, ritten und longierten abwechselnd und stöhnten nicht wenig über die viele Arbeit.

Das Ehepaar Körber war in Groß-Willmsdorf geblieben und half ihnen nach Kräften, aber zu Florians Kummer hatte Nico – einem elterlichen Befehl folgend – nach Hause fahren müssen. Daniel kam über das Wochenende und sprang für Bille und Simon ein, die an einem Turnier in der Landeshauptstadt teilnahmen und stolz mit einem ersten und einem dritten Platz zurückkehrten. Dann schlug die Arbeit wieder über ihnen zusammen.

„Ich weiß nicht, ob das so richtig ist", sagte Billes Mutter ärgerlich und füllte die Kartoffeln in eine Schüssel. „Du kommst Abend für Abend total erschöpft nach Hause! In deinem Alter braucht man auch mal eine Verschnaufpause, dazu sind die Ferien schließlich da! Die Schule kostet genug Kraft!"

„Aber Mutsch, andere arbeiten mit sechzehn auch hart! Wenn sie eine Lehre machen zum Beispiel oder schon arbeiten gehen. Und die haben viel weniger Ferien als wir! Es war ja auch gar nicht geplant, dass wir so viel zu tun bekämen. Aber dadurch, dass der neue Pferdepfleger noch nicht da und Herr Toellmann krank ist, und … Außerdem, du weißt doch genau, dass ich ohne Pferde nicht leben kann, und das wird auch immer so bleiben. Andere hören den ganzen Tag Musik oder sehen fern – ich beschäftige mich eben lieber mit Pferden."

„Ja, ja, die Ausreden sind dir noch nie ausgegangen. Aber wenn du dann auf der Nase liegst … Na ja, es ist ja sinnlos, dass man etwas sagt. Hoffentlich kommt der neue Pferdepfleger bald."

„Ja, das hoffe ich allerdings auch. Und hoffentlich ist er gut! Noch so einen Reinfall wie mit Herrn Friedrich möchte ich nicht erleben. Na, morgen kommt wenigstens Ignaz der Schreckliche zurück, das wird eine große Hilfe sein", murmelte Bille.

„Ignaz der Schreckliche?" Onkel Paul sah erstaunt von seiner Zeitung auf. „Wer ist denn das, um Himmels willen?"

Bille grinste. „Herr Albert, mein Klassenlehrer. Keine Sorge, er nennt sich selber so. Er ist ein toller Reiter und kennt sich super mit Pferden aus. Er wird uns sicher eine Menge Arbeit abnehmen."

„Na, wenigstens etwas. So, nun kommt essen", sagte Mutsch.

Bille steckte gerade den ersten Bissen in den Mund, als das Telefon klingelte.

„Typisch", murmelte Mutsch. „Ich hätte mich auch gewundert, wenn er nicht mitten beim Essen anruft. Sag Simon einen schönen Gruß von mir, er soll sich das nun endlich mal merken: Entweder er kommt zum Essen her, oder er ruft erst nach acht an, wenn wir fertig sind!"

„Verstehe ich auch nicht, das weiß er doch …"

Bille lief zum Apparat. Es war nicht Simon, wie sie überrascht feststellte.

Es war Herr Tiedjen. „Hallo, Bille! Ich hoffe, ich störe nicht – ich habe etwas Wichtiges mit dir zu besprechen."

„Daddy! Ich dachte, es wäre Simon!"

„Tut mir leid, dass ich dich enttäuschen muss", meinte Herr Tiedjen lachend. „Hör zu, du weißt, dass ich in drei Tagen nach Belgien fahre. Nun habe ich gerade eine Einladung zu einer Veranstaltung bekommen, als Ehrengast sozusagen, und ich möchte, dass Tom, Simon und du an meiner Stelle dort auftretet. Es handelt sich um die Hundertjahrfeier des Gestüts Hohenwiesen, mit dem wir viel zusammenarbeiten."

„Sie veranstalten ein Jubiläumsturnier?"

„Ja, auch, und dann natürlich eine Menge Feierei drum herum. Ich habe mit Herrn Ulrichs, dem Besitzer, gesprochen, und er hat mir gesagt, er würde sich sehr freuen, neben meinem Sohn auch meine beiden besten Schüler und Nachfolger bei sich begrüßen zu können. Er kennt euch beide gut von den Turnieren her und meinte, es wäre eine echte Attraktion, wenn ihr an seinem Turnier teilnehmen könntet. Am kommenden Wochenende soll das Ganze stattfinden. Edmund kann euch begleiten. Für Gastställe ist gesorgt. Unterkunft im Gästehaus von Hohenwiesen ist auch vorhanden. Komm morgen früh zu mir rauf und schau dir die Unterlagen an. Ich werde mich um alles kümmern."

„Hm – ich würde total gerne mitmachen. Aber ich muss erst noch mit Mutsch und Onkel Paul reden, ob sie das Nenngeld beisteuern."

„Da mach dir mal keine Sorgen, das gebe ich euch."

„Super! Danke, Daddy!"

Am Samstag darauf waren sie bereits eine Stunde früher als sonst im Stall. Nathan, Troilus und Black Arrow wurden für das große Ereignis besonders liebevoll geputzt. Die Mähnen hatten sie schon am Abend vorher eingeflochten, um diese zeitraubende Arbeit nicht vor der Fahrt erledigen zu müssen. Während die Pferde ihr Frühstück einnahmen, wurde der Transporter hergerichtet.

„Hast du die Stallapotheke schon drin?"

„Klar, sie ist mit in Toms Turnierkiste. Was meinst du, soll ich für Black Arrow die dicke oder die dünne Decke mitnehmen?"

„Nimm sie beide mit, wir haben doch Platz genug im neuen Transporter – mit nur drei Pferden."

„Okay. Tom, pass auf, deine Satteldecke fliegt gleich in den Dreck! Wo ist das Huffett?"

„Hab ich schon eingepackt. Reichst du mir mal den Sattel rauf? Danke."

„Und wo sind meine Stiefel?"

„Die Klamotten liegen noch alle in der Sattelkammer! Hol sie mal her. Die Tränkeimer hier rüber, da drüben fallen sie um!"

Es waren die üblichen Dialoge vor der Fahrt, bei aller Routine schwang immer ein bisschen Unruhe mit. Würde es Schwierigkeiten geben beim Verladen? Waren die Straßen frei, kam man gut vorwärts? Wurde auch nichts vergessen, Sattelzeug, Putzzeug, Turnierkleidung, Stiefel – war wirklich alles im Wagen? War der Transporter in Ordnung, waren alle Hufeisen fest, die Bandagen zum Schutz gegen Verletzungen im Transporter dick genug, leuchteten die Bremslichter auf, hatte sich keines der Bodenbretter gelockert, kein Holzsplitter auf der Rampe aufgerichtet? An alles musste man denken.

Um neun Uhr begannen sie mit dem Verladen. Nathan, der alte Turnierprofi, kam als Erster an die Reihe, mit ihm hatte man kaum Mühe. Nachdem Nathan vorausgegangen war, folgte Black Arrow nach kurzem Zögern und einem mehr oder weniger nachdrücklichen Klaps von Tom.

Dass Troilus sich erst mal anstellte, wussten sie aus Erfahrung. Simon und Bille hängten gleich zwei Longierleinen seitlich der Rampe ein und spannten sie zu einem elastischen Zaun, den sie hinter Troilus herumführten, sodass er nicht ausweichen konnte.

Troilus stemmte sich mit allen vieren auf den Boden und schlug nervös mit dem Kopf. Tom hielt ihn fest am Halfter, Bille, Simon und Edmund der Weise hängten sich mit aller Kraft an die Longierleinen und zogen den Wallach zentimeterweise in Richtung der Rampe.

„Nun komm schon, Junge, stell dich nicht so an! Sieh mal, die anderen warten schon auf dich. Nun los, zieht doch, stärker!"

Bille, Simon und Edmund zogen, was das Zeug hielt, aber Troilus versuchte nur, links oder rechts auszubrechen.

„Wartet, ich helfe euch!" Der alte Petersen, der gerade vom Fohlenstall herüberkam, zog seine Jacke aus, krempelte die Hemdsärmel hoch und fasste die oberste Leine dicht neben der glänzend polierten Hinterbacke des Wallachs.

„Und ... los geht's! Hau – ruck!"

Es gab einen feinen Knall. Die Knöpfe an Petersens Hose sprangen ab, und sein Hosenträger schnippte wie von einem Katapult abgeschossen gegen Troilus' Hinterteil. Troilus sprang erschreckt vorwärts auf die Rampe und stolperte in den Transporter.

„Gewusst wie", murmelte der alte Petersen grinsend und hielt seine Hosen fest. „Ich hoffe, ihr habt Sicherheitsnadeln zur Hand."

Etwa neunzig Kilometer mussten sie fahren, dann bogen sie in die von Kastanien gesäumte schnurgerade Allee ein, die zum Gestüt Hohenwiesen führte.

Das große Tor war mit bunten Fähnchen und einem Transparent geschmückt, das die Aufschrift „*Hundert Jahre Gestüt Hohenwiesen*" trug. Mehrere junge Leute in dunkelgrünen Reithosen und mit Pullis in den Gestütsfarben standen bereit, die Gäste zu empfangen und weiterzuleiten, die einen zum Gutshaus, die anderen zu den Gaststallungen und zum Parkplatz. Der Hof blitzte vor Sauberkeit. Überall standen Blumenschalen und vermittelten den Eindruck eines großen Festsaales.

„Sie kommen aus Groß-Willmsdorf, stimmt's? Sie gehen auch zum Empfang um zwölf Uhr? Warten Sie, ich zeige Ihnen Ihre Zimmer und die Boxen für die Pferde", sagte ein blondes Mädchen und fraß Simon, ihr heimliches Idol, förmlich mit den Augen auf. „Sie wollen sich sicher erst mal umziehen? Wenn Sie erlauben, kümmere ich mich um Ihre Pferde."

„Lieb von dir, aber das machen wir schon selber", sagte Simon, ohne die schmelzenden Blicke überhaupt zu bemerken. „Wenn du willst, kannst du uns ja helfen."

„O ja, sehr gern. Der dritte dort im Wagen ist Nathan, nicht wahr?"

„Richtig."

Das Ausladen verlief problemlos. Sie ließen die Pferde

unter der Obhut von Edmund dem Weisen und Simons blonder Verehrerin zurück, gingen ins Gästehaus, um sich umzuziehen, und standen kurze Zeit später leicht nervös vor der Tür des großen Saales, in dem der Begrüßungsempfang stattfand.

„Nur keine Müdigkeit vorschützen", sagte Tom und zerrte an seiner Krawatte.

Bille zupfte Simon einen Fussel vom Jackett, und Simon starrte mit geistesabwesendem Blick ins Leere und rief sich blitzschnell noch einmal seine Gratulationsrede ins Gedächtnis zurück. Tom hatte ihn händeringend gebeten, ihm diese unangenehme Pflicht abzunehmen, da er einfach vor Publikum außer einem hilflosen Stottern nichts herausbrächte.

Drinnen hörte man Gläserklirren und Gelächter. Ein Kellner in Livree erschien mit einem Tablett voller gefüllter Sektgläser und rührte sich keinen Schritt weiter, bis sie nicht vor ihm in den Saal gegangen waren.

Herr Ulrichs entdeckte die drei sofort. Er löste sich aus einer Gruppe Herren in feierlichem Schwarz und kam auf sie zu, ein freundlicher Mann von beachtlichem Leibesumfang und einer kräftig ins Blaurot spielenden Gesichtsfarbe.

„Meine Willmsdorfer! Schön, dass ihr gekommen seid, herzlich willkommen! Fühlt euch wie zu Hause! Warte, ich stelle euch erst mal vor." Herr Ulrichs klatschte in die Hände. „Liebe Freunde, darf ich einen Augenblick um Aufmerksamkeit bitten! Dies hier ist die junge Mannschaft von Nachfolgern, die uns unser lieber Hans Tiedjen zu seiner Vertretung geschickt hat. Sie wissen, er konnte bedauerlicherweise heute nicht kommen. Stattdessen haben wir hier seinen Sohn Tom – und hier, Ihnen allen bekannt, Simon Henrich! Und, nun ja, eigentlich hätte ich die junge Dame zuerst nennen müssen, sie wird es mir verzeihen … viele von Ihnen kennen sie sicher ebenfalls bereits: Sibylle Abromeit!"

Bille fühlte, wie ihr das Blut in den Kopf stieg bei dem heftigen Applaus. Verstohlen schob sie sich halb hinter Simon.

„Wenn ich bloß wüsste, wann ich meine Rede halten soll!", flüsterte der ihr ins Ohr.

„Abwarten. Das findet sich alles."

Zunächst mal mussten sie eine Unzahl Hände drücken und Namen anhören, von denen sie die meisten sofort wieder vergaßen. Dann bekamen sie ein Glas Sekt angeboten, und Herr Ulrichs wandte sich neu ankommenden Gästen zu. Simon erkundigte sich bei einem der wichtig aussehenden Herren in Schwarz nach dem Ablauf der Feierlichkeiten und erfuhr zu seiner Erleichterung, wann er seine Rede anbringen könne.

Nicht lange, und der Erste schlug an sein Glas und begann in wohlgesetzten Worten, wenn auch mit reichlichem Ächzen und Hüsteln gewürzt, die hundertjährige und ruhmreiche Geschichte des Gestütes zu würdigen. Nun reihte sich Ansprache an Ansprache, Vertreter der Regierung, der verschiedenen Reitsportverbände und Vereine, des Züchterverbandes, persönliche Freunde des Hauses – keiner wollte darauf verzichten, sein Loblied auf das Gestüt Hohenwiesen zu singen.

Als schließlich Simon vortrat und mit heller Stimme die Grüße und Glückwünsche von Hans Tiedjen vorbrachte, brach begeisterter Beifall los, nicht etwa, weil Simon mit seiner Rede alle anderen in den Schatten gestellt hätte, sondern weil man wusste, dass dies nun endgültig die letzte Ansprache dieses Tages war und man zum gemütlichen Teil übergehen konnte.

Die Türen zum Nebenraum wurden geöffnet und gaben den Blick auf ein üppiges Büfett frei. Bille trank bereits das zweite Glas Sekt, sie musste ja heute noch nicht reiten. Kleine Gruppen fanden sich an den runden Tischen zusammen, man erneuerte Bekanntschaften und tauschte die Erlebnisse der letzten Turniere aus.

„Heute fühle ich mich zum ersten Mal richtig erwachsen!", flüsterte Bille Simon zu.

Nach dem bescheidenen Imbiss, wie Herr Ulrichs das Schlemmermahl betitelte, gab es eine Führung durch das Gestüt. Und nach einer kleinen Verschnaufpause begannen die Vorführungen und Wettbewerbe.

Inzwischen waren Parkplatz und Hof überfüllt. Transportanhänger reihte sich an Transportanhänger, auf Koppeln und Abreiteplatz herrschte reger Betrieb. Der Parcours lag etwas abseits auf einer weiten Lichtung im Wald, man hatte ihn extra für den heutigen Tag dort angelegt. Scharen von Zuschauern waren bereits unterwegs.

Um drei Uhr begann der erste Wettbewerb. Hier war von den Groß-Willmsdorfern nur Tom mit dem Turnierneuling Troilus dabei. Und da alphabetisch aufgerufen wurde, hatte er eine Startnummer bekommen, die unter den Letzten lag.

Simon und Bille bummelten ein wenig auf eigene Faust durch das Gelände, beobachteten Reiter und Pferde, spielten mit einem Fohlen und unterhielten sich mal hier, mal da mit Reiterkollegen, denen sie schon auf anderen Turnieren begegnet waren.

Plötzlich stieß Bille Simon an. Auf dem Abreiteplatz drehte ein junger Mann Runde um Runde auf einer Stute, die bereits schweißnass war. Eine ältere Dame mit kurz geschnittenem, glattem Haar und einer Raubvogelnase knallte Sätze wie Pistolenschüsse über den Platz. Hätte sie nicht einen Rock unter ihrem grünen Lodenmantel getragen, hätte man sie vermutlich für einen Mann gehalten.

„Noch einmal durch die ganze Bahn! Das ist doch kein Mitteltrab! Na los, gib ihr die Sporen! Und nun noch mal den Sprung!"

Der Aufsicht führende ältere Reiter am Abreiteplatz sah kopfschüttelnd dem Schauspiel zu, man sah ihm an, dass er nahe daran war einzugreifen.

„Das ist doch der Typ, der neulich bei uns die Hubertusjagd mitreiten wollte!", sagte Bille. „Mit derselben Stute!"

„Der? Ich habe ihn nicht gesehen", antwortete Simon. „Der wäre mir doch aufgefallen. Bist du sicher?"

„Er kann dir gar nicht aufgefallen sein, denn er ist schon vor Beginn der Jagd wieder abgefahren. Seine Stute hatte sich wegen seiner Rücksichtslosigkeit beim Ausladen verletzt. Flori hat fast einen Tobsuchtsanfall bekommen, er hat sich auf der Stelle in die Stute verliebt."

„Das kann ich verstehen. Ein wunderschönes Pferd. Ein Jammer, dass sie in solche Hände geraten musste! Wenn der so weitermacht, ist das Pferd in ein paar Monaten kaputt."

„Noch mal!", peitschte die Stimme der älteren Dame wieder über den Platz. „Du musst ihr endlich beibringen, die Beine richtig zu heben!"

„Florentine heißt die Stute", erzählte Bille. „Das passt doch – Florian verliebt sich in ein Pferd namens Florentine."

„Du musst aufhören!", rief die Dame. „Du bist gleich dran!"

„Das Trauerspiel möchte ich mir lieber nicht ansehen", knurrte Simon. „Ich könnte explodieren vor Wut."

Das Trauerspiel war zum Glück sehr schnell beendet. Der junge Mann war kaum in den Parcours eingeritten, da erschien er auch schon wieder.

„Disqualifiziert!", raunte jemand neben Bille. „Wegen unreiterlichen Benehmens. Als er dem Pferd mit der Gerte auf die Nase schlug, weil es ausbrechen wollte, ist den Richtern der Kragen geplatzt. Jetzt ist natürlich mal wieder das Pferd schuld."

Bille und Simon sahen sich an. Sollten sie sich freuen über die gerechte Bestrafung? Viel mehr Grund gab es, sich um die Stute Sorgen zu machen …

Am nächsten Vormittag gab es eine Reihe von Vorführungen und Reiterspielen. Eine Voltigiergruppe zeigte ihr Können, und für die Ponyreiter wurde ein Ponyspringen veranstaltet. Auf einen Fahrwettbewerb folgte die Vorführung der Hengste. Parallel dazu fanden auf dem Dressurplatz laufend Wettbewerbe statt, und Gestütsangestellte luden zu Führungen durch die Stallungen ein.

Mittags rief eine Glocke die Teilnehmer und Ehrengäste zu einem Scheunenpicknick. Inmitten von Strohballen waren lange Tische und Bänke aufgestellt, neben einem Bierfass dampfte ein großer Kessel voller Erbsensuppe mit Würstchen, die jugendlichen Helfer reichten Körbe mit Brot herum, auf den Tischen standen Töpfe mit Griebenschmalz, auf Holzbrettern türmten sich verschiedene Käsesorten. Man hatte sich einiges einfallen lassen, um die Gäste zu verwöhnen.

Um halb drei Uhr wurde der große Jubiläumswettbewerb eingeläutet. Bille musste gleich als eine der Ersten an den Start. Sie fühlte sich ruhig und bester Laune, die festliche Stimmung rundherum schien dem Turnier den verbissenen

Ernst zu nehmen. Jedenfalls freute sie sich auf das Springen, frei von aller Nervosität.

Ihre gute Laune schien sich auf Black Arrow zu übertragen. Schon beim Abreiten hatte sie bemerkt, dass Black Arrow einen seiner Gedankenlesetage hatte, wie sie es nannte. Willig ließ er sich an den Zügel stellen und gehorchte schon jedem ihrer Gedanken, ehe sie überhaupt die entsprechenden Hilfen gab. Nun, sie hatten in letzter Zeit besonders viel trainiert, und dass sie in den Ferien täglich so viele Stunden im Sattel saß, tat sicher ein Übriges. Trotzdem erlebte sie diese vollkommene Übereinstimmung zwischen sich und ihrem Pferd nicht sehr häufig, und das hatte ganz sicher etwas mit ihrer eigenen Nervosität vor großen Wettbewerben zu tun.

Heute ging das alles wie im Schlaf. Einreiten … grüßen … die Glocke … das erste Hindernis, das zweite, das dritte …

Von einem zum anderen schien Black Arrow sich zu steigern. Das Einzige, was Bille zu tun hatte, war, sein übermütiges Tempo sanft zu drosseln, damit er in der Hast nicht doch eine Stange, ein Mauerteil mitriss. Aber die Gefahr war nicht gegeben: Black Arrow zog die Beine so elegant an, dass er teilweise bis zu einem halben Meter zwischen sich und dem Hindernis ließ. „Null Fehler", dröhnte die Ansage.

„Ein Traumritt!", beglückwünschte Herr Ulrichs Bille, als sie den Parcours verließ. „Sie haben die Strecke absolviert, als sei dies eine Springstil-Prüfung und kein harter Wettbewerb!" Simon sah ihr lächelnd in die Augen und hob hinter Herrn Ulrichs Rücken unmissverständlich zwei Finger zum Sieges-V.

Dass Simon auf Nathan den ersten Platz belegen würde, war sozusagen vorprogrammiert. Nathan, der Profi auf dem Höhepunkt seiner Karriere, war unschlagbar, und Simon war es auf seine Weise auch, es gab hier keine ernsthafte Konkurrenz für ihn – es sei denn die aus dem eigenen Hause. So entschieden ein paar Sekunden über den ersten und zweiten Platz für Bille und Simon, und niemand auf dem Turnier missgönnte den beiden Hans-Tiedjen-Nachfolgern diesen in so blendender Form errittenen Sieg.

Am Abend gab es zum Abschluss der Jubiläumsfeierlichkeiten ein großes Fest. Bille, Simon und Tom – der im L-Springen mit Troilus immerhin einen fünften Platz belegt hatte – standen im Mittelpunkt des allgemeinen Interesses und wurden richtig gefeiert.

„Ein Glück, dass morgen die Schule noch nicht beginnt!", seufzte Bille glücklich. „So können wir den Abend wenigstens bis zuletzt genießen. Was ist los, du bist so still?"

„Ach, ich hab nur gerade über etwas nachgedacht." Simon lächelte entschuldigend. „Über etwas, das mir seit gestern im Kopf herumgeht."

„Und das wäre?"

„Florian und Florentine. Ich hab mir in diesem Sommer so viel Geld zusammengesiegt, dass ich mir überlege, ob ich nicht meinem kleinen Bruder ein Pferd schenke."

„Mensch!" Bille blieb für einen Augenblick buchstäblich die Spucke weg. „Das ist *die* Idee! Ein so junges Pferd und er liebt sie … Und kräftig und groß genug ist sie auch für ihn; er braucht schon längst ein weiteres Pferd neben Bongo! Du, da beteilige ich mich! Ich hab ja auch schon ganz schön was zusammen, wenn auch …"

„Was?"

„Nun ja, eigentlich wollten wir doch ein eigenes Turnierpferd für dich …"

„Das eilt nicht. So lange ich Hans Tiedjens Pferde reiten
darf … Schau, ich hätte ja gar nicht die Zeit. Jetzt, mitten in
der Abiturvorbereitung. Ich habe mit Nathan, Feodora und
Pünktchen genug zu tun. Und im kommenden Jahr will er
mit mir ein weiteres Pferd aufbauen, wenn ich das Abi hinter mir habe."

„Du hast recht. Wo sollst du da die Zeit hernehmen, noch
ein eigenes Pferd auszubilden. Hoffentlich ist sie verkäuf-
lich – unsere Florentine!"

„Da habe ich schon vorgefühlt. Ich denke, sie ist."

Florian und Florentine

Einer der Vorteile des Internatslebens war es, dass die Ferien ein bisschen länger dauerten als in den öffentlichen Schulen. Es waren zwar nur zwei, drei Tage, aber man genoss sie wie ein unerwartetes Geschenk.

Es gab allerdings jemanden, der nicht besonders glücklich über diese zusätzlichen freien Tage war: Florian. Fast drei Wochen Trennung von Nico waren einfach zu viel, wenn man sich so viel zu sagen hatte und alles – das Reiten, die Stallarbeit, und was immer man in seiner Freizeit anfing – nur noch zu zweit wirklich Spaß machte. Florian lief mit einer Miene herum, als hätte man ihm für ein Jahr das Taschengeld gestrichen.

Am Montagnachmittag, gleich nach seiner Heimkehr vom Turnier, bat Simon seinen Vater um ein Gespräch unter vier Augen. Bald darauf sah man die beiden wegfahren. Erst am späten Abend kamen sie zurück. Auf Fragen gaben sie keine Antwort, sondern lächelten nur geheimnisvoll.

Am Dienstag begann für Simon die Schule wieder, aber kaum war er mittags zu Hause, machte er sich mit seinem Vater wieder auf den Weg. Diesmal nahmen sie den Transportanhänger mit. Florian und Bettina rätselten vergeblich, was das zu bedeuten habe.

„Sei beruhigt, Flori, heute Abend werden wir es wissen!",

tröstete Bettina den Bruder. „Hast du Bongo schon gesattelt? Wir müssen uns beeilen, ich hab Bille versprochen, dass wir um drei wieder in Groß-Willmsdorf drüben sind."

Zu ihrer Überraschung hatte Bille die Ponys Zottel und Moischele mit nach Groß-Willmsdorf gebracht und dort untergestellt. Auf Bettinas Frage antwortete sie ausweichend.

„Ach, weißt du, Onkel Paul hat unter dem Stall Ratten entdeckt und Rattengift. Mir war das einfach zu gefährlich, wo doch Zottel alles frisst, was ihm unter die Nase kommt. Und Moischele steht ihm darin kaum nach."

Als Bettina und Florian abends nach Peershof zurückkehrten, fuhr Simon gerade in den Hof ein. Der Anhänger war leer.

„Kannst du mir mal erklären, warum du den ganzen Tag unseren Pferdetransporter spazieren fährst?", fragte Florian kopfschüttelnd.

„Er musste repariert werden."

„Das ist mir neu. Was war denn kaputt?"

„Ach, alles Mögliche. Bremslichter und so."

„Hm."

Am nächsten Tag fand Florian einen Einschreibbrief in der Post, der die Aufschrift *„Herrn Florian Henrich – persönlich!"* trug. Als er mit dem Brief ins Esszimmer kam, verließ Simon fluchtartig den Frühstückstisch, murmelte: „Ich komm zu spät", und verschwand Sekunden später in seiner rostgesprenkelten Ente vom Hof.

Auch Herr Henrich hatte es plötzlich sehr eilig; er musste einen dringenden Anruf erledigen und bat, in seinem Büro nicht gestört zu werden. Bettina und Frau Henrich sahen ihm erstaunt nach.

Florian hatte den Brief geöffnet und starrte darauf, als sei er in Chinesisch verfasst. Seine Gesichtsfarbe wechselte in rascher Folge von Eierschalenweiß zu schönstem Kirschsaftrot. Bettina sah, wie er immer wieder trocken schluckte.

„Was ist das?", fragte sie. „Eine Vorladung vor Gericht? Ein Strafmandat? Bist du mit Bongo verkehrt herum in eine Einbahnstraße geritten?"

„Ich glaub, ich spinne!", murmelte Florian tonlos.

Dann stürzte er nach draußen.

„Ist ihm schlecht?" Frau Henrich sah erstaunt von einem Brief ihrer besten Freundin auf. „Warum rennt er so davon? Heute Morgen scheint eine Epidemie ausgebrochen zu sein."

„Keine Ahnung."

Bettina nahm den Brief auf, den Florian in der Eile auf sein Marmeladenbrötchen gefeuert hatte, entfernte vorsichtig mit dem Messer Reste von Butter und Erdbeermarmelade und begann zu lesen.

„Nein! Das darf nicht wahr sein!", schrie sie auf, warf jauchzend den Brief auf ihren Teller – wo er diesmal mit einem Klecks Pflaumenmus Bekanntschaft machte – und raste hinter Florian her.

„Ja, seid ihr denn alle verrückt geworden!", rief Frau Henrich ärgerlich und nahm den Brief auf. Der Inhalt versetzte sie einigermaßen in Erstaunen.

Sehr geehrter Herr Henrich,

stand darin,

es ist uns nicht unbekannt geblieben, wie selbstlos und unermüdlich Sie sich für die Pferde Ihres Lehrers Hans Tiedjen einsetzen. Deshalb schien es uns an der Zeit, Ihnen ein

eigenes Reitpferd zu verschaffen, mit dem Sie die Möglich-
keit haben, an Turnieren teilzunehmen, was, wie wir wis-
sen, mit Ihrem Pony Bongo wegen Ihrer Größe nicht mehr
zu verantworten ist. Ein ungenannt bleiben wollender Spen-
der überreicht Ihnen deshalb die Holsteiner Stute Florenti-
ne als Geschenk. Sie finden sie vor dem Haus angebunden.
Mit freundlichen Grüßen!   XXX

„Das kann doch nur ein dummer Scherz sein", sagte Frau
Henrich kopfschüttelnd und wandte sich wieder ihrer Lektüre zu.

Vor dem Haus stand Florian, den Kopf in Florentines
Mähne vergraben, und heulte.

„Entschuldige bitte", schniefte er, als Bettina leise zu ihm
trat und begann, die hübsche Hellfuchsstute zu streicheln.
„Ich weiß, es ist blöd, aber das haut mich einfach um. Weil
ich weiß, das war Simon. Simon und Bille. Sie müssen es gewesen sein, denn Vati hat mir noch vor einer Woche erklärt,
die Anschaffung eines weiteren Pferdes könne er sich jetzt
nicht leisten, und das Problem wäre ja sowieso gelöst, da ich
jetzt Daniels Pferd reiten könne. Dass Simon so was für mich
tut … du musst zugeben, das ist doch einfach verrückt! Anstatt sich selber ein Pferd zu kaufen für sein Geld, kauft er
mir eines!"

„Wieso bist du so sicher, dass es Simon und Bille waren?"

„Bille war die Einzige, die wusste, dass ich mich in Florentine verliebt hatte. Und sie war es auch, die mir erzählt hat,
sie wären der Stute und ihrem widerlichen Besitzer auf dem
Turnier wiederbegegnet."

Bettina pfiff durch die Zähne.

„Logisch. Das haben die beiden ausgeheckt! Sie wollten

die Stute vor ihrem Besitzer retten und dir dein Traumpferd verschaffen. Was meinst du, reiten wir gleich nach Groß-Willmsdorf rüber?"

„Klar doch. Ob ich Pünktchens Sattel nehmen darf? Er müsste passen."

„Natürlich. Findest du nicht, dass Florentine super zu Sternchen passt? Jetzt haben wir vier Füchse in allen Schattierungen von Gold bis Hell. Wenn Stella erwachsen ist, können wir mit einem Viererzug aufwarten, der sich sehen lassen kann!"

„Mann, o Mann, das ist ein Ding", murmelte Florian, immer noch überwältigt und nicht ganz fähig, die große Neuigkeit zu verdauen.

„Armer Flori!" Bettina sah ihn verschmitzt von der Seite an. „Nun musst du noch mehr arbeiten! Wo es dir doch ohnehin schon immer zu viel war!"

„Was glaubst du, wie wurscht mir das in Zukunft sein wird!", sagte Florian und streichelte Florentine andächtig den Rücken. „Und wenn ich Tag und Nacht für sie schuften muss!"

Bille konnte sich das Lachen kaum verbeißen, als Bettina und Florian in den Hof von Groß-Willmsdorf einritten, und es fiel ihr schwer, die Erstaunte zu spielen.

„Na, Flori? Was bringst du uns denn da an?"

„Gib dir keine Mühe, ihr seid schon entlarvt! Wer sonst sollen die geheimnisvollen Spender sein als Simon und du?"

„Von mir sind höchstens eine Hinterbacke und der Schweif", gestand Bille lachend. „Freust du dich?"

„Dazu musst du ein neues Wort erfinden, um auszudrücken, wie er sich freut", sagte Bettina. „Er hat geheult wie ein Schlosshund."

„Musst du alles verraten?"

„Und wie geht sie?", erkundigte sich Bille neugierig.

„Wir sind ein Herz und eine Seele", behauptete Florian. „Wenn sie auch noch ein bisschen durcheinander ist. Aber sie fühlt, dass ich sie liebe."

In den nächsten Tagen wandelte sich Florian völlig. Er, der morgens nie aus dem Bett kam, war jetzt als Erster auf den Beinen. Florentine war das bestgeputzte Pferd im Umkreis von fünfzig Kilometern, nichts war gut genug für sie, sie brauchte die neuesten Bandagen, den feinsten Mähnenkamm, das hübscheste Stirnband. Frau Henrichs Spezial-Shampoo für empfindliches Haar musste dran glauben, um Florentines Schweif zu waschen, und Bettinas Badeschwamm tauchte auf unerklärliche Weise plötzlich ebenfalls im Stall auf.

Florentines Diät wurde nach strengsten Gesundheitsregeln festgelegt, und wehe, jemand wagte es, ihr etwas zu geben, ohne Florian vorher zu fragen.

Im Reiten hielt sich Florian vorerst zurück. Gesprungen wurde überhaupt nicht, und wenn er im Sattel saß, achtete er nur darauf, dass sich die Stute lockerte und sich ganz allmählich willig an die Hilfen stellen ließ. Am Nachmittag, wenn er mit der Arbeit fertig war und das Licht noch für einen Ausritt genügte, ging Florian mit seiner Florentine ins Gelände. Meist im Schritt zeigte er ihr die Umgebung und führte dabei lange Gespräche mit ihr.

War es dann Abend geworden und Zeit, zu Bett zu gehen, verschwand Florian noch einmal für mindestens eine halbe Stunde im Stall. „Um seiner Florentine den Huf zu halten, bis sie einschläft", sagten die Geschwister grinsend.

Am Sonntag kam Nico aus den Ferien zurück. Ihr erster

Weg führte sie in den Schulstall, der zweite – obwohl es eigentlich verboten war – in die Reithalle, wo Simon Feodora und Bille Sinfonie bewegten.

„Hallo, ihr beiden, da bin ich wieder!"

„Hallo, Nico! Schön, dich zu sehen! Geht's dir gut? Wie waren die Ferien?" Bille zwinkerte Simon zu. „Warst du schon im Stall?"

„Klar doch." Nico zögerte einen Augenblick, dann fragte sie beiläufig: „Ihr habt nicht zufällig Florian irgendwo gesehen?"

Bille musste sich das Lachen verkneifen.

„Nein, seit dem Mittagessen nicht mehr."

„Komisch."

„Warum?"

„Na ja, ich dachte, er würde mich … ist ja egal."

Nico schlenderte mit gesenktem Kopf davon.

Später traf Bille sie wieder. Nico lehnte am Koppelgatter und tat so, als wäre sie ganz damit beschäftigt, Zottel beim Fressen zuzuschauen. Dabei ließ sie den Weg nach Peershof nicht aus den Augen.

„Wartest du auf Florian?", erkundigte sich Bille. „Ich fürchte, der kommt heute nicht mehr."

„Ist er krank?", fragte Nico unsicher.

„Nein, nein, man könnte eher sagen … beschäftigt. Nun, ich glaube, ich sollte es dir sagen, damit du darauf gefasst bist, was dich in Zukunft erwartet. Sein Herz gehört zurzeit ganz seiner neuen Liebe, er verbringt jede freie Minute mit ihr."

Nico wurde schneeweiß. Fast reute Bille der dumme Scherz.

„Wer ist das?"

„Nun ja, wie soll ich es sagen? Eine große Blonde mit dunkelbraunen Augen."

„Ich kratze ihm die Augen aus!", knurrte Nico zwischen den Zähnen, besann sich aber erschrocken auf Billes Gegenwart. Die brauchte nicht zu wissen, wie ihr zumute war. Nico richtete sich auf und schnaufte verächtlich durch die Nase. „Nun ja, das ist sein Problem. Er muss wissen, was er tut", sagte sie gespielt gleichgültig. Dabei standen ihr dicke Tränen in den Augen.

„Da hinten kommen sie übrigens", sagte Bille und zeigte zum Wald hinüber. „Falls es dich interessiert, sie heißt Florentine!"

„Musstest du sie so quälen?", fragte Simon vorwurfsvoll, als Bille ihm später Bericht erstattete.

„Wieso quälen? Was glaubst du, wie glücklich die beiden inzwischen Versöhnung feiern. Neidisch könnte man werden!"

„Wie bitte?"

„Na ja, wir streiten uns nie."

„Und das fehlt dir?"

„Nein. Das Versöhnung-Feiern!"

„Vielleicht kann man das ja auch, ohne zu streiten?"

„Vielleicht …"

„Man müsste es einfach mal versuchen."

„Eben", sagte Bille und schlang Simon die Arme um den Hals.

Sensation
in der Manege

Der Indianer

„Nehmen Sie Whisky?"

„Wie bitte? O nein, keinen Alkohol!"

Bille schaute verwirrt auf den Mann mit dem breitflächigen, dunklen Gesicht. Die blauschwarzen glatten Haare und die ausgeprägte Hakennase erinnerten an einen Indianer, und seine leicht nach vorn geneigte Haltung ließ an ein zum Sprung bereites Raubtier denken. Aber jetzt lachte der Mann, breit und fröhlich; ein Kranz winziger Falten legte sich um die hellgrauen Augen, und sofort verlor sich der unheimliche Eindruck.

„Ich meine den Braunen da – dort drüben unter dem Baum! Neben dem Schecken und dem Schimmel."

Bille hatte die drei Pferde noch gar nicht bemerkt. Jetzt trat sie zu ihnen heran. Ein Wallach und zwei Stuten waren es, alle drei recht betagt, aber sichtbar gut gepflegt.

„Der Boss hat mir erlaubt, sie mitzubringen. Kriegen bei mir das Gnadenbrot, verstehn Sie. Ich hätte die Stellung sonst nicht annehmen können. Will mich nicht mehr von ihnen trennen. Darf ich vorstellen? Whisky, zweiundzwanzig Jahre alt, Raubtiernummer. Maestro, fünfundzwanzig, Hohe Schule. Und Happy, dreiundzwanzig, Voltigierpferd."

„Sie kommen vom Zirkus?", fragte Bille überrascht. „Davon hat mir Daddy gar nichts erzählt! Er erwähnte allerdings etwas von einer Überraschung. Entschuldigen Sie,

Herr John, dass ich mich so begriffsstutzig benommen habe! Herzlich willkommen in Groß-Willmsdorf! Ich freue mich, dass Sie als Pferdepfleger zu uns kommen!"

Bille schüttelte dem Mann herzlich die Hand. Die Lachfältchen in dem dunklen Gesicht vertieften sich.

„Sie können ruhig ‚Johnny' und ‚du' sagen. Das bin ich so gewöhnt."

„Okay, Johnny, aber das Gleiche gilt für mich. Schließlich sind wir ja jetzt Stallkameraden, und außerdem bin ich erst sechzehn. Ich bin Bille – Sibylle Abromeit, Schülerin und Assistentin von Herrn Tiedjen und ein bisschen auch seine Adoptivtochter. Mit dem Schulstall habe ich eigentlich nichts zu tun, mein Gebiet sind die Ställe drüben auf der anderen Seite, wo unsere Turnierpferde und die Zuchtstuten stehen. Aber ich besuche die Schule des Reiter-Internats im Schloss hier."

„Hat mir der Boss schon alles erzählt", sagte Johnny grinsend. „Auch dass ich bei dir einen Kollegen vom Zirkus vorfinden würde. Wo steckt er denn?"

„Zottel? Der ist noch drüben auf der Koppel, ich werde euch nachher bekannt machen. Bringen wir erst mal deine Schützlinge in ihr neues Quartier, dann werde ich dir alles zeigen. Komm, Whisky."

Bille band den Braunen los, und er beschnupperte sie neugierig. Gehorsam trottete er neben ihr her, als sie ihn zum Schulstall hinüberführte.

„Ich habe mich schon gewundert, weshalb Achmed die drei leeren Gastboxen hergerichtet hat. Die Überraschung ist Daddy wirklich gelungen!"

„Ich hoffe, es stört euch nicht, dass ich die drei mitbringe", sagte Johnny besorgt und hatte nun wieder den Blick eines

Indianers auf dem Kriegspfad. „Ich weiß, sie nehmen euch Platz weg."

„Unsinn!" Bille blieb stehen und schaute den neuen Pferdepfleger verblüfft an. „Wie kommst du auf die Idee?"

„Na ja ... ich hab schon eine Menge Absagen bekommen ihretwegen."

„Willst du meine ehrliche Meinung hören? Ich freue mich darüber, dass sie da sind! Zu einer richtigen Familie gehören doch auch die Alten, die in ihrem Leben genug gearbeitet haben und sich nun auf einen friedlichen Lebensabend freuen. Nun ... in unserer Pferdefamilie in Groß-Willmsdorf haben die Senioren bisher gefehlt. Erst jetzt ist unsere Familie komplett: Von jung bis alt ist alles vertreten, das finde ich prima."

„Freut mich, dass du so denkst. Der Boss übrigens auch. Scheint ein prima Kerl zu sein."

„Das ist er."

Bille öffnete das Tor zum Schulstall und führte den Braunen durch die Stallgasse. Johnny folgte mit den beiden anderen. In den Boxen herrschte Mittagsruhe, nur vereinzelt erklang ein neugieriges, dunkles Wiehern zur Begrüßung der Neuen, hier und da schob sich schnuppernd eine Nase zwischen die Gitterstäbe.

„Die drei letzten Boxen dort hinten sind es."

„Schöner Stall, alle Achtung!"

„Ja, Daddy hat nicht gespart, das Beste war ihm gerade gut genug für unseren neuen Schulstall. Arbeiten schließlich auch hart genug, unsere Schulpferde. Außerdem meint Daddy, zur Ausbildung guter Reiter gehöre auch das Wissen über ideale Stallbedingungen für ihre Pferde. Schau, Whisky gefällt es bei uns!"

Der Braune untersuchte seine neue Box interessiert; begeistert scharrte er in der frischen Einstreu und schnaubte vergnügt. Dann prüfte er die Tränke, drückte den Deckel hinunter und trank in ruhigen, langen Zügen. Bille klopfte ihm zärtlich den Hals.

„Im Zirkus hatten wir's nicht so komfortabel", rief Johnny aus Happys Box herüber. „Wer hätte gedacht, dass wir's im Alter noch mal so gut treffen, was, meine Dicke? Na, du hast es wirklich verdient."

„Du musst mir viel vom Zirkus erzählen. Woher hat Whisky die breite Narbe auf dem Rücken?", erkundigte sich Bille.

„Er war eine Zeit lang in einer Löwennummer. War 'n böses Erlebnis für ihn, hätte schlimm ausgehen können."

„Armer Kerl. Hat der Löwe ihn angefallen?"

„Ach wo, der war uralt, halb blind, taub und rheumatisch. Er ist ungeschickt gesprungen, abgerutscht und hat sich festgekrallt. Trotz der gepolsterten Schabracke hat's eine tiefe Fleischwunde gegeben. Danach wollte unser Dicker partout nicht mehr in die Manege. Der Direktor hat getobt, wollte ihn zum Rossschlächter geben. So bin ich zu meinem ersten eigenen Pferd gekommen", berichtete Johnny grinsend.

„Mit den anderen beiden war es vermutlich ähnlich", sagte Bille lächelnd. „Wollen wir jetzt einen Rundgang machen?"

„Klar doch. Ich will meine Schützlinge ja endlich kennenlernen."

Netter Kerl, dachte Bille. Scheint prima zu uns zu passen. Es wurde auch Zeit, nach dem Reinfall mit dem vorigen Pferdepfleger. Jemand, dem die Rösser wirklich am Herzen liegen und der die Arbeit im Stall nicht als beliebigen Job ansieht.

„Hast du Achmed schon kennengelernt, den Stallhelfer?"

„Der Boss hat mir von ihm erzählt. Soll nicht schlecht sein, der Junge."

„Er hat eine gute Hand für Pferde. Nur mit seinem Deutsch hapert es noch, er ist Türke."

„Meine Kollegen im Zirkus kamen auch von überall her. Und was mich betrifft – mein Vater war Holländer und meine Mutter Indianerin. Kam aus Kanada, da hat sie sich in meinen Vater verliebt und ist einfach mit dem Zirkus mitgegangen. Mein Großvater soll sogar Häuptling gewesen sein. Jedenfalls hat er seine Pferde mehr geliebt als alles andere, und dieses Erbe hat voll bei mir durchgeschlagen. Im Zirkus haben sie mich immer nur ‚Indianer' genannt."

Johnny trat an eine der Boxen und studierte die darüberhängende Tafel. Dann schob er die Tür zur Seite und trat zu der hübschen Rappstute.

„Darling", sagte er leise. „He, wie geht's? Alles klar?"

Bille beobachtete, wie er sorgsam den Bau der Stute begutachtete, Augen, Gebiss und Beine untersuchte und eine gerade verheilte Satteldruckstelle betastete.

„Da tun wir von meiner Salbe drauf", murmelte er. „Old Johnnys Zaubersalbe bringt auch den letzten Rest davon weg. Bist eine Schöne! Eine richtige Dame bist du!"

„Der prächtige Braune hier heißt Janosch", sagte Bille und ging zur nächsten Box. „Und der Rappwallach daneben ist Luzifer. Er ist seinem teuflischen Namen zum Trotz geduldig wie ein Lamm und mit seinen elf Jahren das älteste unter den Schulpferden."

„Eines nach dem anderen", murmelte der Indianer und unterzog Janosch einer ebenso gründlichen Untersuchung wie zuvor Darling.

Und genauso verfuhr er mit allen anderen. Mit Natascha, der hübschen Braunen mit der breiten Blesse, dem mächtigen Schwarzschimmel Bobby und Regula, der Hellfuchsstute, die sie Reggi nannten und die der Liebling aller Internatsschüler war. Danach kamen die beiden Isländer Lucky und Rumpelstilzchen dran, und schließlich die Gastpferde, die von Lehrern oder Schülern des Internats mitgebracht worden waren.

Bille schwankte zwischen Ungeduld und Bewunderung angesichts der minutenlangen Aussprachen, die Johnny mit jedem der Pferde führte. Schließlich wandte er sich ihr zu und lächelte entschuldigend.

„So, jetzt kennen wir uns ein bisschen … Wo geht's hier hin?"

„Das ist der Raum für den theoretischen Unterricht, der von Herrn Albert und Herrn Toellmann, dem Reitlehrer, gehalten wird."

„Verstehe."

„Dies hier ist die Sattelkammer und dort der Geräteraum. Hier die Futterkammer. Gehn wir erst mal zur Reithalle hinüber?"

„Die habe ich mir schon angeschaut. Vorhin, als ich jemanden suchte, dem ich meine Ankunft melden konnte."

„Ja, sonntags um die Mittagszeit herrscht hier tiefe Stille. Herr Toellmann und Achmed haben frei, und die Pferde werden von den Schülern versorgt, unter Aufsicht eines Lehrers. Es ist Stehtag für die Schulpferde, nur die Privatpferde werden hin und wieder zu einem Geländeritt rausgeholt. Wenn du die Schulreithalle schon bewundert hast, dann hast du ja auch unseren Außenreitplatz schon gesehen. Er ist erst kürzlich fertig geworden", erzählte Bille. „Ein Werk der Schüler – vor allem die Hindernisse."

„Hm", brummte der Indianer, als habe er nur halb zu-
gehört. Sein Blick wanderte an den Stämmen der alten
Eichen und Buchen hinauf bis in die bunt belaubten Wipfel.
„Schön. Schön sind sie."

„Nicht wahr? Sie schließen den Park und das Schloss wie
eine Mauer ein, als wollten sie es beschützen."

„Ich liebe Bäume, die eine lange Lebensgeschichte haben",
sagte der Indianer. „Ich höre gern Lebensgeschichten."

„Sag nur, du kannst mit Bäumen reden!" Bille schaute ihn
amüsiert von der Seite an.

„Vielleicht …"

„Nun, diese hier könnten dir bestimmt viel erzählen.
Komm, wir nehmen die Abkürzung durch den Park zum alten Stall hinüber. Jetzt möchte ich dir nämlich meine Schützlinge vorstellen."

Bille lief dem Indianer voraus und bog in einen schmalen Pfad ein, der nach wenigen Metern in eine breite Allee
mündete.

„Dies ist sozusagen ein historischer Ort", erklärte Bille lächelnd. „Hier habe ich nämlich meine erste Reitstunde von
Herrn Tiedjen bekommen." Bille wies nach links. „Von hier
aus hast du den schönsten Blick auf unser altes Gutshaus.
Sieht es nicht prächtig aus, mit den Erkern an beiden Seiten
und der großen Terrasse?"

„Ein richtiges Schloss", sagte der Indianer, aber sein Ge-
sichtsausdruck verriet, dass ihn das imponierende Gebäude,
das sich da strahlend weiß am Ende des herbstbunten Parks
erhob, nur wenig interessierte. Ihn zog es allein zu den Pferden.

„Da drüben siehst du die alte Reithalle", erklärte Bille.
„Dort werden unsere Turnierpferde trainiert. Dahinter die

Wirtschaftsgebäude, Ställe, Scheunen und Speicher, die zum landwirtschaftlichen Betrieb gehören. Und hier rechts unser Pferdestall!"

Billes Stimme bekam unwillkürlich einen feierlichen Klang. Sie öffnete die erste Tür und ließ den Indianer eintreten.

„Darf ich vorstellen: Feodora, unser Star. Du kennst sie sicher aus Fernsehübertragungen großer Turniere. Nach Daddys Unfall wird sie von Simon Henrich geritten, wie du weißt. Simon ist so was wie ein Meisterschüler Hans Tiedjens. Wir ... wir sind sehr befreundet, Simon und ich", fügte sie hinzu und wandte sich schnell ab, weil sie spürte, wie ihr die Röte ins Gesicht stieg. „Dies hier ist Nathan, ebenfalls ein großer Turniersieger. Der gnädige Herr geruht gerade, seinen Mittagsschlaf zu halten."

Die Schritte des Indianers waren kaum zu hören, so leise trat er auf, um die Mittagsruhe im Stall nicht zu stören. Hatte er drüben im Schulstall jedes Pferd einer gründlichen Prüfung unterzogen, so benahm er sich hier wie bei einem Museumsbesuch. Zärtliche Bewunderung lag in seinem Blick, als die schöne Schwarzschimmelstute sich ihm zuwandte und ihn aufmerksam betrachtete. Bille war es, als sprächen die beiden lautlos miteinander. Nathan nickte er zu, als wolle er sagen: Bleib liegen, mein Junge, nur keine Umstände, wir können uns ein andermal unterhalten.

„Der freche Fuchs hier ist Troilus, ein Sohn von Troja. Die wirst du auch gleich kennenlernen. Troilus wird von Tom geritten. Tiedjen junior. Mein großer Bruder, wenn du so willst. Der Rappe hier gehört mir. Black Arrow. Wir zwei haben uns schon ein paar Schleifen verdient."

Bille trat in die Box und legte ihrem Liebling stolz die

Arme um den Hals. Black Arrow begann sofort ihre Taschen zu untersuchen.

„Das hat er von Zottel gelernt, die beiden sind unzertrennlich."

„Ein prachtvoller Kerl!", lobte der Indianer und betrachtete den blauschwarzen Wallach eingehend. „Viel Kraft und dabei gutmütig und intelligent. Scheint genau das richtige Pferd für dich zu sein."

Bille freute sich über das Lob. Der Indianer schien die Eigenschaften eines Pferdes wie mit unsichtbaren Antennen wahrzunehmen. Es war, als durchschaute er sie bis ins Innerste ihres Wesens, und Bille vermutete, dass er nicht nur mit Bäumen, sondern vor allem auch mit Pferden reden könne. Wie gut, dass ein solcher Mann als Pferdepfleger nach Groß-Willmsdorf gekommen war!

„Dein Kollege hier im alten Pferdestall ist Herr Petersen, und Hubert, unser Stallpfleger, steht ihm zur Seite. Ihr werdet euch später kennenlernen. Jetzt geht's erst mal auf die Koppeln hinaus; unsere Stuten und die Absetzer sind bei dem schönen Wetter natürlich draußen."

„Und wer gehört in diese Box hier?"

Über Billes Gesicht glitt ein Schatten.

„Da stand Lohengrin, unser Veteran. Er brach bei einem Turnier zusammen. Herzschlag!"

„Du hast ihn geritten?"

„Ja. Es hat mich unheimlich mitgenommen. Jedesmal, wenn ich die leere Box sehe … Nun ja, er soll demnächst einen Nachfolger bekommen. Komm, hier geht's lang."

Bille zeigte dem Indianer Stutenstall, Fohlenstall und die Nebenräume. Stolz führte sie die neu eingerichtete Klinik vor, ein Raum, in dem alles untergebracht war, was zur medizinischen Betreuung eines Pferdes gehörte. Dann traten sie wieder auf den Hof hinaus und gingen zu den Koppeln hinüber, die hinter dem zum Verwalterhaus gehörenden Obstgarten lagen und sich von dort aus bis an den Waldrand erstreckten.

„Hier auf der ersten Koppel kannst du unsere Mütter bewundern. Das ist Troja, mein Liebling, ich reite sie regelmäßig. Und die Rappstute da ist Iris. Die Schimmelstute heißt Jacaranda, und daneben stehen Santa Monica und Donau."

Während Bille die Reihe der Fohlen aufzählte, die die Stuten in den letzten Jahren gebracht hatten, wandten sie sich der nächsten Koppel zu, auf der sich die Absetzer übermütig jagten. Sie galoppierten ein Stück um die Wette und standen urplötzlich still wie die Standbilder, um gleich darauf von Neuem loszutoben.

„Der freche Fuchs, da … der kupferrote, das ist Don Quichotte, ein Sohn von Donau", erklärte Bille. „Schau, wie kraftvoll er ausgreift. Der hat bestimmt eine große Karriere vor sich!"

Doch der Indianer schaute an dem hübschen Fohlen vorbei zur Nachbarkoppel hinüber. Sein Gesicht wurde weich, und er lachte leise, als habe er einen längst verschollen geglaubten Freund plötzlich wiederentdeckt.

„Da ist er ja!"

„Ja, das ist Zottel."

Bille ging voraus und öffnete das Koppelgatter. Zottel hatte unter einem Baum gestanden und geschlafen. Jetzt hob er den Kopf und trabte erfreut zu Bille herüber, um zielbewusst als Erstes ihre Taschen zu untersuchen. Tatsächlich entdeckte er ein Stück Traubenzucker.

„Ich hab leider nichts für dich, mein Schatz … oh, den hatte ich ganz vergessen … Aber nein, Dicker, das ist nichts für dich, du wirst zu fett. Nicht doch … na schön, jeder die Hälfte."

Aber Zottel hatte wohl nicht richtig zugehört, jedenfalls zog er den Traubenzucker, noch ehe Bille ihn durchgebrochen hatte, mit spitzen Lippen aus ihren Fingern und vertilgte ihn genüsslich.

Der Indianer grinste verständnisvoll, dann packte er das rot gesprenkelte Pony mit beiden Händen bei der wolligen Mähne und umarmte es heftig.

„Kennst du ihn von früher?", fragte Bille und unterdrückte ein Gefühl leiser Eifersucht.

„Nein. Aber wir vom Zirkus, das ist wie eine geheime Bruderschaft, verstehst du. Wir gehören alle zu einer Familie."

Der Indianer hörte nicht auf, Zottel zu kraulen.

Zottel empfand offensichtlich eine spontane Zuneigung zu dem fremden Mann. Er rieb den Kopf an seiner Jacke, dann begann er zärtlich an seinem Ohrläppchen zu knabbern.

„Da kommt Edmund der Weise!", rief Bille, froh, die geheime Zwiesprache zwischen den beiden unterbrechen zu können. „Edmund ist Assistent unseres Gutsverwalters Lohmeier. Und den Spitznamen *der Weise* hat er wegen seiner Leidenschaft für außergewöhnliche wissenschaftliche Versuche bekommen. Zurzeit testet er im Gewächshaus, ob man Pflanzen durch Musik zu schnellerem Wachstum anregen kann und ob ein Nachtschattengewächs wie die Tomate lieber die ,Mondscheinsonate' oder die ,Kleine Nachtmusik' hört."

„Hallo!", sagte Edmund der Weise. „Sie sind nicht vielleicht …"

„Doch, er ist es. Darf ich vorstellen: unser neuer Pferdepfleger, Herr John. Aber er mag lieber, wenn man ihn Johnny nennt."

„Freut mich", sagte Edmund der Weise und musterte den Neuen von der Höhe seiner fast zwei Meter herab neugierig. „Ich habe Sie nämlich gesucht. Auf dem Bahnhof. Der Chef meinte, Sie kämen mit dem Einuhrzug, und ich sollte Sie abholen."

„Tut mir leid. Das muss ein Missverständnis sein. Ich bin mit dem Wagen gekommen. Hab ihn hinter der Schulreithalle abgestellt." Der Indianer drückte Edmund die Hand.

„Ist es ein Zirkuswagen?", fragte Bille hoffnungsvoll. „Ich wollte schon immer mal einen von innen sehen!"

„Kann man sagen, ja. Jedenfalls reicht er meinen drei Alten und mir zum Überleben, wenn's hart auf hart kommt."

„Den muss ich mir gleich anschauen. He, da kommen Bettina und Florian, die Geschwister von Simon Henrich. Sie wohnen in Peershof drüben, auf dem Nachbargut, und gehen auch hier zur Schule."

Auf dem Feldweg waren zwei Reiter erschienen, die sich im Trab der Gruppe näherten. Kurz darauf sprangen sie neben ihnen aus dem Sattel, und Bille machte sie miteinander bekannt.

„Dies übrigens ist Sternchen, Bettinas Haflingerstute", fügte sie hinzu, „und dieses Wunder einer hinreißend schönen Fuchsstute ist Florentine, Florians große Liebe. Wenn du auch nur einen Tag lang vergisst, sie zu loben und zu bewundern, hast du es für alle Zeit mit Florian verdorben! Übrigens gibt es noch einen weiteren Henrich-Bruder, Daniel. Der ist schon zu Hause ausgeflogen und kommt nur in den Ferien heim."

„Na, ob ich mir das alles merken kann", stöhnte der Indianer. „Und dann noch die Schüler alle und die Lehrer! Da werde ich wohl ein paar Wochen brauchen."

„Ach was, ein paar Tage und du wirst dich bei uns wie zu Hause fühlen."

„He, wie wär's, wenn wir für Johnny eine kleine Willkommensfeier veranstalten", schlug Bettina vor. „Wir organisieren Tee, Kakao und Kuchen und treffen uns alle im Unterrichtsraum vom Schulstall!"

„Super! Du hast mal wieder das Gebot der Stunde erkannt", lobte Bille die Freundin. „Du wolltest doch sowieso zu Tom. Wie wär's, wenn ihr zwei das in die Hand nehmt? Florian will seine herzallerliebste Nico zu einem Ausritt abholen, wenn ich mich nicht irre, und ich muss Black Arrow bewegen, der ist heute noch keinen Schritt gegangen. In zwei Stunden treffen wir uns drüben, okay?"

„Einverstanden."

In der Not frisst der Teufel Kuchen

Ehe der Indianer recht wusste, wie ihm geschah, stand er mit Zottel allein auf der Koppel. Bettina, Florian und Bille stürmten davon und Edmund erkundigte sich höflich, ob er im Augenblick noch irgendetwas für ihn tun könne. Als der Indianer verneinte, stakste auch er erleichtert davon.

„Na komm, Kollege, begleite mich, dann können wir uns ein bisschen unterhalten", brummte der Indianer.

Zottel folgte ihm wie ein Hund.

„Gehen wir erst mal auspacken. Tolles Quartier, hast du gesehen? Eine richtige kleine Wohnung, und alles neu gemacht – so was habe ich mir schon immer mal gewünscht."

Zottel rieb wieder und wieder die Nase an der Jacke des seltsamen Mannes. Irgendetwas an ihm roch vertraut und weckte alte Erinnerungen. Zottel fühlte sich magisch zu ihm hingezogen.

Der Indianer durchquerte den Park, ging am Schulreitplatz vorbei und auf die Rückseite der Reithalle. Zottel trottete neben ihm her, als wäre es das Selbstverständlichste von der Welt.

„Da wären wir. Wie gefällt dir meine fahrende Burg?"

Der Indianer zeigte auf einen alten, schon recht mitgenommenen Lastwagen, der rundum mit Zirkusbildern bunt bemalt war. Die Rampe auf der Rückseite des Wagens war hinuntergeklappt.

„Komm, schau dich nur um!", forderte der Indianer Zottel auf und stieg in den Wagen hinauf.

Zottel folgte ihm und beschnupperte neugierig die Stellplätze der drei alten Zirkuspferde.

„Ja, hier schläft Whisky. Das da ist Maestros Platz, und dahinter wohnt Happy. Und obendrüber ist meine Koje. Hier – die Futterkiste und daneben die Kiste mit meinen Klamotten und den alten Kostümen. Die brauch ich nun nicht mehr, aber ich schaue sie mir manchmal an und denke an die alten Zeiten. An der Wand, siehst du, da hat alles seinen Platz: Kochgeschirr, Waschschüssel, Putzzeug, was man so braucht. Die wertvollen Sachen, Papiere, alte Fotos und mein Ausgehanzug, die sind vorn auf dem Beifahrersitz verstaut in einem extra Koffer."

Zottel schien dem Indianer ernsthaft und interessiert zuzuhören, jetzt näherte er seine Nase einem an der Seite befestigten Deckelkorb.

„Das da? Da hebe ich meine Vorräte auf."

Zottel nickte heftig mit dem Kopf und scharrte mit dem rechten Vorderhuf.

„Oh, entschuldige, ich bin ein schlechter Gastgeber!", sagte der Indianer und öffnete den Korb. „Bitte greif zu, die Äpfel sind von meiner Schwester, die hat einen Bauern geheiratet. Manchmal bin ich bei ihnen untergeschlüpft, hab ein bisschen auf dem Feld und im Stall geholfen, wenn meine drei Alten und ich keine Arbeit hatten. Das ist nicht oft passiert; bis jetzt sind wir immer ganz gut durchgekommen. Aber eines Tages sehnt man sich doch danach, sesshaft zu werden."

Zottel nickte verständnisvoll und nahm sich den zweiten Apfel.

„Freut mich, dass es dir schmeckt", brummte der Indianer vergnügt. „Boskop, schön würzig, nimm dir nur!"

Zottel zierte sich nicht und fischte den dritten Apfel aus dem Korb. Dann entdeckte er noch etwas anderes.

„Ach ja, das ist der Zucker für meinen Kaffee, aber der ist nicht gut für deine Zähne", wehrte der Indianer ab.

Zottel war nicht dieser Ansicht und begann, die Packung mit den Zähnen aufzureißen.

„Tut mir leid, mein Junge." Der Indianer klappte den Korbdeckel zu und klopfte Zottel tröstend den Hals. „Jetzt müssen wir auspacken. An die Arbeit. Du kannst den Futtersack nehmen."

Während der Indianer Zottel den Hafersack auf den Rücken packte und begann, seine Habseligkeiten in die Wohnung hinüberzuschaffen, hatte Bille Black Arrow gesattelt und war in die Reitbahn hinübergegangen.

„Du rätst nicht, was inzwischen passiert ist!", rief sie Simon zu, der seine Stute Pünktchen in ruhigem Trab an der Longe laufen ließ. „Eine Sensation!"

„Das ist vielleicht eine Begrüßung. Komm sofort her!", befahl Simon in gespielter Entrüstung und ließ Pünktchen anhalten. „Du hast mir heute noch nicht Guten Morgen gesagt!"

„Aber jetzt ist doch Nachmittag …"

„Umso schlimmer. Schäm dich!"

Bille trat zu Simon heran.

„Also schön, ich schäme mich aus tiefster Seele. Guten Morgen, großer Meister!", lispelte sie geziert und machte einen übertriebenen Knicks.

„So ist es recht, mein Kind", sagte Simon gönnerhaft. „Du darfst mich küssen."

„Unverschämt bist du gar nicht, wie?", gab Bille lachend zur Antwort und ließ sich von ihm in die Arme nehmen. Simon hatte kaum ihre Lippen berührt, da quiekte Pünktchen auf und keilte empört aus. Black Arrow war ihr ihrer Meinung nach zu nahe gekommen, als er Anstalten machte, sie zu begrüßen. Der Rappwallach wich erschrocken zurück und riss Bille mit sich. Im Nu saß Bille im Sand.

„Ich meinte eigentlich nicht, dass du mir die Füße küssen solltest!" Simon zog die Augenbrauen hoch. „Was machst du da unten?"

„Das frage ich mich auch. Hab wohl heute kein Glück mit feurigen Liebhabern", murmelte Bille und stand kopfschüttelnd auf. „Gehen wir lieber an die Arbeit."

„Und was ist das für eine Sensation, die du mir versprochen hast?"

„Richtig, das hätte ich beinahe vergessen! Es scheint, als hätten wir einen Spitzen-Pferdepfleger für den Schulstall bekommen. Er heißt Johnny, kommt vom Zirkus und hat drei alte Pferde mitgebracht."

„Und warum glaubst du, dass er so gut ist?"

„Sieh ihn dir an, dann weißt du's sofort. Übrigens hast du gleich nachher Gelegenheit, ihn kennenzulernen – wir geben nämlich eine Begrüßungsparty für ihn!"

„Da bin ich gespannt."

In der tiedjenschen Küche ging es inzwischen drunter und drüber. Zum Glück hatte Frau Engelke, die Haushälterin, übers Wochenende frei und musste nicht mit ansehen, wie Tom und Bettina ihr sorgsam gehütetes Reich in kürzester Zeit in ein Schlachtfeld verwandelten. In der Tiefkühltruhe hatten sie eine Apfeltorte und drei Dutzend Krapfen gefunden, die nun im Backofen auftauten.

„Das bisschen Kuchen reicht doch nie!", sagte Tom. „Wenn erst die Internatsschüler alle antanzen, um zu sehen, was da gefeiert wird … Nein, weißt du was – wir machen Schnittchen! Einen ganzen Tisch voller bunter Häppchen. Vorräte haben wir genug, und Brot hat Engelchen gestern auch für die ganze Woche eingekauft. Warte, was brauchen wir alles: Wurst, Käse, Schinken … Hart gekochte Eier natürlich, Sardellen, Gürkchen, Mixed Pickles, Tomaten, Radieschen, Mayonnaise, Ketchup …"

„Du lieber Himmel, Tom, wie sollen wir das in der kurzen Zeit schaffen?"

„Das ist überhaupt kein Problem, Schätzchen!", beruhigte Tom seine Freundin. „Reg dich nicht auf, ich mach das schon, ich bin ein Meister in bunten Häppchen! Du kümmerst dich um das Geschirr und die Getränke, alles andere überlässt du mir, okay? Da oben auf dem Schrank im Karton muss noch massenhaft Partygeschirr sein."

Bettina machte sich an die Arbeit, und Tom begann, was er für sein künstlerisches Werk brauchte, vor sich auf dem Tisch aufzubauen.

„Es gibt einfach nichts Schöneres als so kleine leckere Häppchen, findest du nicht?" Tom rieb sich vergnügt die Hände. „Also, erst mal Brot schneiden."

„Erst mal Eier kochen", warf Bettina ein. „Damit sie Zeit haben abzukühlen. Warte, ich mach das schon."

Tom begab sich zur Brotmaschine und begann andächtig, zwei Weißbrote und ein Schwarzbrot in hauchdünne Scheiben zu schneiden, die er nebeneinander auf den Küchentisch legte.

„Verdammt, ich brauche mehr Platz, das Zeug muss da verschwinden!", murmelte er ärgerlich und sah sich um. Dann verteilte er seine Zutaten auf den Stühlen, auf dem Fensterbrett und auf dem Fußboden. „Jetzt die Butter. Du liebe Zeit, warum muss das Zeug so hart sein! Die lässt sich ja gar nicht streichen ..."

„Leg sie Bille ein paar Runden unter den Sattel, wie's die Tataren mit ihrem Fleisch gemacht haben."

„Sehr witzig. Ich werd sie ein bisschen boxen und massieren. Was meinst du, soll ich auch runde und ovale machen? Oder vielleicht welche mit den Plätzchenausstechern ..."

„Tom!", mahnte Bettina. „Du hast noch genau zweiundachtzig Minuten Zeit! Und nicht bis Mitternacht!"

„Na schön, also nur Dreiecke und Vierecke."

Tom zerschnitt die Brotscheiben in die gewünschten zierlichen Häppchen und begann, sich unter seinen Zutaten umzusehen. Bettina beobachtete sorgenvoll, wie er Stückchen für Stückchen mit Butter bestrich und dann mit einem Wursträdchen, Schinkenscheibchen oder einem Stück Käse belegte, um es dann umständlich zu verzieren. Gurkenschnitzchen, Ketchuptüpfchen, Mayonnaisekringel wechselten mit Sardellenringen, Kapern, Perlzwiebeln und Tomatenachteln ab und wurden auf jedem Schnittchen zu anderen Mustern dekoriert.

„Meinst du nicht, es ginge schneller, wenn du von jeder Sorte ein paar Gleiche machtest?", wagte sie einzuwenden.

„Davon verstehst du nichts, mein Engel, ich folge nur meiner künstlerischen Inspiration. Sind die Eier so weit?"

„Sofort."

„Was riecht denn hier so streng?"

„Himmel, der Kuchen!" Bettina riss die Tür des Backofens auf und zog die Bleche heraus. „Das ist gerade noch mal gut gegangen! He, wo soll ich damit hin, kannst du nicht wenigstens einen Stuhl frei machen?"

„Ausgeschlossen – stell das Zeug meinetwegen in die Badewanne. Hier muss ich ungestört sein. Oder warte – bring das Blech gleich ins Auto runter mitsamt dem Geschirr, ich fahre es dir dann rüber."

Tom vertiefte sich von Neuem in sein Werk. Der Tisch sah aus wie das Gemälde eines in geometrische Formen verliebten Malers.

„Himmel, gleich vier Uhr, ich muss Kakao kochen und Teewasser aufsetzen. Tom, kannst du nicht schon mal die Sachen rüberfahren? Ich komme gleich nach und decke den Tisch."

„Mach ich, mach ich alles, nur nicht nervös werden, Schätzchen."

Der Schulstall war mittlerweile aus seiner Mittagsruhe erwacht. Wenn auch die Schulpferde am Sonntag ihren Ruhetag hatten, so schauten doch immer wieder Internatsschüler nach ihren Lieblingen. Die Privatpferde wurden von ihren Besitzern zu Ausritten aus ihren Boxen geholt.

Mini, die kleinste und jüngste der Schülerinnen, hegte eine besonders zärtliche Zuneigung zu dem gutmütigen Luzifer, der ihr als Voltigierpferd diente. Luzifer musste sich seit einigen Monaten eine strenge Diät gefallen lassen. Seine vorigen Besitzerinnen, zwei kleine Mädchen, hatten ihn hoffnungslos mit Süßigkeiten überfüttert; ein Wunder, dass ihm die falsche Ernährung außer einem beträchtlichen Übergewicht keinen ernsthaften Schaden zugefügt hatte. Dank der Kur hatte Luzifer schon einiges an Gewicht verloren, und wer nichts von seinem lammfrommen Charakter wusste, konnte den kohlschwarzen Riesen mit dem teuflischen Namen auch für einen Ausbund an teuflischem Temperament halten.

Noch hatte Luzifer das Ziel seiner Diät nicht erreicht, und es wurde streng darüber gewacht, dass der Rappwallach keine Süßigkeiten bekam. Mini sah die Notwendigkeit dieser Maßnahme völlig ein. Aber hin und wieder wurde sie doch schwach und steckte ihrem Liebling etwas zu. Heute waren es Eiswaffeln, die sie beim Mittagessen gehamstert hatte. Luzifer schnaubte begeistert.

„Schmatz doch nicht so!", flüsterte Mini. „Leise! Du verrätst uns noch!"

Aber die Mahnung kam zu spät. Frau Körber, eine der beliebtesten Lehrerinnen des Internats, kam mit ihrer Stute die Stallgasse herauf.

„Aber Kind!" Das Entsetzen in Frau Körbers Stimme tat Mini weh. „Ich denke, du liebst Luzifer? Du bist wirklich nicht recht gescheit, Mini! Wenn du dein Pferd liebst, wie kannst du dann etwas tun, was ihm schadet?"

„Oh … dieses kleine bisschen Keks", verteidigte sich Mini. „Nur heute, weil Sonntag ist! Ich gebe ihm sonst nie etwas, ehrlich, Frau Körber! Außerdem … er ist doch schon so schrecklich dünn geworden …"

Frau Körber musste lachen.

„Von dünn kann wirklich keine Rede sein. Sei vernünftig, Mini. Gib mir die Kekse, ich hebe sie für dich auf. Und du nimmst Luzifer und bringst ihn noch für eine Stunde ins Laufgatter hinaus. Da kann er sich ein bisschen austoben, das wird ihn auf andere Gedanken bringen. Armer Kerl, er tut mir ja selber leid."

Mini nickte stumm ergeben und übergab Frau Körber die Eiswaffeln. Luzifer schaute enttäuscht hinter ihr her. War das zu fassen? Erst kam sie mit einer Hand voller Kekse hier herein, dann bekam er lächerliche zwei davon – und den Rest nahm sie wieder mit!

Während Mini Luzifer aus der Box holte und die Stallgasse hinuntertrottete, bog draußen Simons Ente um die Ecke und hielt mit quietschenden Reifen vor dem hinteren Eingang, der direkt zum Unterrichtsraum führte. Tom wand sich vom Fahrersitz, was bei seiner Länge einiger schlangenartiger Bewegungen bedurfte, und begann, die Kartons mit Geschirr, Bestecken und Papierservietten auszuladen. Zuletzt hob er das Kuchenblech mit dem Apfelkuchen und den Krapfen aus dem Wagen und stellte es auf den Turm aus Kartons.

„Verdammt, natürlich wieder abgeschlossen!", murmelte Tom. „Na ja, ich muss weitermachen – soll sich Bettina drum kümmern!"

Tom schwang sich zurück auf den Fahrersitz und brauste davon. An der Ecke stoppte er kurz.

„He, Mini, kannst du mir einen Gefallen tun? Hol bitte den Schlüssel von der Hintertür, da sind ein paar Sachen in den Unterrichtsraum zu bringen. Hab sie draußen neben dem Gatter abgestellt."

„Okay, sofort."

Mini schob das Tor des Laufgatters zur Seite und forderte Luzifer mit einem freundlichen Klaps auf, einzutreten. Sie schloss das Gatter sorgfältig hinter ihm, dann ging sie in den Stall zurück, um den Schlüssel zu suchen.

Luzifer machte ein paar Bocksprünge, buckelte ausgiebig, dann legte er sich in den Sand, um sich erst einmal gründlich zu wälzen. Während er so genießerisch von einer Seite auf die andere rollte, streifte ein süßlich-warmer Duft seine Nüstern. Luzifer hielt so plötzlich in der Bewegung inne, dass er aussah wie ein umgestürztes Kriegerdenkmal. Er schnupperte einmal, zweimal – der Duft verstärkte sich. Ein Duft von etwas, das er seit Wochen schmerzlich vermisste.

Der Wallach stand vorsichtig auf, als könne er die verlockende Fährte, die ihn zur Quelle dieses Duftes führen sollte, unterwegs verlieren. Er schüttelte sich kurz den Sand aus dem Fell und reckte mit weit geblähten Nüstern den Hals. Kein Zweifel, da war sie wieder: die süß duftende Fährte führte in die Ecke des Gatters, die an den Hintereingang zum Stall grenzte! Luzifer trabte, wie von unsichtbaren Flügeln getragen, dem Geruch entgegen, der so süße Erinnerungen in ihm weckte. Zuckermandeln, Honigbonbons, in Kinderhänden aufgeweichte Schokolade und Berge von marmeladegefüllten Keksen. Pralinen mit Marzipan gefüllt hatte er besonders geliebt.

Ja, da war sie, die Quelle längst vergangener Freuden! Ausgebreitet auf einer großen Platte, direkt vor seinen Augen, nur durch die Stangen des Laufgatters von ihm getrennt – und die stellten wahrhaftig kein Hindernis für ihn dar.

Luzifer legte den Kopf schief und schob ihn zwischen den obersten Holzstangen hindurch. Mit spitzen Lippen angelte er nach einem der Krapfen. Dabei drückte er ein wenig auf das Backblech, das kippte, und der Apfelkuchen rutschte ihm entgegen. Sacht landete das Backblech im Sand, und ein Krapfen nach dem anderen kullerte Luzifer vor die Hufe. So mühelos war ihm ein Schlemmermahl schon lange nicht mehr zugefallen! In aller Ruhe vertilgte er erst den Apfelkuchen, dann Krapfen auf Krapfen.

Mini hatte inzwischen ein Dutzend Leute nach dem Schlüssel zur Hintertür gefragt. Schließlich landete sie bei Nico, die gerade mit Florian von ihrem Ausritt zurückkam.

„Den Schlüssel zur Hintertür? Den hat bestimmt Herr Toellmann in der Hosentasche. Hat er doch meistens. Macht nichts, wir tragen die Sachen eben durch den Stall rein", meinte Nico. „Warte einen Augenblick, ich versorge Sylvester schnell, dann helfe ich dir. Bettina ist auch schon im Anrollen, sie schleppt zwei Körbe voller Kannen, ich bin eben an ihr vorbeigeritten. Geh schon mal raus und hilf ihr."

„Nicht nötig, bin schon da!" Bettina kam die Stallgasse herauf. „Wo hat Tom die Kartons mit dem Geschirr hingestellt? Wir müssen die Tische decken."

„Was wird das eigentlich?", erkundigte sich Mini. „Eine Party?"

„Richtig! Der Kandidat kriegt hundert Punkte. Eine Party für den neuen Stallpfleger."

„He, Spitze! Warte, ich hole die Kartons, ich weiß, wo sie sind."

Eine Viertelstunde später hatten die Mädchen die Tische im Unterrichtsraum zusammengeschoben und eine Tafel gedeckt. Die Kannen mit Tee und Kakao standen, zum Warmhalten in Handtücher gewickelt, in den Körben. Die ersten Gäste waren erschienen. Simon und Bille betraten den Raum, Edmund der Weise und Florian. Das Ehepaar Körber kam; ein paar Schüler, die neugierig hereinschauten, sicherten die Plätze am Tisch. Ignaz der Schreckliche schloss sich der Gesellschaft an, der von allen geliebte und ebenso gefürchtete Lehrer, der eigentlich Ignaz Albert hieß. Und schließlich kam die Hauptperson: Johnny der Indianer. Bille stellte ihn den anderen vor.

„Kinder, setzt euch, der Tee wird kalt!", rief Bettina. „Wenn ich bloß wüsste, wo Tom bleibt. Ich fürchte, auf seine raffinierten Schnittchen müsst ihr noch zwei Stunden warten. Na, macht nichts, halten wir uns so lange an den Kuchen. Wo habt ihr ihn hingestellt?"

„Was?"

„Das Blech mit dem Kuchen. Mit der Apfeltorte und den Krapfen!"

Mini bekam runde Augen.

„Ich habe nichts gesehn. Bist du sicher, dass es nicht noch drüben in der Küche steht?"

„Ganz sicher. Tom hat mir gesagt, er habe alles zusammen draußen abgestellt."

„Verdammt!" Bille biss sich auf die Lippen. „Zottel läuft frei herum!"

„Nein", widersprach Mini kleinlaut. „Diesmal ist er sicher unschuldig. Luzifer ist im Laufgatter. Und die Kartons standen dicht daneben. Also, ehrlich gesagt habe ich mich gewundert, wozu ihr das leere Kuchenblech braucht …"

Florian prustete heraus.

„Luzifer! Zottel hat Konkurrenz bekommen! Na ja, in der Not frisst der Teufel Kuchen. Hoffentlich wird er nicht krank davon."

„Für solche Fälle habe ich meine Spezialtropfen", sagte der Indianer lachend. „Die bekommt er gleich eingeflößt."

„Ein Glück, dass Tom noch etwas anderes für uns zu essen hat", sagte Bettina. „Er muss Hellseher sein."

In diesem Augenblick gab es in der Stallgasse ein ohrenbetäubendes Klirren. Gleich darauf wurde die Tür aufgerissen, und Tom schaute mit hochrotem Kopf in die Runde.

„Kann mal einer von euch rauskommen? Ein kleines Missgeschick ... Ein Glück, dass wir noch den Kuchen haben! Meine Schnittchen liegen in der Stallgasse ...“

Wenn das man gut geht!

„Ich glaube fest daran, dass er mit Pferden sprechen kann", sagte Bille, als sie abends zu Hause neben ihrer Mutter auf dem Sofa saß und Erdnüsse knabberte, um sich für die entgangenen Genüsse des Nachmittags zu entschädigen. „Natürlich nicht laut, sondern in Gedanken. Es muss so eine Art Telepathie sein."

Onkel Paul trennte sich seufzend vom *Sport am Sonntag* und drehte den Ton ab.

„Hoffentlich macht er euch nicht nur etwas vor. Zirkuszauber und so. Nachher gibt's dann die große Enttäuschung."

„Mit Johnny sicher nicht. Wie der mit den Pferden umgeht! Du spürst einfach, wie ernst er sie nimmt. Er ist so gründlich in allem und so zartfühlend. Du hättest sehen sollen, wie er Luzifer diese scheußlichen Tropfen eingegeben hat! Ich wünschte, ich könnte das so."

„Na, dass er sich nicht von den drei alten Pferden trennt, das spricht jedenfalls für ihn", stellte Mutsch fest und ging zum Wohnzimmerschrank, um eine Tüte Nüsse zu holen. „Der ist bei einem Chef wie Tiedjen genau richtig, dem das Wohl seiner Pferde immer wichtiger war als seine Turniersiege."

„Was sagt denn dein Zottel zu den Kollegen vom Zirkus?"

Onkel Paul nutzte den Augenblick, um sich hinter Mutschs Rücken ein drittes Glas Wein einzuschenken.

„Zu Johnny fühlte er sich sofort hingezogen! Ich bin fast ein bisschen eifersüchtig geworden", berichtete Bille lebhaft. „Die Sorge, dass Zottel sich langweilen könnte, wenn ich mit Black Arrow trainiere, bin ich jedenfalls los. Bei Johnny ist er bestens aufgehoben ... Oh, Telefon, entschuldigt mich bitte."

Bille sprang auf und lief in den Flur hinaus.

„Grüß ihn schön", rief ihr Onkel Paul grinsend nach.

Aber es war nicht Simon.

„Klönke hier!", meldete sich eine forsche Männerstimme. „Ist Paul da, gnä' Frau? Entschuldigen Sie die späte Störung, aber ich müsste ihn dringend mal sprechen."

„Einen Moment bitte, ich hole ihn."

Bille ging ins Wohnzimmer zurück und sah ihren Stiefvater schmunzelnd an.

„Irrtum, es ist für dich. Ein Herr namens Klönke ... der Hintergrund hört sich ziemlich nach Stammtisch an."

Onkel Paul erhob sich ärgerlich grunzend. Mutsch benutzte die Gelegenheit, ein anderes Programm im Fernsehen einzuschalten.

„Klönke ... das ist doch der mit dem großen Kaufhaus in Neukirchen, das sie gerade renoviert haben", murmelte sie. „Du, sieh doch mal nach, wo der Marilyn-Monroe-Film kommt."

„Der war im Öffentlich-Rechtlichen. Ist gerade vorbei."

„Typisch, wenn ich schon mal was sehen will ..."

Draußen im Flur lachte Onkel Paul dröhnend. Dann kam eine Weile nur „Ja" und „Nein". Aber plötzlich horchte Bille auf.

„Vierspännig? Da muss ich mal mit ihr reden. Doch, ja, das müsste zu machen sein. Nicht schlecht, die Idee … Ja, ist gut. Ich rufe dann zurück. Tschüss so lange."

„Na?", fragten Bille und Mutsch gleichzeitig.

„Ja, du hast recht, die sitzen in der *Post* zusammen und beschnacken die Feier zur Wiedereröffnung des Kaufhauses. Sind schon ganz schön in Stimmung, scheint mir. Und da ist Klönke auf die Idee gekommen … weil das mit dem Weinkonsum bei uns im Norden noch nicht so hinhaut … Man könnte unter anderem so etwas wie eine Wein-Werbe-Woche machen und sie mit einem Umzug der Weinkönigin eröffnen. Geschmückte Kutsche – Vierspänner –, ein hübsches Mädchen, das Wein ausschenkt, Musik … Und Klönke meinte, weil du doch mit so was Erfahrung hast …"

„Bille als Weinkönigin?" Mutsch sah ihre Tochter skeptisch von der Seite an. „Also, die stelle ich mir anders vor."

„Ach was, Bille soll die Kutsche fahren! Und als Weinkönigin …"

„… nehmen wir Bettina, ist doch klar!", fiel ihm Bille ins Wort. „Die sieht doch sowieso aus wie Schneewittchens Tochter. Warte, ich rufe sie gleich an."

Bille war Feuer und Flamme. So eine Eröffnungsfeier war eine lustige Abwechslung im grauen Schulalltag. Es gab gut zu essen und zu trinken, Musik und Tanz und ganz sicher auch ein gutes Honorar für die Mitarbeit! Und das konnte man jetzt vor Weihnachten besonders gut gebrauchen.

„Wann soll das große Ereignis denn steigen?"

„Nächsten Samstag. So ab zehn, glaube ich. Sie wollen ein Festzelt aufbauen, mitten auf dem Rathausplatz, gegenüber vom Haupteingang zum Kaufhaus, damit die Leute vom Einkaufen direkt ins Zelt rennen. Und ihr sollt vorher ein bisschen in der Stadt rumfahren und die Leute auf das große Ereignis aufmerksam machen."

„Vierspännig?", brummte Mutsch. „In dem Lärm und Betrieb? Mitten in der Stadt! Wenn das nur gut geht! Weinkönigin bei uns im Norden! Eine Schnapsidee."

„Was ist paradox? Wenn eine Weinkönigin eine Schnapsidee ist", blödelte Onkel Paul. „Lass man, ich finde das gar nicht schlecht! Ein schönes Mädchen neben einem großen Fass reicht Weinproben herum und winkt lächelnd in die Menge … ein hübscher junger Kutscher in Livree auf dem Bock, vier geschmückte Pferde vor dem Wagen, Musik, jubelnde Menschen …"

„Spinner", sagte Mutsch trocken. „Und die Autos? Der Benzingestank?"

„Ach was. Sollst mal sehen, das wird ein Erfolg! Und am Ende geht unser Weinumsatz in Leesten auch in die Höhe. Man muss die Leute auf den Geschmack bringen!"

Bille war bereits am Telefon und sprach mit Bettina. „Du, das wird ein Riesenjux! Endlich mal wieder ein großer Auftritt!"

„Meinst du?", fragte Bettina zögernd. „Na ja, lustig kann das schon werden, aber …, kannst du denn überhaupt vierspännig fahren?"

„Klar! Das haben wir doch schon gemacht. Denk an Huberts Hochzeit!"

„Das war im Dorf – und einer hat die vorderen Pferde geführt."

„Na und? Ich übe eben vorher noch ein bisschen. Mit den Ponys ist so was gar kein Problem. Mehr als Schritt fahren tun wir doch in der Stadt sowieso nicht!"

„Also gut, dann rede meinetwegen mit diesen Leuten.

Wer weiß, ob sie mich überhaupt als Weinkönigin haben wollen."

Am nächsten Tag fuhr Onkel Paul Bille nach Neukirchen und begleitete sie ins Büro des Kaufhausdirektors Klönke. Bille hatte sich einen fröhlichen alten Herrn mit Bäuchlein und Glatze vorgestellt. Fröhlich war Herr Klönke zwar, und von unermüdlicher Geschäftigkeit, was er durch ständiges Händereiben unterstrich, aber er war schlank und hochgewachsen und besaß eine üppig gelockte semmelblonde Mähne und einen gepflegten Schnauzbart. Einen halben Schritt hinter ihm – wie ein zweites Ich – stand ein ebenso semmelblonder kleiner dicker Herr, der sein Haar in die Stirn gekämmt trug und den Herr Klönke als seinen Teilhaber Imrogge vorstellte. Herr Imrogge schien hauptsächlich die Aufgabe zu haben, zu allem, was Herr Klönke sagte, bestätigend zu nicken.

„Also", Herr Klönke rieb sich vergnügt die Hände, „die Sache läuft schon auf vollen Touren! Der Wagen ist organisiert und wird von unseren Dekorateuren geschmückt, die Kostüme sind bestellt. Wo ist unsere Weinkönigin? Ihr Onkel sagte uns, Sie brächten eine außergewöhnlich hübsche Freundin mit, Fräulein Abromeit, wie geschaffen für eine solche Rolle?"

„Das ist richtig. Leider konnte Bettina Henrich heute nicht kommen. Aber sie wird das prima machen, Herr Klönke", sagte Bille mit Nachdruck, „und eine Hübschere werden Sie so leicht nicht finden. Sie soll Wein ausschenken? Aus einem Fass?"

„Keine Rede, das ist alles viel einfacher! Kleine Becher, wir nehmen kleine Becher mit Wein, das Fass ist nur Dekoration. Kleine Weinproben und für die Kinder ein paar

Trauben. Vor Ihnen her fährt ein Lautsprecherwagen, der die Leute zur Wein-Werbe-Woche einlädt und sie auffordert, ins Festzelt zu kommen."

„Ein Lautsprecherwagen?" Bille sah unbehaglich zu Onkel Paul hinüber. „Ich weiß nicht ..., das wird unseren Ponys nicht sehr gefallen. Dauernd die Abgase in den Nasen ... und der Lärm? Was halten Sie davon, wenn eine zweite Kutsche vorausfährt? Pferde haben wir doch genug, und ich bin sicher, Florian Henrich würde den Wagen kutschieren. Und den Lautsprecher könnten wir durch eine Plakatwand auf der ersten Kutsche ersetzen."

„Genial!" Herr Klönke haute Bille anerkennend auf die Schulter. „Absolut genial! Eine zweite Kutsche ist viel stilechter! Nehmen wir zwei Kutschen, da schauen die Leute doch gleich ganz anders hin!"

„Und dann sollte noch jemand mitfahren, um Bettina beim Ausschenken zu helfen", schlug Bille weiter vor. „Allein schafft sie es nie, wenn erst richtig Betrieb ist. Vielleicht fährt Nico mit ..."

„Gut, ein zweites Mädchen zum Ausschenken. Und im vorderen Wagen sitzt einer unserer Leute neben dem Kutscher und bedient den Lautsprecher."

„Sie wollen auf den Lautsprecher nicht verzichten?"

„Unmöglich, Mädchen! Sonst guckt doch nur die Hälfte hin! Bei dem Betrieb am Samstag, wo alles von Laden zu Laden hetzt."

„Na ja", murmelte Bille und schielte zu Onkel Paul hinüber, „wird schon schiefgehn."

„Weißt du was?", sagte Onkel Paul, als sie wieder im Auto saßen. „Vor die erste Kutsche spannen wir zwei der Veteranen, die der Indianer mitgebracht hat. Die sind Krach und

Musik gewöhnt, die machen keine Zicken. Und wenn die in aller Ruhe vorausmarschieren, laufen die anderen brav hinterher, wetten!"

„Onkel Paul, du bist wie immer der Größte! Das ist die Idee!", sagte Bille erleichtert. „Auf Zottel und Bongo ist Verlass, das weiß ich. Aber wie sich Rumpelstilzchen und Lucky als Vorderpferde benehmen, da bin ich mir nicht so sicher."

In den darauffolgenden Tagen spannten Bille und Bettina täglich die Ponys vor eine der alten Groß-Willmsdorfer Kutschen, und unterstützt vom alten Petersen, der diese Kunst noch vorzüglich beherrschte, übte Bille, vierspännig zu kutschieren.

„Brauchst dir keine Sorgen zu machen, Mädchen", sagte er, „du machst das großartig. Hast ja schließlich einen Pferdeverstand. Du wirst sehen, das klappt schon. Und du brauchst ja sowieso nur im Schritt zu fahren", setzte er beruhigend hinzu.

Allmählich verlor sich Billes Sorge, sie könnte mit dem Vierergespann vielleicht doch nicht zurechtkommen; sie begann, sich auf ihren großen Auftritt am Samstag zu freuen.

Am Donnerstag schickte das Kaufhaus Klönke ein paar Kostüme zur Auswahl. Bille wählte einen weinroten Samtfrack mit Kniehosen, ein weißes Spitzenhemd und weiße Strümpfe. Dazu trug sie schwarze Lackschuhe mit silbernen Schnallen, weiße Handschuhe und einen Dreispitz mit einer verwegenen Feder. Onkel Paul musste sie in ihrer Aufmachung sofort fotografieren, und Mutsch ruhte nicht eher, bis die halbe Nachbarschaft und Billes Schwester Inge nebst Ehemann Thorsten sie in ihrer Verkleidung bewundert hatten.

„Sieht sie nicht süß aus, unsere Kleine? Wie ein junger Kavalier aus alten Zeiten. Fehlt nur noch die weiße Zopfperücke!"

Bettina und Nico trugen lange Kleider mit tiefem Ausschnitt und weiten, bauschigen Ärmeln, üppig mit goldenen Schnüren besetzt und mit Stickereien verziert. Die Röcke waren durch eine Anzahl Reifen und Unterröcke verstärkt, sie umgaben sie wie Kaffeemützen. Die beiden Mädchen waren froh, sich auf dem Wagen nicht von der Stelle bewegen zu müssen. Auf dem Kopf trugen sie blumenbesetzte Strohhüte, was vor allem für Nico von Vorteil war, die wegen ihrer kurz geschnittenen Haare oft für einen Jungen gehalten wurde.

Der Samstag kam mit leichtem Frost und einem tiefblau erstrahlenden Festtagshimmel – wie geschaffen für die Unternehmung.

Um Punkt neun Uhr erschienen alle im Hof des Kaufhauses Klönke: der tiedjensche Transporter mit den vier Ponys, gefahren von Tom, der seine in ein mittelalterliches Burgfräulein verwandelte Bettina neben sich hatte, und dahinter der Wagen des Indianers mit Happy und Whisky; begleitet von Bille, Florian und Nico. Herr Imrogge bekam kugelrunde Augen, als der bunt bemalte Zirkuswagen vor ihm hielt.

„Keine Sorge!", meinte Bille lachend. „Wir wollen Ihnen nicht die Schau stehlen, Herr Imrogge! Happy und Whisky reisen nun mal am liebsten im eigenen Wagen, aber der bleibt hier auf dem Hof. He, da ist ja unsere Kutsche! Toll sieht die aus, die Leute werden Augen machen!"

„Super!" Nico erklomm als Erste den kunstvollen Aufbau aus buntem Laub, Blüten und Trauben, der wie eine verschwiegene Laube gestaltet war und in dessen Mitte das große Weinfass prangte. „Na, wenn das kein Erfolg wird!"

Herr Imrogge wurde rot vor Stolz. Aber gleich darauf wich die gesunde Farbe aus seinem Gesicht, denn Florian und der Indianer hatten begonnen, die Ponys auszuladen, und im Hof wurde es so eng wie in einem überfüllten Fahrstuhl. Herr Imrogge schätzte den Kontakt mit den prallen Hinterteilen der Ponys nicht sonderlich und suchte nach einer glaubwürdigen Entschuldigung für einen raschen Abgang.

„Ich muss schnell mal telefonieren", murmelte er hastig und schob sich in Richtung Tür, die Hinterhufe der Ponys nicht aus den Augen lassend. „Nette Tiere, wirklich ganz reizende Tiere!"

Zottel, der sich gerade umdrehte, belohnte ihn für dieses Lob mit einem Kuss, wenn auch unfreiwillig, denn er hatte nichts weiter beabsichtigt, als sich Billes Zugriff zu entziehen. Herr Imrogge fühlte den festen Druck des warmen Pferdemauls oberhalb seines linken Ohres, und seine schön gescheitelte Frisur wanderte ein Stück nach rechts unten und gab den Blick auf einen Streifen rosig glänzender Glatze frei. Bille tat, als sei sie mit Zottels Stirnband beschäftigt, als Herr Imrogge mit einer hastigen Bewegung seine Zweitfrisur in die richtige Lage zurückschob.

„Spannt nur erst mal in Ruhe an", rief er, schon in der Tür. „Herr Klönke holt euch dann später ab."

Klönke erschien bereits zwei Minuten später, händereibend und vor Vergnügen in sich hineinglucksend.

„Kinder, Kinder, das wird ein Fest, so was hat die Stadt noch nie zu sehen bekommen! Habt ihr den Korb mit den Blumen und dem künstlichen Laub gefunden? Hier, das ist für die Geschirre eurer Pferde. Wartet, ich helfe euch!"

Herr Klönke hatte offensichtlich nichts gegen Pferde und begann emsig, die Ponys mit buntem Laub, Blüten und künstlichen Trauben zu behängen, bis sie aussahen wie vier überladene Frachtkähne mit wechselnder Schlagseite.

„Ist das nicht ein bisschen viel?", wagte Bille einzuwenden. „Vielleicht sollte man noch erkennen, dass es Ponys sind?"

„Aber nein, sie sehen hinreißend aus! Findest du nicht?"

„Nun ja", sagte Bille schwach. „Ruhe da vorn, streiten könnt ihr zwei euch zu Hause!"

Rumpelstilzchen versuchte, Luckys raschelnde Girlande herunterzuzerren. Lucky glaubte, er habe sie beißen wollen und biss zurück.

„Vielleicht hätte ich das Vierspännigfahren besser mit dem ganzen Gemüse üben sollen", stöhnte Bille. „Geht's denn nicht endlich los?"

„Sofort, sofort", sang Herr Klönke und tänzelte zu Bettina hinüber, um ihr letzte Instruktionen zu geben.

„Also, meine Hübschen, das große Fass ist natürlich leer. Dort unten am Boden steht ein Karton mit Weinflaschen und daneben einer mit Bechern, die – wie ihr seht – schon mit Wein gefüllt sind. Da drüben ist der Karton mit den Ersatzbechern. Dran denken: Immer nur ein Drittel vollschenken! Erstens, damit es nicht überschwappt, und zweitens, damit die Leute gerade so weit auf den Geschmack kommen, dass sie ins Festzelt gelockt werden. In dem Korb dort sind die Weintrauben für die Kinder. Immer kleine Sträußchen von drei, vier Trauben verteilen, klar?"

„Wird schon schiefgehen, Herr Klönke."

„Also dann – viel Glück! In etwa anderthalb Stunden sehen wir uns auf dem Rathausplatz wieder. Und nicht vergessen: eine Ehrenrunde um das Festzelt, damit euch alle nochmal bewundern können! Anschließend hält der Bürgermeister seine Ansprache. Am besten haltet ihr vor der Rednertribüne.“

Bin ich froh, dass Florian mit Happy und Whisky vorausfährt, dachte Bille, als sie auf den Kutschbock kletterte und die Zügel aufnahm. Wenn ich sehe, wie nervös meine vier jetzt schon sind …

Onkel Paul hatte recht gehabt: Happy und Whisky konnte wirklich nichts aus der Ruhe bringen. Allerdings mussten sie sich auch nicht mit so viel lästigem Blumenschmuck plagen wie das Gespann der Weinkönigin. Neben Florian hatte ein flotter Jüngling aus der Werbeabteilung des Kaufhauses Platz genommen, der sich als Heino vorstellte und einen Zettel mit seinem Text sowie ein riesiges Megafon in den Händen hielt. Wie Florian trug auch er eine leuchtend rote Livree und einen Dreispitz mit Federbusch. Auf der Kutsche hinter ihnen wankte wie ein Riesenwürfel ein Reklameobjekt, das auf allen vier Seiten in schwungvoller Schrift das große Ereignis ankündigte.

Der Zug setzte sich in Bewegung. Florian ließ die Peitsche über Happys und Whiskys Ohren schnalzen, und die beiden fielen in einen gemütlichen Zockeltrab.

„Schritt, Flori!“, rief Bille hinter ihm. „Langsam!“

Tom, der sich gerade zu einem kleinen Stadtbummel aufmachen wollte, um dem Ereignis als Zuschauer beizuwohnen, spurtete hinter Florian her.

„Langsam, Menschenskind! Vergiss bloß nicht, dass die da hinter dir Wein ausschenken müssen!“

„Ach so, ja, natürlich.“

Florian drosselte das Tempo. Hinter ihm vermieden Lucky und Rumpelstilzchen nur um Haaresbreite, mit ihren

Nasen die Plakatwand zu durchstoßen. Der Zug bog in die Hauptstraße ein. Im Nu waren sie von Neugierigen umringt. Der flotte Heino hob das Megafon und begann seine wohlgesetzte Einladungsrede zu verlesen.

Happy und Whisky zuckten nicht einmal mit den Ohren. Auch Zottel und Bongo ließen sich kaum aus der Ruhe bringen, wenn sie auch missmutig mit den laubumkränzten Köpfen schlugen, um sich der kratzenden und pieksenden Last zu entledigen. Aber Rumpelstilzchen und Lucky wurden von Minute zu Minute aufgeregter. Drängelnde Menschen von allen Seiten, die schwankende Plakatwand vor der Nase, eingehüllt in ekelhaft raschelndes Grünzeug, waren sie völlig verstört und hüpften und buckelten wie junge Ziegenböcke.

Das freundlich strahlende Werbelächeln auf Billes Gesicht gefror zur Maske, während sie den ganzen Körper anspannen musste, um die Zügel zu halten.

„Ruhig, Lucky! Rumpelstilzchen, ruhig …, ganz ruhig, oh là là là là …, ruhig, Lucky …, ruhig …", kam es stoßweise wie Beschwörungsformeln aus ihrem Mund.

Warum hatte sie Tom bloß gesagt, er brauche nicht mitzukommen und könne unbesorgt spazieren gehen, bis sie zurück seien? Jetzt stand er sicher vor einem Fotoladen und studierte selbstvergessen die neuesten Kameramodelle. Und Johnny war zu seiner Arbeit nach Groß-Willmsdorf zurückgefahren und kam sie erst mittags wieder abholen …

Bettina und Nico merkten nichts von Billes Nöten, sie hatten alle Hände voll zu tun. Von überall her streckten sich ihnen Arme entgegen, in dicken Trauben drängten sich Kinder und Erwachsene heran, um etwas von den kostenlosen Proben zu ergattern. Zurufe flogen hin und her, die Leute lachten, andere schimpften, weil man sie zurückdrängte oder ihnen den Weg versperrte.

„Hierher! Hierher, Fräulein, wir haben noch gar nichts!"

„Ich war schon viel früher da!"

„Warum werfen Sie nicht mal 'ne ganze Flasche runter, schöne Dame?"

„Was? So 'n kleiner Schluck nur? Ihr schenkt schlecht ein!"

„Gibt's bei euch auch Bier, Mädchen? Ich hab Durst!"

„Ich will auch was, hierher, hier!"

Alle paar Minuten verlas der flotte Heino seinen salbungsvollen Text, in dem viel von Qualität zu kleinen Preisen und dem familiengerechten Einkaufsparadies des traditionsreichen Hauses Klönke die Rede war, was immer man darunter verstehen wollte.

Fast eine halbe Stunde fuhren sie jetzt durch die Innenstadt. Billes Arme begannen lahm zu werden. Zum Glück wurde es in der nächsten Straße so eng, dass der Zug für kurze Zeit zum Stehen kam. Sofort waren die Ponys von Kindern umringt. Kekse und Schokolade wurden mit spitzen Fingern in die Nähe der Pferdemäuler gehalten, von allen Seiten streichelten und zwickten heiße, klebrige Hände und versuchten, wenigstens ein Stückchen Pony zu berühren. Der kleine Imbiss lenkte die vier minutenlang von ihrem Ärger ab, und Bille schüttelte Arme und Schultern, um die verkrampften Muskeln zu lockern.

Plötzlich gab es einen Ruck; der Verkehrsstau vor ihnen hatte sich aufgelöst, hinter ihnen hupte jemand ungeduldig, die Fahrt ging weiter. Durch das Hupen nervös geworden, vergaß Florian für einen Augenblick den Wagen der Mädchen und ließ Happy und Whisky antraben. Rumpelstilzchen und Lucky, noch mit der Kekspackung eines kleinen

Mädchens beschäftigt, verpassten den Aufbruch, spürten das Kitzeln der Peitsche auf dem Rücken und setzten erschrocken hinter dem vorderen Wagen her. Die Kekspackung schaukelte zwischen Rumpelstilzchens Zähnen. Der Wagen ruckte an, schoss nach vorn, und Nico, die gerade einen Becher mit Rotwein füllte, plumpste rückwärts in den Karton mit den leeren Bechern. Der Rotwein verteilte sich wie feiner Sprühregen über ihr Gesicht und schminkte ihr die Masern an. Der Rest rann ihr in den Ausschnitt.

„He, spinnst du?"

„Sag das Flori! Ich kann auch nichts dafür. Ruhig, Lucky; Zottel, Bongo, kommt ... ganz ruhig, so ist's brav!"

Die nächsten zwei Straßen passierten sie ohne Schwierigkeiten; die beiden Wagen waren so in den Samstagvormittagsverkehr eingekeilt, dass ihnen gar nichts anderes übrig blieb, als sich dem trägen Fluss der Autoschlange anzupassen. Rundum von Autos umgeben, war an ein Ausschenken des Weins allerdings auch nicht mehr zu denken. Bettina und Nico beschränkten sich darauf, Weintrauben in ausgestreckte Hände zu werfen, wenn sie auch nicht immer dort landeten.

Endlich hatten sie den Rathausplatz erreicht, dessen eine Seite ganz von der Schaufensterreihe des Kaufhauses Klönke eingenommen wurde. Fahnen und Girlanden schmückten das Portal und die Vorderfront. Eine Allee aus künstlichen Lorbeerbäumchen führte zum Festzelt hinüber, das in der Mitte des Platzes aufgebaut war und neben dessen Eingang ein Podium auf die Festredner wartete. Bürgermeister, Stadträte und Ehrengäste standen vor dem Eingang und wurden von den Gastgebern unterhalten, bis das Vorfahren der Weinkönigin den offiziellen Teil der Feier einleitete.

Für das große Ereignis hatte man den Platz für jeglichen Autoverkehr gesperrt. Mit Girlanden und flatternden Fähnchen, künstlichen Blumen und Bäumchen machte der Platz den Eindruck eines reich geschmückten Ballsaales. Florian reckte sich zu voller Höhe auf und ließ die Peitsche knallen, als er in den Platz einbog. Herr Klönke winkte ihnen fröhlich entgegen und klatschte in die Hände.

In diesem Augenblick fiel dem flotten Heino eine Unterlassungssünde ein. Er hatte zwar unermüdlich seinen Text verlesen, aber darüber vergessen, das Tonband mit der Marschmusik abzuspielen. Wenn das der Chef merkte! Erschrocken drückte er auf den Knopf. Aus den nach allen vier Seiten ausgerichteten Lautsprechern knallte ein Tusch wie ein Kanonenschuss.

Lucky, Rumpelstilzchen, Bongo und Zottel stiegen wie auf Kommando steil in die Höhe. Lucky und Rumpelstilzchen wichen dabei zurück, sodass Zottel und Bongo mit ihren Hufen auf ihren Hinterteilen landeten. So – scheinbar von hinten angegriffen – preschten die beiden los, Bongo und Zottel hinterher. Der Wagen schoss an der vorderen Kutsche vorbei, Bettina landete krachend an dem leeren Fass, Nico in dem Korb mit Weintrauben. Bille hängte sich mit ihrem ganzen Gewicht in die Zügel und schickte ein Stoßgebet gen Himmel, Deichsel, Geschirre und Wagen möchten dieser plötzlichen Flucht standhalten.

Die Zirkuspferde Happy und Whisky hatten auf die überlaut einsetzende Marschmusik so gleichgültig reagiert, als wären sie taub. Als jetzt das Vierergespann an ihnen vorbeischoss, glaubten sie, ihren Einsatz verpasst zu haben, und rasten hinterher. Bis zur Kurve hatten sie die anderen fast eingeholt.

„Seid ihr total verrückt geworden?", kreischte Herr Klönke. „Das ist doch kein römisches Wagenrennen!"

Krachend löste sich das Weinfass aus seiner Verankerung und landete in einem Schaufenster mit eleganten Abendmoden. Die festlich gekleidete Puppengesellschaft sackte über ihm zusammen, als hätte sie das Fass kurz zuvor leer getrunken. Das Publikum ging schreiend in Deckung; Weinlaubgirlanden und künstliche Trauben zischten wie Silvesterraketen durch die Luft. Dem Bürgermeister legte sich ein Kranz von Blättern um die Brust, als trüge er ein Lätzchen. Herr Imrogge durchstieß den über ihm niedergehenden Plakatwürfel und stand plötzlich ohne seine Zweitfrisur da.

„Anhalten! Anhalten!", schrie Herr Klönke, der nicht begreifen wollte, dass die Pferde durchgegangen waren. „Haltet sofort an ..." Das Wort erstickte gurgelnd unter einer Traube, die ihm ins Gesicht klatschte und nun aus seinem Mund hing, als wolle er sie apportieren.

„Brrrr!", schrie Bille. „Brrrr! Zottel! Bongo! Ruhig! Haaaalt! Brrrr!"

Happy und Whisky besannen sich auf ihr Alter und gaben schnaubend die Verfolgung auf. Der flotte Heino suchte sein Heil im Absprung, ehe die beiden es sich wieder anders überlegten, und landete zitternd im Schoß der gut gepolsterten Frau Bürgermeister, die unter ihm zu Boden ging. Vom Tonband dröhnte jetzt *leichte Kavallerie*, die Ponys rasten weiter im Kreis. Florian sah entsetzt, wie Arme und Beine seiner Nico zappelnd gen Himmel gereckt waren, während Bettina versuchte, zu Bille vorzurobben. In der nächsten Kurve kam der Wagen ins Schleudern, rutschte hinten weg und räumte drei Parkuhren, einen Zeitungsständer und ein halbes Dutzend Lorbeerbäumchen ab.

„So helft uns doch, verdammt noch mal!", schrie Bille zwischen Wut und Verzweiflung in die aus Einfahrten und Türen gaffende Menge. „Ist denn keiner hier, der …"

Sie hatte noch nicht ausgesprochen, als sich aus der Menschentraube, die das Kaufhausportal verstopfte, eine mächtige Gestalt löste. Bille erkannte aus den Augenwinkeln den gewaltigen Schnauzbart und die vollmondhelle Glatze Ignaz' des Schrecklichen. Er ließ ein paar Einkaufstüten fallen, trabte an, gewann Tempo und schnellte, als die Ponys an ihm vorbeischossen, mit einem gewaltigen Schwung einem Torpedo gleich durch die Luft, um auf dem Rücken des ahnungslosen Zottel zu landen. Mit einer Hand umklammerte er Zottels Nase und drückte sie nach unten, die andere griff nach den Zügeln der Vorderpferde, und nach ein paar wilden Bocksprüngen war das Viergespann angehalten. Schweißbedeckt und schnaubend standen die Ponys im Schatten des Festzeltes still. Ignaz der Schreckliche rutschte von Zottels Rücken und ging zu Lucky und Rumpelstilzchen vor. Seine großen Hände fuhren so lange gleichmäßig streichelnd über die zitternden Körper der Ponys, bis sie sich völlig beruhigt hatten. Dabei sprach er zu ihnen wie zu kleinen Kindern.

Bille fühlte sich wie eine Achtzigjährige, als sie steifbeinig vom Kutschbock kletterte und zu Zottel und Bongo stakste, um die beiden zu trösten und zu streicheln. Schlapp und mit zitternden Knien hing sie an Zottels Hals. Um die Kutsche herum bildete sich bereits wieder ein dichter Ring Neugieriger. Einige applaudierten.

„Idioten!", zischte Bille fast unhörbar.

„Nein", widersprach Ignaz der Schreckliche. „Das war eine Meisterleistung! Dass du sie auf dem Rundkurs gehalten

hast – sie hätten genauso gut in die nächste Schaufenster-
scheibe rasen oder das ganze Festzelt zum Einsturz bringen
können! Komm, ich bringe euch erst mal hier weg."

Wunderdoktor Johnny

Ignaz der Schreckliche nahm Rumpelstilzchen beim Zügel und führte den Viererzug vom Platz. Die Menschenmenge wich vor ihm zurück und schloss sich hinter der Kutsche wieder zusammen.

Bettina rappelte sich auf und begann die Trümmer zusammenzuräumen. „Los, Nico, lass uns wenigstens noch einen überzeugenden Abgang zustande bringen!"

„Mir ist schlecht."

„Das macht nichts."

„So", sagte Ignaz der Schreckliche, als sie den Hof erreicht hatten. „Macht das Tor zu, und dann seht, ob eine eurer Flaschen heil geblieben ist, und trinkt einen ordentlichen Schluck. Das wird euch wieder auf die Beine bringen. Tom und ich kümmern uns um die Pferde. Scheint einigermaßen glimpflich abgegangen zu sein."

Tom, der – einen Berg Kameraprospekte auf dem Schoß – im Transporter gesessen hatte, schaute fassungslos auf das, was von der reich geschmückten Kutsche übrig geblieben war, und es dauerte etwas, bis er die Zusammenhänge begriffen hatte. Inzwischen war auch Florian erschienen, hatte Happy und Whisky stehen lassen und war zu seiner Nico gestürzt, um die scheinbar Blutüberströmte in die Arme zu schließen. Zu seiner Erleichterung stellte er fest, dass sie nur allzu nahe Bekanntschaft mit Rotwein und blauen Trauben gemacht hatte.

Als Letzter fegte Herr Klönke in den Hof, händereibend und applaudierend, wirbelte von einem zum anderen und gab einen Lagebericht.

„Großartig, Kinder, großartig! Wir können es uns gar nicht besser wünschen! Die Leute sind so beeindruckt von eurer Show, dass sie nach unserem Wein Schlange stehen!"

Bille, die sich auf den Schreck hin gerade ein Glas Rotwein einschenken wollte, setzte verblüfft die Flasche ab.

„Sie wollen damit doch nicht sagen, dass die Leute das Ganze für eine gut einstudierte Nummer gehalten haben?"

„Die Meinungen darüber gehen auseinander. Die meisten haben gar nicht richtig mitgekriegt, was los war; jeder erzählt etwas anderes. Das ist ja gerade das Gute! Nicht einer, der nicht einen kräftigenden Schluck nötig hätte, um die Sensation in Ruhe besprechen zu können und neue Einzelheiten zu erfahren. Das Festzelt ist zum Bersten gefüllt! Noch eine Stunde, und wir sind total ausverkauft!"

„Dann gib mir noch einen Schluck", sagte Bettina trocken.

Aber Herr Klönke wirbelte bereits wieder weiter.

„Na?" Ignaz der Schreckliche trat zu ihnen heran. „Ist alles in Ordnung – oder müssen wir einen Arzt holen?"

„Was Bettina und Nico betrifft", sagte Bille, „da sind Tom und Florian die besten Ärzte. Und ich fühle mich nach dieser Medizin wie neugeboren. Noch ein Glas, und ich singe euch eins. Aber wie geht's den Ponys?"

„Einigermaßen. Zum Glück ist nichts Schlimmes passiert. Sie haben ein paar leichte Prellungen, und Lucky hat einen bösen Bluterguss und eine kleine Schürfwunde auf dem Rücken, aber das ist bald kuriert. Du hast unheimliches Glück gehabt, Bille! Und gefahren bist du wie der Teufel. Jedem anderen wären wahrscheinlich Deichsel und Wagen zu Bruch gegangen."

„Ja", Bille schwenkte ihren Becher mit Wein übermütig, „gewusst wie! Ich war im vorigen Leben mal Postkutscher im Wilden Westen."

„So ungefähr sah es aus, ja."

„Angst gehabt habe ich eigentlich nur in einem Augenblick – als ich sah, wie der Plakatwürfel von Florians Wagen auf uns zusegelte. Zum Glück schoss er über die Rücken der Ponys hinweg und ging irgendwo neben dem Festzelt runter. Danach hatte ich nur noch einen Gedanken: Halten! Festhalten, bis sie sich müde gelaufen haben und von selbst langsamer werden. Und als ich Sie dann auftauchen sah, Herr Albert, wusste ich, jetzt kann mir nichts mehr passieren. Ein toller Sprung!"

„Gewusst wie", sagte Ignaz der Schreckliche, ihr beliebter Lehrer, grinsend. „Ich war im vorigen Leben Postkutschenräuber im Wilden Westen."

Tom hatte die Ponys ausgeschirrt, und gemeinsam führten sie einen nach dem anderen in den Transporter. Alle vier waren jetzt todmüde und stolperten bei jedem Schritt. Lucky musste fast die Rampe hochgetragen werden, sie konnte sich kaum noch rühren.

„Ich rufe den Tierarzt an und bitte ihn, gleich nach Groß-Willmsdorf zu kommen", sagte Ignaz der Schreckliche. „Vielleicht ist er schon dort, wenn wir ankommen. Fahrt nur los, ich komme, sobald ich kann, hinterher."

„Ich muss auf Johnny warten", sagte Florian. „Ein Segen, dass Happy und Whisky das Abenteuer so gut überstanden haben. Sie sind nur aus Höflichkeit ein bisschen mitgaloppiert."

„Ich bleibe natürlich bei dir!", sagte Nico. „Vielleicht können wir ins Festzelt schauen und etwas trinken."

Florian räusperte sich amüsiert.

„Du solltest erst mal in den Spiegel schauen. Du siehst aus, als wärst du Graf Dracula zwischen die Beißer geraten!"

„Glaubst du, ich bin blöd?", maulte Nico. „Hier wird's ja wohl irgendwo Wasser und Seife geben. Und das Kostüm ziehe ich sowieso aus, ich hab meine Jeans und einen Pulli mitgenommen. Schließlich war ich auf Feiern eingestellt!"

Bille, Bettina und Tom fuhren los, und als sie in Groß-Willmsdorf vor dem Stall hielten, erwartete sie bereits der Tierarzt. Steifbeinig hinkten die Ponys in ihre Boxen und wurden einer nach dem anderen gründlich untersucht.

„Achmed, hol schon mal die essigsaure Tonerde aus dem Arzneischrank", bat Bille den türkischen Stallhelfer, der entsetzt auf Luckys Bein starrte. „Wir müssen Umschläge machen."

„Ja, wir müssen sehen, dass wir erst mal den Bluterguss wegbringen", sagte Dr. Dörfler, „dann reden wir weiter. Ich glaube, der Schock ist größer als die Verletzung. Ich gebe ihr eine Spritze, und sie bekommt Umschläge, bis die Schwellung zurückgegangen ist. Mach dir keine Sorgen, ein paar Tage Ruhe für alle, und die Sache ist vergessen. Ich schaue auf jeden Fall morgen wieder vorbei."

Dr. Dörfler schien recht zu behalten. Schon am übernächsten Tag war Zottel, Bongo und Rumpelstilzchen von dem Abenteuer kaum noch etwas anzumerken. Luckys Schürfwunde auf dem Rücken war fast verheilt, und die Schwellung ging deutlich zurück. Trotzdem schien die Stute starke Schmerzen zu haben, sodass ihr der Tierarzt einen Salbenverband machte.

„Wir müssen Geduld haben, das dauert schon noch ein paar Tage."

Am nächsten Tag wurde Achmed krank. Seit einiger Zeit war er stark erkältet gewesen und hatte gehustet, aber alle Ermahnungen, zum Arzt zu gehen, hatte er energisch von sich gewiesen. Nun hatte er fast vierzig Fieber, und Ignaz der Schreckliche packte ihn kurz entschlossen ins Auto und fuhr ihn ins Krankenhaus. Lungenentzündung, hieß es, und man behielt ihn gleich da.

Johnny der Indianer war nicht der Mann, der seine Arbeitsstunden nachzählte oder auf geregelter Freizeit bestand – ohne ein Wort zu verlieren, übernahm er Achmeds Arbeit mit. So kam es, dass er nicht viel Zeit fand, sich um Lucky zu kümmern. Er massierte sorgsam den verletzten Fuß, gab von seiner Spezialsalbe auf die kranke Stelle, sprach ihr Mut zu und ließ sie in Ruhe. Hin und wieder nahm er sie am Halfter und führte sie vorsichtig prüfend ein Stück, aber da er sah, dass sie immer noch lahmte und ihr das Laufen Schwierigkeiten machte, führte er sie bald zurück in die Box.

„Musst Geduld haben, Mädchen, das wird schon wieder."

Er streichelte ihr den Kopf, kraulte ein wenig die Mähne, aber seine Gedanken waren bei der Arbeit. Er hatte keine Zeit, der kranken Isländerstute lange Gesellschaft zu leisten.

Die Schüler des Internats schauten täglich nach Lucky, brachten ihr Leckerbissen und trösteten die Stute, die schicksalsergeben mit hängendem Kopf in der Box stand und alle Freude am Leben verloren zu haben schien.

Die Schmerzen in Luckys Bein – dem man äußerlich nichts mehr ansah – schienen nicht besser zu werden. Lucky wurde zum Röntgen gefahren. Bille begleitete Reitlehrer Toellmann zur Tierklinik, da Johnny im Stall gebraucht wurde. Schwerfällig stolperte Lucky vorwärts, jeder Schritt schien ihr Mühe zu bereiten. Doch geduldig ließ sie alles mit sich geschehen.

Als der Tierarzt die fertige Aufnahme gegen das Licht hielt, schüttelte er den Kopf.

„Alles in Ordnung, es ist absolut nichts zu sehen. Schauen wir uns mal die anderen Beine an."

Aber auch die Aufnahmen der anderen Beine gaben keinen Aufschluss über den Grund von Luckys Lahmheit. Kein krankhafter Befund, alles normal, war das Urteil.

„Was kann es denn nur sein?" Bille kraulte Lucky zärtlich das Fell. „Sie kann doch unmöglich noch unter dem Schock leiden? Man sieht ja, dass sie beim Laufen Schmerzen hat!"

Weiter beobachten, hieß es. Salbenverbände. Vielleicht würde Bestrahlung nützen? Und immer wieder vorsichtig ein bisschen führen … Zu Hause wälzte Bille alle Bücher und Lexika, in denen etwas über Pferdekrankheiten und Verletzungen stand. War es ein Kronentritt? Hatte sich eine Hufrollenentzündung entwickelt? Die war unheilbar, damit wäre Luckys Schicksal besiegelt. Oder doch eine Sehnenscheidenentzündung? Nageldruck konnten sie ausschließen, auch eine Infektion konnte es nicht sein. Lucky war absolut nichts anzusehen, sie machte äußerlich den Eindruck eines gesunden Pferdes. Das Ganze war ein Rätsel.

Auch in den folgenden Tagen besserte sich Luckys Zustand nicht, im Gegenteil.

„Es hat keinen Sinn, Bille", sagte Herr Tiedjen, als sie gemeinsam vor Luckys Box standen. „Sie quält sich von Tag zu Tag mehr, und der Tierarzt kann nicht feststellen, was ihr fehlt. Ich glaube, es ist besser, wenn wir sie von ihren Schmerzen erlösen."

„Du willst sie töten lassen?" Es war wie ein erstickter Schrei. „Nein! Nein, Daddy, bitte, es muss doch noch eine Möglichkeit geben! Ich kann einfach nicht glauben, dass sie … und ich bin schuld daran, das ist das Schlimmste."

Herr Tiedjen legte Bille den Arm um die Schultern und zog sie sanft an sich.

„Ich weiß, wie dir zumute ist, Kind. Aber glaub mir, es ist das Beste so. Du brauchst dir keine Vorwürfe zu machen; von Schuld kann keine Rede sein, eher von einem unglücklichen Zufall. Aber es wäre unverantwortlich, sie länger als nötig leiden zu lassen."

Für den Rest des Tages sprach Bille kein Wort mehr. Wie eine Schlafwandlerin ging sie durch Hof und Ställe, machte ihre Arbeit, longierte und ritt, half beim Füttern und Putzen – aber in ihrem Kopf hatte nur ein Gedanke Platz: Lucky darf nicht sterben!

Spät am Abend klopfte Bille an Johnnys Zimmertür.

Der Indianer lag, erschöpft von zwölf Stunden ununterbrochener Arbeit, angezogen auf dem Bett, die Füße mit den dreckverkrusteten Stiefeln auf die hölzerne Rückwand des Bettes gestützt, die Augen geschlossen.

„Johnny? Darf ich dich einen Augenblick stören? Ich muss mit dir reden!"

Der Indianer fuhr hoch und setzte sich schlaftrunken auf.

„Oh, du bist's! Entschuldige, Mädchen, ich war nur ein bisschen eingenickt, wollte einen Augenblick verschnaufen. Hab so Schwierigkeiten mit meinen Füßen bei dem Wetter. Warte, ich mach uns einen Tee."

„Du arbeitest viel zu viel! Höchste Zeit, dass Achmed zurückkommt. Bleib sitzen, den Tee mache ich, dabei können wir uns unterhalten."

Bille setzte Wasser auf und holte die Teekanne und die Becher aus dem Regal.

„Es geht um Lucky", sagte sie bedrückt. „Daddy will sie töten lassen, weil sich ihr Zustand nicht bessert. Ich kann den Gedanken einfach nicht ertragen …" Das Schluchzen, das seit Stunden wie ein Brocken in ihrer Kehle steckte, brach heraus.

„Er will sie töten lassen? Aber das ist doch …"

Johnny war mit einem Schlag hellwach.

„Du lieber Himmel, ich habe mich viel zu wenig um sie gekümmert! Wusste ja vor Arbeit nicht, wo mir der Kopf stand. Nein, das ist unmöglich, das dürfen wir nicht zulassen. Der Teufel hole alle Ärzte, jetzt werden wir die Sache in die Hand nehmen. Komm!"

„Was willst du tun?"

„Mit ihr sprechen. Hätte ich längst tun sollen. Hab viel zu lange dem Tierarzt geglaubt. Man weiß ja, so eine Entzündung im Bein, das braucht seine Zeit, da muss man Geduld haben. Aber wenn die Sache so ist … Komm mit, den Tee können wir später trinken."

Bille folgte dem Indianer in den Stall. Er hatte das Licht nicht angeschaltet, sicher wie eine Katze bewegte er sich durch die Dunkelheit.

„Schließ die Stalltür ab, wir können keine Störung gebrauchen. Um diese Zeit kommt zwar niemand, aber sicher ist sicher."

Bille gehorchte. Der Indianer wartete, bis sie die Tür verschlossen hatte, dann trat er zu Lucky in die Box.

„Setz dich da drüben hin. Und misch dich nicht ein, kein Wort, hast du verstanden?"

Bille nickte stumm. Allmählich gewöhnten sich ihre Augen an das Dunkel. Der Mond sandte einen schmalen Lichtstreifen durchs Fenster, er streifte den Kopf der Stute und malte eine kleine Lichtinsel ins Stroh neben ihr. Genau hier ließ sich der Indianer mit gekreuzten Beinen nieder, wandte sein Gesicht dem Mond zu und schloss die Augen. Bille kauerte sich in ihrer Ecke zusammen und beobachtete, wie sein Gesicht sich veränderte, einen Ausdruck bekam, so fremd und entrückt, dass ihr Herz hart zu klopfen begann. Eine ganze Weile saß er da, wie in tiefer Trance, dann fingen seine Lippen an, unhörbare Worte zu formen, und schließlich begann er zu singen. Eigenartige, nie gehörte Töne hingen in der Luft, die von sehr weit her zu kommen schienen. Bille fühlte sich schwindlig und wie benommen.

Lange sang der Indianer. Billes Rücken schmerzte, ihre Beine waren eingeschlafen, aber sie wagte sich nicht zu rühren. Endlich schwieg Johnny, sein Kopf wandte sich der Stute zu, er sah ihr in die Augen. Wie bittend hatte er ihr die offene Handfläche hingestreckt, und Lucky legte ihr weiches Maul hinein, als wolle sie sich bei ihm aufstützen. So verharrten die beiden regungslos. Bille schien es eine Ewigkeit. Endlich lachte der Indianer leise und begann Lucky zu streicheln und zu kraulen. Seine Hand tastete vorsichtig den Hals hinauf, dann stand er auf und befühlte sacht ihren Rücken.

Plötzlich bäumte sich die Stute auf und schrie. Bille erschrak so, dass sie entsetzt hochfuhr. Der Indianer lachte zufrieden.

„Da ist es also. Warte, mein Mädchen, das kriegen wir

bald in Ordnung! In drei Tagen bist du gesund – ich rufe gleich den Doktor an."

Der Indianer verließ die Box, und Bille folgte ihm benommen.

„Komm, wir haben keine Zeit zu verlieren. Wir müssen den Tierarzt anrufen. Und dann fahren wir noch mal in die Klinik mit ihr."

„Jetzt? In der Nacht? Da werden sie nicht besonders glücklich sein. Was ist denn los?"

„Das wirst du gleich hören."

Der Indianer ging zum Stalltelefon, schaltete das Licht an und wählte die Nummer Dr. Dörflers.

„Hallo, Doktor, entschuldigen Sie die Störung, aber es ist wichtig. Johnny ist hier, Johnny aus Groß-Willmsdorf. Es geht um die Isländerstute. Ich hab's gefunden. Es sind nicht die Beine! Ein Splitter ist es, ein Holzsplitter neben der Wirbelsäule! Er muss eingedrungen sein, als die Plakatwand über ihren Rücken schrammte. Die kleine Schürfwunde, Sie erinnern sich. Ist längst verheilt, man sieht nichts davon, aber der Splitter steckt drin und bereitet ihr die Schmerzen. Woher ich das weiß? Sie hat es mir erzählt."

Wie skeptisch der Tierarzt auch sein mochte, seine Neugier siegte. Lucky wurde noch einmal zum Röntgen gefahren und tatsächlich – es war, wie Johnny gesagt hatte. Der Splitter wurde herausoperiert, und nach wenigen Tagen war Lucky wieder völlig gesund.

Niemand außer den Beteiligten erfuhr davon, Johnny wollte nicht, dass darüber gesprochen wurde. Aber Bille war es, als sei sie in dieser Nacht mit unerwartetem Reichtum beschenkt worden.

Eine Überraschung für Bille

Die sonnigen Spätherbstwochen machten über Nacht dem Winter Platz. Sturm und Schneeregen fegten über die Felder und erinnerten daran, dass in wenigen Wochen Weihnachten war. Im Internat begann man sich den Kopf über Geschenke und Bastelarbeiten zu zerbrechen, der Chor suchte die Noten von Hirtenliedern und Advents-Chorälen heraus und probte ein weihnachtliches Singspiel.

Überall wurde eifrig diskutiert, wie man die Adventszeit im Reiter-Internat Groß-Willmsdorf gestalten sollte. Eine Nikolausfeier? Ein Julklapp? Wie wär's mit einem Wettbewerb um den schönsten Adventsschmuck, das am hübschesten dekorierte Zimmer? Und wie sollte der Elternbesuchstag gefeiert werden? Gab es vielleicht vergessene weihnachtliche Bräuche, die man zum Leben erwecken konnte? Gar solche, in denen Pferde eine Rolle spielten?

Zur gleichen Zeit vergrößerte sich die Anspannung im Schulunterricht. Die ersten Zeugnisse standen vor der Tür. Wer sich bis jetzt das Leben leicht gemacht hatte, begann zu pauken, was das Zeug hielt. Arbeitsgemeinschaften fanden sich zusammen, Nachhilfelehrer waren höchst begehrt.

Ignaz der Schreckliche machte seinem Namen nun wieder alle Ehre und nahm seine Schüler hart an die Kandare. So sehr sie seine Qualitäten als Reiter und Pferdenarr schätzten, als Lehrer fürchteten ihn alle, seine Ironie, seine spitzen Bemerkungen, seine Röntgenaugen, denen auch nicht die kleinste Mogelei entging. Manche behaupteten sogar, er könne hellsehen, da er mit Sicherheit denjenigen aufrief, der seine Lektion nicht oder nur schlecht gelernt hatte. Trotzdem mochten ihn die Schüler.

Bei so viel anstrengender Arbeit brauchte man einen Ort, an dem man sich zusammenfinden konnte, wenn man einer Aufmunterung bedurfte. Dieser Ort war das Zimmer des Indianers. Johnny, an Enge gewöhnt, hatte nichts dagegen, wenn Besucher Schulter an Schulter dicht gedrängt bei ihm auf dem Fußboden saßen, Tee tranken, Nüsse, Äpfel und Plätzchen vertilgten, die sie in großen Mengen bei ihm anschleppten, und seinen Geschichten lauschten. Manchmal spielte er auch auf seiner Gitarre und sang mit heiserer, fremdartiger Stimme Lieder in Sprachen, die sie nicht kannten, Lieder, die an weite Steppen und einsame Berglandschaften erinnerten.

Aber meistens musste er vom Zirkus erzählen, von den Ländern und Städten, durch die er gereist war, von klugen Dressurpferden und gefährlichen Raubtiernummern, von berühmten Clowns und gewagten Trapezkünsten und von den vielen kleinen Dramen am Rande des Zirkuslebens.

Tiergeschichten, Menschengeschichten – Johnny schien einen unerschöpflichen Vorrat zu besitzen. Manchmal fand sich zu diesen Zusammenkünften auch der ein oder andere Lehrer ein. Dann konnte es vorkommen, dass ein Streit, den es am Morgen im Klassenzimmer gegeben hatte, mit Johnnys Hilfe geschlichtet wurde. Oder dass der Lehrer aus seinem Leben erzählte –und das waren dann auch meistens Pferdegeschichten.

Nach solchen Stunden halfen alle gemeinsam, Johnnys Arbeit im Stall zu erledigen. Da gingen die Gespräche von Box zu Box weiter, und es wurde gelacht und gesungen.

Achmed war aus dem Krankenhaus zurückgekehrt und wie ein verlorener Sohn aufgenommen worden. Er schwärmte von einer blonden Krankenschwester namens Martha und hatte mindestens drei Dutzend Wörter dazugelernt, von denen die meisten einem herzergreifenden Liebesroman zu entstammen schienen.

Bille, Bettina und Florian, deren Arbeit mit den Pferden sich auf der anderen Seite des Hofes abspielte, in der fast klösterlichen Ruhe des tiedjenschen Stalles und der alten Reithalle, kamen so oft wie möglich zu diesen nachmittäglichen Teestunden. Da Simon und Tom, nun in der Endrunde ihres Abiturjahres, in strenge Klausur gegangen waren und wenig Zeit für Bille und Bettina hatten, kamen den Mädchen die vergnügten Zusammenkünfte im Schulstall gerade recht.

Zottel, der früher kaum von Black Arrows Seite gewichen war, hatte jetzt ständiges Gastrecht bei seinen Zirkuskollegen und hielt sich am liebsten in Happys Gesellschaft auf, vielleicht weil die Stute ihm von den dreien am ähnlichsten war – wenn auch Happy gescheckt war wie eine noch nicht reife Kastanie, während sein eigenes Fell aussah, als wäre ein feiner Regen aus roter Farbe über ihm niedergegangen und hätte ihn mit einem gleichmäßigen Tupfenmuster verziert.

„Gehst du noch nicht rüber zu Johnny?", fragte Tom Bille eines Nachmittags. „Zum Nikolaustee?"

„Später, ich muss noch Black Arrow reiten. Schade, ich werde nicht mehr viel von der Feier mitbekommen. Und du? Wolltest du nicht mitkommen?"

„Eigentlich schon, aber … ich hab den Kopf so voll. Ich brüte da über einem Thema für ein Referat, weißt du, ich brauche Ruhe. Sag mal, wie wär's, wenn ich Black Arrow für dich reite, und du gehst schon mal rüber?"

„Du willst Black Arrow reiten? Ich denke, du brütest über einem Referat?"

„Das ist es ja eben. Wenn ich so allein in der Halle bin, kann ich am besten nachdenken."

„Na schön, wenn du meinst … und es wird dir bestimmt nicht zu viel? Immerhin hast du heute schon drei Pferde geritten!"

„Nein, nein, geh nur."

Tom schob Bille zum Stall hinaus, als könne er sie nicht früh genug loswerden.

„He, meine Sachen! Lass mich wenigstens noch meine Jacke und meine Tasche holen! Ich hab doch für die Feier extra Lebkuchen mitgebracht, selbst gebackene von Mutsch. Magst du einen probieren?"

„Später, heb mir einen auf. Und nun geh."

„Was ist eigentlich los? Willst du mich rausschmeißen?"

„Quatsch, ich will nur nicht, dass du zu spät kommst."

Kopfschüttelnd verließ Bille den Stall und ging zum Schulstall hinüber. Was war nur mit Tom los? Hatte er ein heimliches Rendezvous? Mit einer neuen Freundin – während Bettina und sie ahnungslos drüben mit den anderen Nikolaus feierten? Das sollte er ja nicht wagen! Aber nein, es waren wohl nur die Nerven. Simon spielte neuerdings auch manchmal verrückt, das Abitur belastete sie doch sehr.

Für diesen besonderen Tag hatten die Internatsschüler im Unterrichtsraum des Stalles die Tische zusammengerückt und lange Tafeln gedeckt, die mit Kerzen und

Adventsgebinden geschmückt waren. Die Tür zur Stallgasse stand weit offen, und bis in die Boxen drang der Duft von Weihnachtsgebäck, Äpfeln und Tannengrün.

Die Internatsköchin hatte Kannen voll Kakao spendiert und die schönsten Äpfel aus ihrem Vorratskeller geholt. Jeder der Schüler trug etwas zu der Feier bei. Honigkuchen gab es und Dominosteine, Schokoladenprinten, Zimtsterne, Mandellebkuchen und Anistaler. Beppo, dessen Eltern einen Obstgroßhandel betrieben, steuerte Orangen und ein ganzes Arsenal an getrockneten Früchten und Nüssen bei, und Peter brachte von seiner Mutter selbst gemachtes Marzipan mit. Die Gaben wurden in Körbe verteilt und auf die Tische gestellt. Auf Fensterbrett und Schränken lagen für später Flöten und Gitarren griffbereit.

„Herr Albert, Sie hier?", fragte Beppo grinsend Ignaz den Schrecklichen. „Ich glaubte, Sie würden uns später als Nikolaus besuchen!"

„Das könnte Ihnen so passen!" Ignaz der Schreckliche lachte dröhnend. „Ich schwitze unter einem dicken roten Mantel, und Sie haben inzwischen die Körbe leer gegessen. Kommt nicht infrage!"

„Der Nikolaus kommt doch nur zu kleinen Kindern", meinte Franca. „Wer möchte Tee, wer Kakao? Nico, würdest du bitte Tee einschenken?"

„Wenn ich Minis gierigen Blick auf die Plätzchen sehe, weiß ich genau, was sie denkt!", rief Bettina lachend. „Vergiss es, Mini! Mehr als einen Apfel darfst du Luzifer auch am Nikolaustag nicht geben!"

„Nimm's nicht so tragisch, Mini, das Leben ist hart", tröstete Peter die Kleine. „Du wirst Luzifer den Verzicht durch zusätzliche Streicheleinheiten leichter machen!"

„Dabei ist er schon so dünn geworden!", protestierte Mini. „Ihr habt ja alle keine Augen im Kopf!"

„Klar! Man kann schon sämtliche Rippen zählen! Der Arme kann einem wirklich leidtun, wenn man bedenkt, wie schwer er an Mini zu tragen hat!", spottete Martin, ein Klassenkamerad Minis, der etwa den dreifachen Umfang besaß.

„Da kommt Johnny! Platz nehmen, Kinder, der Kakao wird kalt!"

„Setzt euch, solange ihr Platz findet, Freunde!" Beppo klatschte in die Hände. „Na los, rückt zusammen! Erst wenn ihr so eng aneinanderklebt wie der Schenkel am Pferd, wird es gemütlich. Der Rest setzt sich unter die Tische."

„He, Jörg, pass auf, dass dein Teller nicht überläuft! Die anderen wollen auch was!"

„Wer tauscht mit mir? Ich wollte Kakao und hab Tee bekommen."

„Hier, gib her!"

„Mann, das Marzipan ist ja spitze!"

„Wenn einer seine Zimtsterne nicht mag – alle zu mir, ich vernichte sie!"

„Hast du die Makronen probiert? Die sind toll. Und ganz saftig!"

„Mir zu süß, ich mag die Anistaler lieber. Ist noch Kakao in der Kanne?"

„Warte, ich hole Nachschub!"

So scholl es durcheinander.

Fast unbemerkt war Herr Hütter, der Direktor, eingetreten und hatte sich neben Johnny an den Tisch gesetzt. Allmählich legte sich der Ansturm auf den Inhalt der Körbe. Einer der Jungen nahm seine Gitarre und intonierte ein Weihnachtslied, ein paar Stimmen fielen ein, und bald sangen sie alle Hirten- und Marienlieder, Lustiges und Besinnliches. Auf deutsche Lieder folgten englische und französische, und schließlich steuerte Johnny ein paar indianische Lieder bei, die er von seiner Mutter gelernt hatte.

Sie waren so versunken, dass sie die schweren Schritte in der Stallgasse gar nicht hörten. Erst als hart an den Türpfosten geklopft wurde, sahen sie auf.

„Ich werd nicht wieder, der Nikolaus!", platzte Mini erschrocken heraus. „Auweia!"

Alles lachte, und der wallende weiße Bart des Besuchers wippte seinen grimmigen Blicken zum Trotz ganz unkontrolliert auf und ab.

„Na, da haben wir sie ja, die pflichtvergessene Bande!", grollte der Nikolaus und setzte ächzend seinen scheinbar zentnerschweren Sack ab, dessen Inhalt hauptsächlich aus Stroh bestand. „Was ist mir da in meiner himmlischen Ruhe nicht alles zugetragen worden! Meine Engelchen mussten Überstunden machen, um das Sündenregister zu schreiben!"

Bei diesen Worten zog er eine Papierrolle aus dem Ärmel und entfaltete sie umständlich. Sie reichte bis auf den Boden.

„Das ist doch Tom!", wisperte Bille Bettina ins Ohr. „Hast du das gewusst?"

„Keine Spur! Kein Wort hat er gesagt!"

„Ruhe!", donnerte der Nikolaus. „Ihr seid noch nicht dran. Ist hier ein Knabe namens ... namens ... Florian? Florian Hütter?"

„Hier!", brüllte Florian.

„Heißt du Hütter?"

„Ah ... nein."

Direktor Hütter stand ergeben auf.

„Das bin ich. Was habe ich verbrochen?"

„Na, da haben meine Engel ja voller Scham das Antlitz verhüllt! Florian Hütter, hier steht, dass du immer wieder dabei ertappt worden bist, Pferde bis zur Erschöpfung galoppieren zu lassen? Und das – ich wage es kaum auszusprechen – einmal sogar über einen frisch bestellten Acker? Was hast du dazu zu sagen?"

„Verzeihung, verehrter Nikolaus, was das Galoppieren anbetrifft, bin ich mir keiner Schuld bewusst. Ich lasse mein Pferd laufen, so lange es ihm Spaß macht. Manchmal macht es ihm sehr lange Spaß. Was nun den frisch bestellten Acker angeht, da bekenne ich mich schuldig. Es tut mir leid, es war schon dämmerig, und ich habe es nicht gesehen."

„So, so." Der Nikolaus strich sich den Bart. „Dann wirst du heute Abend hundertmal den Satz schreiben: ‚Ein Haferfeld ist keine Galopprennbahn, auch wenn mein Pferd das Gegenteil behauptet.'"

„Hundertmal?"

„Na schön, meine himmlische Güte ist grenzenlos. Neunundneunzigmal. Nun, wen haben wir denn hier, einen … einen schrecklichen … äh, schrecklich komplizierten Namen, Ignaz … ist hier ein Ignaz Albert?"

„Hier." Ignaz der Schreckliche erhob sich und rang reuevoll die Hände.

„Ist durchs Fenster in ein Blumenbeet gesprungen und hat einen Strauch niedergewalzt. Außerdem zweiundsiebzigmal rücksichtslos einen schlafenden Schüler geweckt und mit Fragen in tiefe Seelenpein gestürzt. Zu seinen Gunsten spricht ein Hechtsprung, mit dem er ein fliehendes Vierergespann zum Stehen gebracht hat. Na, dann wollen wir ihm mal die Strafe erlassen, und er bekommt etwas von meinen Gaben."

Der Nikolaus wühlte in den Tiefen seines Sackes und brachte einen Zitronenlolly zu Tage, den er Ignaz dem Schrecklichen vor die Nase hielt.

„Ich hoffe, du kannst wenigstens ein Gedicht aufsagen?"

„Oh ja, natürlich!"

„Sehr schön, aber behalt es für dich. Ei, wen sehe ich denn da! Einen gewissen Giuseppe Santini, genannt Beppo. Ist im Stall beim Rauchen erwischt worden, ja pfui Teufel! Ist es denn zu glauben! Aber es kommt noch schlimmer! Zwei Tage später hat er ein Mädchen verführt … zum Rauchen!", brachte der Nikolaus stirnrunzelnd die kichernde Runde zum Schweigen. „Das scheint mir ja ein ganz ausgekochtes Früchtchen zu sein! Das ist schon eine ganze Früchte-Großhandlung! Beppo, komm her und knie nieder, da hilft nur noch die Rute …"

Einer nach dem anderen kam an die Reihe. Bald konnte der Nikolaus im allgemeinen Gelächter kaum noch die grimmige Miene bewahren.

„Ich bin gespannt, was er mit uns vorhat!", flüsterte Bille. „Wir sind die Letzten."

„Hier ist etwas sehr, sehr klein gekritzelt", sagte der Nikolaus endlich und hob das Ende des Zettels dicht vor die Augen. „Schlecht geschrieben, der Engel hat eine strenge Rüge verdient. Wer weiß, wo der Junge seine Augen gehabt hat! Bettina? Bettina, na also! Und was steht da? Sie hat sich schon dreimal geweigert, ihren Freund auf einen Ausritt zu begleiten, mit den Worten: ‚Bei dem miesen Wetter? Ich bin doch nicht lebensmüde!' Aber, aber! Ist das vielleicht ein Beispiel liebevoller Hingabe? Und hier steht noch etwas, na, ich werde ja rot vor Scham! Sie hat zu ihrem Freund gesagt: ‚Wenn du weiter so frisst, bist du bald so fett wie Bongo!'

Also, diese junge Dame wird bei mir nachsitzen müssen! Das ist ein ganz schwerwiegender Fall von Lieblosigkeit! Sie wird eine Lektion in himmlischer Nachsicht bekommen. Sibylle Abromeit!"

„Hier!" Bille schoss lachend hoch.

„Das Lachen wird dir gleich vergehen, mein liebes Kind. Bei deinen Sünden haben die Engel nämlich gleich drei Ausrufezeichen gemacht. Sie trainiert im Stadtgebiet in der Fußgängerzone mit einem Viererzug fürs Galopprennen! Wirft mit Weinfässern! Vernachlässigt die elterliche Aufsichtspflicht ihrem Pony Zottel gegenüber, sodass dieses in schlechte Gesellschaft geraten und sich sinnlos betrinken kann! Na, ich will nicht alles vorlesen, sonst sitzen wir morgen früh noch hier. Ich will dir nur deine Strafe verkünden: Du gehst auf der Stelle zum alten Pferdestall rüber und bringst die vorletzte Box rechts im ersten Gang in Ordnung. Aber tipptopp. Ich gebe dir genau eine Stunde Zeit. Wenn ich mit deiner Arbeit zufrieden bin, werden wir deine Sünden erlassen."

„Sofort!" Bille machte eine eifrige Verbeugung und warf Bettina einen fragenden Blick zu.

„Eine Box putzen? Da steckt doch was dahinter?", flüsterte sie.

„Versteh ich nicht. Die Box hat Tom in Ordnung gebracht. Vielleicht hat er ein Geschenk für dich dort versteckt?"

„Na? Ich warte!", brummte der Nikolaus.

„Ich geh ja schon, ich fliege!"

Sie flog tatsächlich. Bille war so neugierig geworden, dass sie im gestreckten Dauerlauf zum alten Stall hinüberrannte. Atemlos kam sie an der Stalltür an. Drinnen hörte sie Stimmen. Da standen Herr Tiedjen, der Tierarzt, der alte Petersen und Hubert. Wir erwarten doch kein Fohlen, schoss es Bille durch den Kopf, noch dazu in Lohengrins Box!

Lohengrins Box! Bille kam ein Verdacht. Mit einem Sprung war sie bei den vier Männern und schaute ihnen über die Schulter. Herr Tiedjen drehte sich lächelnd zu ihr um.

„Na? Zufrieden mit mir? Den wolltest du doch schon immer gern nach Hause holen. San Pietro, einer unserer vielversprechendsten Söhne! Dein Wunsch ist in Erfüllung gegangen. Ganz plötzlich hatte ich die Möglichkeit, ihn zu kaufen. Ich hoffe, er macht seinem Vorgänger Ehre. Morgen darfst du ihn ausprobieren. Du warst die Letzte, die Lohengrin unterm Sattel gehabt hat – du sollst auch die Erste sein, die San Pietro reitet. Aber mach dich auf ein hartes Stück Arbeit gefasst, er ist ein halbes Jahr nur auf der Koppel gewesen. Du wirst ganz von vorn anfangen müssen."

Florentine steht auf Gelb

Bille konnte den nächsten Nachmittag kaum erwarten. Ignaz der Schreckliche wusste, was sie so beschäftigte, und zeigte ungewohnte Milde, auch als Bille schon das dritte Mal eine Frage überhört hatte.

„Schwach, mein liebes Kind, sehr schwach. Gehen Sie in sich und beten Sie zum heiligen Petrus um Erleuchtung."

„Zum heiligen Petrus?"

„Nun ja, oder San Pietro, wenn Ihnen das lieber ist."

Bille wurde rot. Sie musste sich zusammennehmen! Schlamperei im Unterricht konnte sie sich wirklich nicht leisten. Gleich heute Abend setze ich mich hin und pauke, schwor sie sich. Heute Abend, wenn ich San Pietro geritten habe. Und schon waren ihre Gedanken wieder bei ihm.

Endlich war es so weit. Herr Tiedjen, Tom, Simon, Bettina und Florian begleiteten sie wie eine Ehrenwache, als sie mit dem kupferroten Wallach zur Reithalle hinüberging. Fast ehrfürchtig stieg Bille in den Sattel. Simon und Herr Tiedjen blieben in der Bahn, die anderen verzogen sich rücksichtsvoll auf die Zuschauertribüne, um dieses erste Kennenlernen nicht zu stören.

San Pietro drängte ungeduldig vorwärts, als Bille ihn jetzt am langen Zügel auf dem Hufschlag gehen ließ. Seine Ohren spielten lebhaft, und er sah sich in dieser für ihn neuen

Umgebung aufmerksam um. Bille spürte, wie weit und schwungvoll er untertrat, wie viel Kraft in jeder seiner Bewegungen steckte.

„Ich fühle mich wie auf einer Rakete!", rief sie den beiden Männern zu. „Wundert euch nicht, wenn wir zwei gleich das Hallendach durchstoßen. Ich schicke euch dann eine Ansichtskarte vom Mond!"

„Lass ihm nichts durchgehen, er muss sich erst mal richtig lockern. Zeig ihm von Anfang an, wer hier den Ton angibt!", rief Herr Tiedjen.

Das war offensichtlich nicht in San Pietros Sinn; er hatte zwei Tage gestanden, sechs Stunden davon in der Enge des Transporters. Jetzt hatte er Lust, sich auszutoben, und versuchte es mit einer kleinen Rodeo-Einlage.

„Komm, Junge, jetzt spinn hier nicht rum. Dass du buckeln und steigen kannst, glaube ich dir auch so!" Bille verstärkte den Schenkelschluss. „Wir sind hier schließlich nicht im Zirkus!"

„Oder auf dem Rathausplatz von Neukirchen", murmelte Tom.

„Unterschätz die Frau nicht!", rief Simon dem Wallach zu. „Du wirst dich noch wundern!"

Bille brauchte eine ganze Weile, bis sie die volle Aufmerksamkeit des Wallachs auf die Arbeit gelenkt hatte, aber schließlich war dies sein erster Tag in Groß-Willmsdorf, alles war neu für ihn, und er verspürte so wenig Lust auf das Training wie Bille am ersten Schultag nach den Ferien auf den Unterricht.

„Er ist verspielt wie ein junger Hund", sagte Bille. „Man sollte nicht meinen, dass er schon eine ganze Weile unterm Sattel geht und bereits ein paar Prüfungen hinter sich hat.

Wer hat ihn denn geritten? Ich meine, bevor er die lange Pause gehabt hat?"

„Sein voriger Reiter war zu alt für ihn; ich fürchte, er hat ihn sich einfach aus Prestigegründen gekauft. Ein Vorzeigepferd. Am Anfang hat er ihn geritten, wurde nicht fertig mit ihm, dann hat er ihn ein paarmal von einem jungen Bereiter bewegen lassen, hat ihn auch auf ein paar Prüfungen gehen lassen. Der Bereiter zog in eine andere Gegend, er fand keinen neuen – und San Pietro wurde nur noch auf die Koppel geschickt. Zum Glück hat der Besitzer eingesehen, dass es Wahnsinn wäre, ein solches Pferd einfach nur stehen zu lassen, und da er wusste, dass ich interessiert war, hat er ihn mir angeboten."

Bille grinste.

„Ich wage nicht daran zu denken, was du für ihn bezahlt hast."

„Ich habe gefeilscht wie ein orientalischer Straßenhändler!", gestand Herr Tiedjen lachend. „Aber es war ein stolzer Preis, trotz allem."

„Hast du gehört, Pietro?" Bille klopfte dem Wallach aufmunternd den Hals. „Zeig dich des Vertrauens würdig! Wir erwarten große Dinge von dir!"

Wenn San Pietro geglaubt hatte, er würde unter Bille ein ebenso leichtes Leben haben wie bei seinem vorigen Reiter, so sah er sich jetzt getäuscht. Bille absolvierte ein Dressurprogramm mit ihm, dass sein Fell nach einer Stunde fast schwarzbraun glänzte vor Schweiß. Nach ein paar Gehorsamssprüngen war er entlassen, und Bettina kam herunter, um ihn trocken zu reiten, während Bille, ebenfalls nass geschwitzt von der Anstrengung, sich ihrem eigenen Pferd, Black Arrow, widmete.

„Ich bin sehr zufrieden mit euch beiden", sagte Herr Tiedjen anerkennend. „Ich sehe, es war kein Fehler, San Pietro zu kaufen."

„Den habe ich bald in Hochform!", meinte Bille zuversichtlich. „Wir mögen uns, und wir passen prima zueinander, das spüre ich. Du, Daddy ..."

„Ja?"

„In zehn Tagen ist das Turnier beim Reitverein Sassenholm. Ich habe mich doch mit Black Arrow eintragen lassen, und Tom und Florian gehen auch mit. Was meinst du, kann ich San Pietro nicht mitnehmen und einen ersten Versuch mit ihm starten? Schließlich hat er ja schon einiges vorzuweisen, und wenn wir jetzt jeden Tag miteinander arbeiten ... Er springt super, nur mit dem Gehorsam hapert es noch."

„Warum nicht? Ein Versuch kann nicht schaden."

So kam es, dass San Pietro zehn Tage später mit Troilus, Black Arrow und Florentine den Transporter bestieg und zum Turnier nach Sassenholm fuhr.

Für Florian war es ein besonderer Tag. Heute ging er zum ersten Mal mit seiner Florentine auf ein Turnier. Stundenlang hatte er sich mit ihrer Schönheitspflege beschäftigt. Kein Pferd, dessen Mähne so sorgfältig eingeflochten war, dessen Bandagen so vor Sauberkeit strahlten, dessen Zaumzeug und Sattel so blitzten und glänzten. Florian, mit einem weichen Lappen bewaffnet, bückte sich alle paar Meter, um einen Dreckspritzer von Florentines Hufen zu tupfen, und geriet außer sich, wenn in der Nähe seiner geliebten Stute ein Auto durch eine Pfütze fuhr.

In der großen Reithalle folgte Prüfung auf Prüfung. Viel mehr Reiter, als man vermutet hatte, hatten sich zu diesem Wettbewerb gemeldet. Auf dem Hof wimmelte es von Reitern und Pferden, die Wiese hinter der Reithalle war von Transportern überfüllt. In der Meldestelle herrschte so drangvolle Enge wie in der Straßenbahn kurz nach Geschäftsschluss, und in der Kantine gab es allenfalls noch Stehplätze. In diesem allgemeinen Durcheinander war es schwierig, sich zu orientieren, wer wann an der Reihe war, und da sich die Groß-Willmsdorfer zu verschiedenen Prüfungen angemeldet hatten, verloren sie sich bald aus den Augen.

„Achtung, A-Dressur! Die Reiter der ersten Gruppe bitte bereithalten!"

„Das sind wir, Junge." Bille schwang sich in San Pietros Sattel. „Nun hör schon auf zu spinnen, ist ja gut!"

„Achtung bitte!", plärrte der Lautsprecher weiter. „Folgende Reiter der E-Dressur werden in die Halle zur Siegerehrung gebeten …"

San Pietro liebte den Lärm und den Rummel um sich herum offensichtlich gar nicht, und Bille hatte Mühe, ihn einigermaßen zur Ruhe zu bringen. Zum Abreiten war wenig Platz, und sie war heilfroh, dass sie schon als zweiter Reiter in die Halle gerufen wurde. San Pietro erledigte seine Aufgabe zunächst sehr unkonzentriert, steigerte sich aber in der zweiten Hälfte beträchtlich. Das gab zwar keine Platzierung unter den ersten fünf, aber Bille war zufrieden, dass es ihr gelungen war, zu zeigen, was in diesem Pferd steckte.

Im Springen hoffte sie ein besseres Ergebnis mit ihm zu erzielen. Und wenn nicht, dann war es auch nicht schlimm. Schließlich war sein Auftreten auf diesem Turnier ein erster Versuch, und sie selbst hatte immer noch die Möglichkeit, sich mit Black Arrow einen guten Platz zu sichern.

Einen Vorteil hatte San Pietros Versagen auf jeden Fall: Sie brauchte nicht auf die Siegerehrung zu warten und konnte sich endlich etwas zu essen besorgen. Sie brauchte dringend eine Stärkung.

In der Kantine fand sie Tom mit ein paar Reitern in ein Fachgespräch vertieft. Bille holte sich ein großes Schnitzel mit Salat und setzte sich dazu.

„Hast du Flori gesehen?"

„Nein, er müsste doch jetzt beim E-Springen dabei sein." In diesem Augenblick schaute Florian zur Tür herein. Er winkte kurz herüber, ging zum Automaten und zog sich eine Dose Cola heraus. Die geöffnete Dose in der Hand, kam er zum Tisch und schaute sie erwartungsvoll an.

„Na?"

„Na du? Wie läuft's?"

„Ganz gut. Und bei euch?"

„Wie erwartet", sagte Bille. „San Pietro hat noch keine Manieren, teilweise führt er sich auf, als käme er aus dem Urwald und hätte noch nie ein anderes Pferd gesehen. Aber sonst bin ich zufrieden."

„Klar doch."

„Ich sitze auf Warteposten", sagte Tom. „Hab mich ja nur fürs L-Springen gemeldet. Wollte vorhin mal nach dir schauen, aber da warst du gerade raus."

„Kann man nichts machen."

Florian schaute von einem zum anderen, als warte er auf etwas. Dann zuckte er mit den Achseln und wandte sich zur Tür.

„Also dann, bis später."

Wenn San Pietro auch in der Dressur nicht gerade geglänzt hatte, die Tatsache, dass er eine Neuerwerbung Hans Tiedjens war und von Sibylle Abromeit geritten wurde, hatte sich schnell herumgesprochen. So kam es, dass der

Zuschauerraum bis auf den letzten Stehplatz besetzt war, als Bille im A-Springen mit ihm startete.

Auweia!, dachte sie, als sie vergeblich versuchte, den Wallach vor dem Richtertisch für einen Augenblick zur Ruhe zu bringen. Das kann ja heiter werden!

Die Glocke erklang, und San Pietro schoss los wie eine Rakete. Bilder einer Fernsehsendung flogen durch Billes Bewusstsein: afrikanische Springböcke auf der Flucht; so kam ihr San Pietro vor, als er über die Hindernisse hetzte. Auf der Zuschauertribüne wurde gemurmelt. „Wahnsinnstempo" und „So was gibt's doch gar nicht!"

Egal, dachte Bille, null Fehler bisher, null Fehler, soll er doch rennen! Solange er alles oben lässt, will ich für diesmal nicht kleinlich sein.

Das vorletzte Hindernis kam. Bille begann zu frohlocken. Er schafft es! Wer hätte das gedacht – er könnte genauso gut das M-Springen machen. Es ist eine Spielerei für ihn! Null Fehler, und der Schnellste ist er obendrein! Und es macht ihm auch noch Spaß!

Das letzte Hindernis. San Pietro drückte ab wie zu einem Zweimetersprung, Bille hätte sich nicht gewundert, wenn er vor lauter Lebenslust begonnen hätte zu wiehern. Das war's. Geschafft! Bille ließ die Zügel locker und entspannte sich.

Das hätte sie nicht tun sollen. Denn ehe sie recht begriff, was geschah, legte San Pietro sich in die Kurve und ging den Parcours von Neuem an. Erstes Hindernis – zweites – drittes – jetzt die Kombination – ehe Bille zu sich gekommen war, hatte San Pietro den halben Parcours ein zweites Mal hinter sich gebracht. Feuerrot im Gesicht parierte sie den übermütigen Wallach zum Schritt durch und verließ die Bahn. Die Zuschauer lachten und applaudierten.

„Nummer achtundzwanzig … Sibylle Abromeit … disqualifiziert wegen Ungehorsams des Pferdes!", knarrte der Lautsprecher dazwischen.

„Was für ein Pferd! Aus dem kann noch was werden!", murmelte der nach ihr kommende Reiter bewundernd.

Tom kam ihr entgegen, Lachtränen in den Augen, und nahm ihr die Zügel ab, während Bille – immer noch verwirrt und kopfschüttelnd – aus dem Sattel sprang.

„Hast du das gesehen? So was ist mir noch nie passiert!"

„There is a first time for everything", bemerkte Tom weise. „Mach dir nichts draus!"

„Also, ich weiß nicht …" Bille schaute San Pietro prüfend in die Augen. „Ich hab doch mal gelernt, das Pferd sei ein Fluchttier und käme freiwillig nie auf die Idee, über ein Hindernis zu springen. Es wäre nur durch Dressur und Zwang dazu zu bewegen. San Pietro – wusstest du das nicht? Hast in der Schule nicht richtig aufgepasst, wie? Mann, wenn das Daddy hört!"

Für Gesprächsstoff auf dem Turnier in Sassenholm war gesorgt. In allen Ecken wurde das ungeheure Ereignis besprochen. Welch ein Pferd hatte Hans Tiedjen da erworben! Stimmte es, dass es aus eigener Zucht stammte? Vielleicht hatte man eben einen zukünftigen Olympiasieger gesehen? Der Wallach hatte Weltklasse! Und dass die sonst so sichere Bille Abromeit ihn nicht hatte halten können … wie war das überhaupt passiert?

Dass Bille eine Stunde später mit Black Arrow das L-Springen gewann und Tom mit Troilus den vierten Platz belegte, war gar nicht mehr interessant. Alles drehte sich nur noch um San Pietro und seine Sondernummer.

Über alldem hatten sie Florian vollkommen aus den

Augen verloren. Umdrängt, mit Fragen bestürmt, von Neugierigen verfolgt, fiel er ihnen erst wieder ein, als sie mit dem Verladen beginnen wollten. Florentine, die beim Einsteigen keinerlei Schwierigkeiten machte, musste zuerst in den Wagen, damit die anderen ihrem Beispiel folgten. Ungeduldig sahen Bille und Tom sich nach Florian um.

Schließlich kam er. Den rechten Arm um den Hals seiner Stute geschlungen, im linken eine Anzahl silbern glänzender Gegenstände, die er liebevoll an die Brust drückte, das Gesicht gerötet, wankte er auf sie zu. Florentine blinzelte müde unter vier nebeneinander am Stirnband befestigten gelben Schleifen hervor wie unter einer verrutschten Erntekrone.

Bille und Tom starrten ihm mit offenem Mund entgegen.

„Flori! Was soll das bedeuten?"

„Hübsch, nicht wahr? Haben wir uns alle verdient", lallte Florian. „Hättet ihr uns nicht zugetraut, wie? E-Dressur, E-Springen, A-Dressur, A-Springen. Ich wäre ja auch mit einer anderen Farbe zufrieden gewesen, aber Florentine nicht! Nein, meine kleine Florentine nicht. Gelb musste es sein, unbedingt gelb! Sie sagt, sie steht nur auf Gelb, hat sie mir gesagt, ja."

„Soll das heißen, dass ihr vier erste Plätze geschafft habt?"

„Soll das heißen, soll das heißen, ja, das soll es heißen. Kleine gelbe Schleifen liebt sie mehr als alles andere, hat sie gesagt, nicht wahr, meine Süße?" Florian gab der Stute einen schmatzenden Kuss. „Wenn wir erst mal anfangen, dann räumen wir auch gleich richtig ab. Das habt ihr gar nicht mitgekriegt, wie? Ihr mit euren berühmten … na, ist ja auch egal. Mein Mädchen steht auf Gelb, und Gelb hat sie gekriegt. Und jetzt gehen wir schlafen, gute Nacht!"

Damit stolperte Florian mit Florentine die Rampe hinauf, führte sie an ihren Platz, warf Sattel und Zaumzeug in die Ecke, band seine Stute fest und sank – sie noch einmal zärtlich umarmend – neben ihr ins Stroh. Sekunden später schlief er fest.

Tom kratzte sich verwundert hinter dem Ohr.

„Hast du Töne! Da schindet sich unsereiner um einen lächerlichen vierten Platz, und der Kleine kommt mit vier gelben Schleifen an!"

„Vielleicht hängt es mit der Liebe zusammen", meinte Bille nachdenklich. „Florentine liebt Florian genauso wie er sie. Und sie scheint die Einzige zu sein, die begriffen hat, dass Flori gegen unsere Übermacht dringend ein durchschlagendes Erfolgserlebnis brauchte."

„Möglich."

„Weißt du was? Wir sollten endlich aufhören, in Florian ständig *den Kleinen* zu sehen!"

So ein Zirkus!

„Na so was! Wenn das kein Zufall ist!"

Der Indianer ließ den Brief sinken und starrte in die Runde.

„Was ist los? Wovon sprichst du?", fragte Bille.

„Macky Miller, ein alter Kumpel, schreibt mir. Er arbeitet seit Jahren bei Karlsons. Kein großer Zirkus, aber ein solides, renommiertes Unternehmen. Sie hatten Schwierigkeiten, mussten ihr Winterquartier räumen, weil es bei einem Großbrand schwer beschädigt wurde, schreibt er. Jetzt haben sie in Neukirchen Unterschlupf gefunden, auf einem leer stehenden Bauernhof. Macky Miller, wer hätte das gedacht! Sind bald zehn Jahre, dass wir zusammen waren."

„Und wie hat er dich gefunden?", fragte Florian.

„Er hat an meine Schwester geschrieben, das hatten wir so ausgemacht. Durch sie hat er erfahren, dass ich hier bin. Macky Miller, Junge, das wird ein Wiedersehen!"

„Seid ihr mal zusammen aufgetreten?" Mini rückte neugierig näher. „Du hast noch nie von ihm erzählt!"

„Macky Miller? Nein, aufgetreten sind wir nicht miteinander. Macky ist Clown. Und was für einer!"

„Wenn sie im Winterquartier sind – geben sie dann keine Vorstellungen?", erkundigte sich Nico.

„Nein, im Allgemeinen nicht. Es gibt natürlich große Zirkusunternehmen, die eigene Häuser haben, in denen sie im

Winter Vorstellungen geben können. Aber so ein kleiner Betrieb … Die suchen sich einen Platz, wo sie im Winter billig unterkommen können. Wer die Möglichkeit hat, nimmt inzwischen eine andere Arbeit an, bis es im Frühjahr wieder losgeht. Man füttert die Tiere durch, sieht zu, dass sie nichts verlernen, und probt für das neue Programm."

Johnny zündete sich seine Pfeife an und sah gedankenverloren den blauen Rauchschwaden nach.

„Ich hätte dich zu gern in deiner großen Nummer gesehen!", sagte Mini versonnen. „Ein Turm aus Akrobaten auf zwei galoppierenden Pferden – und du ganz obendrauf! Das muss ein unheimlich tolles Gefühl sein!"

„Ich war der Kleinste und Leichteste." Der Indianer lachte. „Dich hätten sie sicher auch genommen."

„Warum kann ich nicht deine Schülerin sein?"

„Vielleicht später mal", wehrte der Indianer ab.

„Ach, das sagst du immer!"

„Du, Johnny, sag mal …" Florian, der bis jetzt behaglich an Nicos Schulter gelehnt hatte, richtete sich auf. „Wenn dein Freund und seine Leute hier eingezogen sind, machst du uns dann miteinander bekannt? Ich möchte zu gern einmal hinter die Kulissen so eines Zirkusbetriebes schauen! Mit einem Raubtierdompteur reden oder mit Trapezkünstlern!"

„Klar, warum nicht. Wir können ja mal zusammen rüberfahren. Macky will anrufen, wenn sie da sind."

„Vielleicht können wir ihnen ja auch helfen", überlegte Bille. „Wir kennen uns in der Gegend aus und wissen, wo sie am günstigsten Futter und Streu bekommen können."

„He, in Peershof haben wir doch noch Boxen frei!", fiel ihr Florian ins Wort. „Zur Not könnten wir ein paar Pflegepferde aufnehmen!"

„Keine schlechte Idee! Du, Johnny, kennt Macky Miller deine drei Alten noch von früher?"

„O ja! Happy war sogar mal in einer Nummer von ihm drin. Da versuchte er sich als Reiter, das heißt, er probierte immer wieder vergeblich aufzusteigen und fiel mal vorn, mal hinten, mal rechts, mal links wieder runter. Und als er endlich stolz oben saß und sie mit Hüh! und Hott! anzutreiben versuchte, schließlich wie wild mit den Beinen strampelte und Galopp! Galopp! schrie, schüttelte Happy den Kopf und legte sich einfach hin. Sie rollte sich auf die Seite, schloss die Augen und tat, als ob sie eingeschlafen wäre."

„Klasse!" Beppo quietschte vor Vergnügen. „Kann sie das heute noch?"

„Wir müssen sie mitnehmen, wenn wir ihn besuchen! Und die anderen beiden auch!", schlug Florian vor. „Der wird Augen machen!"

„Da muss Zottel natürlich auch mit", rief Bille eifrig. „Ich möchte zu gern sehen, ob er sich an seine Zirkusvergangenheit erinnert, wenn er die Luft schnuppert und all die Wagen sieht und das Zelt, die Raubtiere, die Elefanten …"

„O ja, Kinder, wir reiten mit unseren vier Zirkuspferden zum Zirkus! Das wird eine Schau!" Nico klatschte so begeistert in die Hände, dass Florian, der sich gerade wieder an ihre Schulter gelehnt hatte, hintenüberkippte, nachdem er schon einen unsanften Stoß in die Rippen hatte einstecken müssen.

„Hoffentlich behalten sie Zottel nicht gleich da, wenn sie von seiner Vergangenheit hören. Schließlich ist er ein Mann in den besten Jahren", meinte Bille lachend. „Oder Mini als Voltige-Star! Wer weiß, wenn die erst richtige Zirkusluft schnuppert, kommt sie am Ende gar nicht mehr mit uns nach Hause!"

„Leute, wir müssen futtern, es ist schon spät!", mahnte der Indianer. „Räumt eure Becher und den Tee weg. Die letzte Gruppe kommt gleich aus der Reithalle!"

Zwei Tage später bezog der Zirkus sein neues Winterquartier. Das Ereignis wurde auf der Titelseite des Neukirchener Boten ausführlich besprochen, und zugleich kündigte der Zirkus in einer ganzseitigen Anzeige an, man wolle vor Weihnachten noch ein paar Nachmittagsvorstellungen geben, solange das Wetter es erlaubte, um die Futterkasse für die Tiere noch ein wenig aufzufüllen.

Macky Miller tauchte bereits am nächsten Tag in Groß-Willmsdorf auf, um seinen alten Freund Johnny zu besuchen. Niemand hätte in dem unauffälligen, älteren Mann mit den sorgfältig gescheitelten Haaren einen bekannten und viel belachten Clown vermutet. Er trug einen dunkelblauen Mantel und einen schwarzen Hut und hielt in der Hand einen altmodischen Aktenkoffer, in dem sich – wie Johnny später erzählte – ein wahrer Schatz an alten Fotos, Programmheften, Zeitungskritiken und Briefen berühmter Kollegen befand. Seit Macky Miller den Koffer einmal im letzten Augenblick aus dem Feuer gerettet hatte, ließ er ihn nicht mehr aus der Hand, und sein Inhalt bildete die Quelle endloser Gespräche, die meistens mit den Worten „Weißt du noch?" begannen.

An diesem Tag blieb Johnnys Teestube geschlossen. Seine jungen Freunde erledigten die Arbeit im Stall, und wenn sie auch liebend gern bei der Zusammenkunft der beiden Männer dabei gewesen wären, so verstanden sie doch, dass die Freunde erst einmal allein die Erlebnisse der letzten Jahre austauschen wollten.

Dafür lud Macky Miller beim Abschied alle ein, ihn am kommenden Samstag mittags zu besuchen, sich den Zirkus zeigen zu lassen und anschließend die Vorstellung anzuschauen.

So war nun Johnnys Spezialtruppe, wie sich diejenigen nannten, die ständig freiwillig im Stall mitarbeiteten, gemeinsam mit Bille, Bettina und Florian unter Führung des Indianers nach Neukirchen unterwegs. Bille hatte sich Zottel gesattelt, und Florian ritt seit langer Zeit einmal wieder Bongo, der sonst nur noch im Gespann ging oder auf die Koppel geschickt wurde. Nico auf Maestros Rücken hatte das ungewohnte Vergnügen, auf Florian herabsehen zu können. Mini hatte sich Happy erkoren. Johnny saß in Whiskys Sattel. Beppo kauerte auf Rumpelstilzchen wie ein Jockey, und Bettina begleitete die Gruppe im Sattel ihrer Haflingerstute Sternchen.

Der Bauernhof, dessen Gebäude dem Zirkus als Winterquartier dienten, lag neben einem Fabrikgelände vor der Stadt. Längst waren die Felder zu Bauland geworden; es gab nur noch wenige Koppeln, auf denen der Bauer etwas Vieh gehalten hatte, bis er den Hof aufgab. Bald sollten auch die verschwinden und neuen Fabrikgebäuden Platz machen. Der Hof war zum Abbruch bestimmt.

Doch vorerst wimmelte es von Tieren und buntem Volk, das sich in Ställen, Scheunen und im Wohnhaus für die Wintermonate eingerichtet hatte. Zur Straße hin erhob sich das große Zelt mit dem Kassenwagen und dem Bürowagen davor, eingerahmt von Lichterketten und einem farbenprächtigen Portal aus Holz, auf dem die aufregendsten Zirkussensationen abgebildet waren. Hinter dem Hof lagerte wie eine Schar Küken um die Henne ein Dorf aus Zirkuswagen. Die

Tiere waren aus luftigen Zelten in warme Ställe umgezogen; in der Scheune residierten die Elefanten.

Macky Miller empfing seine Gäste am Ende des Wagendorfes. Überschwänglich begrüßte er seine alten Freunde Happy, Maestro und Whisky, erst dann schüttelte er seinen Gästen die Hände und geleitete sie in den Hof.

„Ihr könnt eure Pferde da drüben auf die Koppel bringen; der Direktor weiß Bescheid. Mit unseren Ponys werden sie sich schon vertragen, sie sind ja schließlich Kollegen. Ali wird sie im Auge behalten. Für die Sättel ist in der Remise Platz, legt sie auf den Anhänger dort."

„Prima, danke schön!"

Bille beobachtete schon seit einer Weile amüsiert, wie Zottel aufgeregt die Ohren spitzte und wie elektrisiert die Nüstern blähte. Ungeduldig drängte er dem Zelt entgegen, von dem ein Duftgemisch aus Holz, Leim, Sägemehl und der scharfe Geruch von Raubtieren ausging.

„Ich möchte zu gern wissen, was Zottel früher im Zirkus getrieben hat!", sagte sie. „Seht nur, wie aufgeregt er ist! Ob er hier alte Bekannte trifft?"

„Wenn er einmal zu uns gehört hat, müsste das unser Stallmeister wissen", meinte Macky Miller. „Er würde ihn sofort erkennen. Aber wahrscheinlich ist es nur der Geruch, der ihn an früher erinnert. Kommt, ich werde euch erst mal in unseren Restaurantwagen führen, damit ihr euch stärken könnt für die große Besichtigung."

Sie brachten die Pferde auf die Koppel, überzeugten sich, dass es zwischen Zirkusponys und Gästen keine Feindseligkeiten gab, dann folgten sie Macky Miller zu einem der schweren, hölzernen Wagen und kletterten hinter ihm die Stiege hinauf.

„Wie ein altmodischer Speisewagen", flüsterte Bettina. „Urgemütlich! Es muss herrlich sein, mit dem Zirkus zu reisen!"

„Vielleicht engagieren sie uns als Stallhelfer, wir können ja mal fragen", antwortete Bille. „Ich bin riesig gespannt auf ihre Pferde!"

Macky Miller hatte sich gut auf ihren Besuch vorbereitet. Die Tische waren bereits für sie gedeckt, ein Imbiss stand bereit, und Macky kümmerte sich persönlich darum, dass Teller und Becher immer wieder gefüllt wurden. Während sie aßen, tauchte alle paar Minuten jemand auf, um den alten Kollegen Johnny zu begrüßen und ihn über sein Leben in Groß-Willmsdorf auszufragen. Johnny erzählte stolz von seiner Arbeit und seinen Schützlingen und erkundigte sich nach alten Freunden und Bekannten. Die Leute vom Zirkus schienen wirklich eine große Familie zu sein.

Schließlich klatschte Macky Miller in die Hände.

„Freunde, ich hoffe, ihr seid alle satt geworden – jetzt wollen wir mit der Führung beginnen! Danach ist für euch die Loge reserviert, von der aus ihr euch die Vorstellung ansehen könnt. Darf ich euch bitten, mir zunächst zu meinem bescheidenen Heim zu folgen."

Wenn sie sich unter einem Zirkuswohnwagen eine von bunten Requisiten überquellende Künstlerbehausung vorgestellt hatten, so sahen sie sich jetzt getäuscht. Macky Millers Heim unterschied sich in nichts von einer ganz normalen Mietswohnung, nur dass alles auf engerem Raum Platz finden musste. An den Fenstern hingen Spitzengardinen, auf der Couch standen die Kissen wie Soldaten aufgereiht und schienen beim Eintreten der Besucher stramme Haltung anzunehmen. Die Fotos an der Wand waren säuberlich gerahmt, und in einer Vitrine glänzten Silberleuchter, Messingkännchen und Sammeltassen.

Macky präsentierte stolz seine Kochnische, den Duschraum und die Schlafecke. Bille hätte sich nicht gewundert, wenn auf der frischen Tischdecke eine Häkelarbeit gelegen hätte.

„Wirklich sehr gemütlich!", lobte Bettina. „Ich stelle es mir herrlich vor, in so einem Wagen gemächlich über Land zu schaukeln und aus dem Fenster meines fahrenden Hauses mal eine Großstadt, mal Felder und Wald und dann wieder das Meer zu sehen."

„Jetzt werde ich euch meine Nachbarn vorstellen, die fünf Ricardos. Eine große Familie, und bis auf die Mutter stehen alle Abend für Abend in der Manege. Es sind hervorragende Akrobaten, sie arbeiten mit dem Schleuderbrett."

Bei den fünf Ricardos sah es nicht viel anders aus als bei Macky Miller, nur dass es mehrere Schlafgelegenheiten gab. Und genauso war es bei den übrigen Artisten. Die meisten waren verheiratet und hatten Kinder, auf dem Wohnzimmertisch standen Blumen, in der Ecke der Fernsehapparat, Mütter flickten Kostüme oder bügelten Wäsche und bewachten Sprösslinge, die über ihren Schulbüchern saßen. Und wenn nicht die Fotos an den Wänden vom Artistenleben erzählt hätten, man hätte vergessen können, wo man sich befand.

„Der Wagen dort drüben beherbergt unsere Elektrozentrale, und daneben seht ihr den Werkstattwagen. Dies hier ist der Wagen für die Requisiten."

Während sie zu den Ställen hinübergingen, sagte Macky Miller endlose Zahlenreihen auf, erzählte, wie viele Wagen zum Zirkus gehörten, wie viel Personal, wie viele Tiere sie ständig mitführten und welche Mengen an Futter und an

Lebensmitteln der Betrieb täglich benötigte. Er erklärte, wie hoch das Zelt war, wie viele Stangen, wie viele Meter Zeltplane man benötigte, wie viele Zuschauerplätze unter dem weiten Dach untergebracht waren und wie viel Strom die Scheinwerfer brauchten. Von alldem schwirrte ihnen bald der Kopf, und sie waren froh, als der Anblick der Lipizzaner-Hengste, die gerade für ihren Auftritt verschönert wurden, ihn auf ein anderes Thema brachte.

„Ja, die sind unser ganzer Stolz! Die Tochter des Direktors führt sie vor; es ist einer der Höhepunkte der Vorstellung. Wenn wir im Winterquartier sind, geht sie mit ihren Lipizzanern auf Gastspielreise – sie ist weit über die Grenzen unseres Landes bekannt. Einmal haben sie sogar schon in einem historischen Film mitgespielt. Und hier drüben seht ihr unsere Araber ..."

„Was für wunderschöne Tiere", sagte Bille leise zu Bettina. „Ob sie beim Zirkus glücklich sind? In der Enge des Stallzelts und dem kleinen Rund der Manege? Training, Vorstellung, verladen werden, wieder Training ..."

„Ich weiß nicht. Ich kann es mir nicht vorstellen. Wenn ich die Hengste sehe, möchte ich sie mir lieber über eine weite Koppel galoppierend vorstellen."

Macky Miller schaute auf die Uhr.

„Schon so spät! Tut mir leid, Johnny, die anderen Tiere muss ich euch in der Pause zeigen. Die Vorstellung fängt in zwanzig Minuten an, und ich muss mich umziehen und schminken. Schaut euch inzwischen noch ein bisschen um, und dann setzt euch in eure Loge, sie ist auf meinen Namen reserviert. In der Pause hole ich euch dort ab."

Schon seit einer Weile hatte es in allen Ecken begonnen, sich zu regen. Livrierte überquerten den Hof, Pferde wurden herausgeholt und aufgezäumt, ein Jongleur, schon im Kostüm, übte seine Nummer, Musiker stimmten ihre Instrumente, aus dem Quartier der Elefanten drang ein wilder Trompetenstoß, ein Liliputaner schleppte eine Umhängetasche mit Programmen zum Hauptzelt, ein kleiner Stallbursche ächzte unter der Last glitzernder Geschirre und Schabracken. Von der Straße hörte man das erwartungsvolle Gemurmel der Besucher, die sich an der Kasse drängten. Mini wurde ganz unruhig.

„Wollen wir nicht reingehen? Dann können wir schon mal das Programm studieren. Hier stören wir ja doch nur."

„Fürchtest du, sie lassen gleich die Raubtiere los? Wir werden dich schon beschützen!" Florian legte väterlich den Arm um Minis Schultern.

„Kommt! Jetzt zeige ich euch die Hauptschlagader des Zirkus: den Sattelgang. Hier muss jeder durch, der in die Manege will, und alles muss bis ins Kleinste durchdacht sein, damit die Umbauten von einer Nummer zur nächsten blitzschnell gehen und keiner den anderen behindert. Haltet euch dicht hinter mir, damit ihr niemandem im Wege steht."

Der Indianer führte sie in die schmale Gasse, von der aus man die Manege betrat. Vor ihnen erhob sich das ansteigende Rund der Zuschauerbänke, die schon zur Hälfte besetzt waren.

„Da hinausmüssen und vor all den vielen Gesichtern seine Kunststücke zeigen? Ich glaube, das könnte ich nicht", meinte Bille. „Bei einem Turnier hast du doch wenigstens nur den Kopf deines Pferdes und das nächste Hindernis vor der Nase."

„Sobald die Scheinwerfer aufflammen, siehst du sie nicht mehr", erklärte der Indianer. „Du bist so auf deine Nummer konzentriert, dass du alles um dich herum vergisst. Seht ihr, da stehen die Gitter für die Raubtiernummer. Und die kleine Kutsche dort gehört zur Pudeldressur. Na kommt, unsere Loge ist da drüben."

Bald waren die Zuschauerbänke bis auf den letzten Platz besetzt. Der Liliputaner bot seine Programme an, und der Eisverkäufer hatte sich bei dem kalten Wetter auf Glühwein und heiße Würstchen umgestellt. Das Orchester spielte einen Tusch, und die Scheinwerfer flammten auf. Ein Herr im Frack kam in die Manege, zog winkend seinen Hut und begrüßte mit ausgebreiteten Armen das Publikum. Die Vorstellung begann.

Happy, Whisky und Maestro spitzten die Ohren. Die Vorstellung begann – und keiner holte sie zu ihrem Auftritt? Die Koppel hatte sich geleert. Ein junger Marokkaner hatte die Zirkusponys zu ihrem Auftritt auf den Hof getrieben, wo sie von eifrigen Stallhelfern aufgezäumt und mit bunten Federbüschen geschmückt wurden, um sich dann gehorsam in einer Reihe aufzustellen.

Keinem war es aufgefallen, dass Zottel sich mit durch das Gatter gedrängt hatte und nun einen kleinen Erkundungsspaziergang in Richtung Küchenwagen unternahm, aus dem verlockende Düfte herüberwehten. Zottels Enttäuschung war groß, als er die Tür verschlossen fand und er rund um den Wagen nicht die kleinste Spur von etwas Essbarem entdeckte. Verdrossen trabte er weiter, um die Wagenkolonnen zu inspizieren, vielleicht hatte er dort mehr Glück.

Aber auch da fand er nichts. Niemand stellte um diese Jahreszeit einen Korb mit Lebensmitteln oder eine Einkaufstasche vor der Tür ab, nicht einen verloren gegangenen Apfel fand er, nicht einmal eine Brotkruste.

Vor den Ställen und auf dem Hof herrschte jetzt Hochbetrieb, da durfte er sich nicht sehen lassen. Am Ende wurde er noch gesattelt und zur Arbeit geschickt. Aber vor dem großen Portal war es still, da konnte er sich ungestört ein bisschen umsehen.

Die Kassiererin saß an ihrem Platz und zählte die Einnahmen des heutigen Nachmittags, neben sich griffbereit zur Stärkung eine Schachtel Kekse. Für solche Genüsse hatte Zottel eine besonders feine Nase! Also schritt er ohne Umstände auf den Kassenwagen zu, legte den Kopf schief und steckte sein Maul durch die Öffnung. Die Lippen gierig gespitzt, schnaubte er vor Freude heftig, die Geldscheine hoben sich wie eine Wolke in die Luft und segelten in alle Richtungen davon.

„Huach!", schrie die Kassiererin und kreischte empört: „Du verflixtes Biest, was hast du hier zu suchen! Scher dich in deinen Stall zurück, marsch!"

Die Kassiererin machte ein paar wegscheuchende Bewegungen in seine Richtung, aber da sie Kummer gewöhnt war, was das plötzliche Auftauchen eines Tieres betraf, meinte sie es nicht allzu ernst. Außerdem hatte sie alle Hände voll zu tun, um das Geld vom Boden zu sammeln, und so zog Zottel unbemerkt die Keksschachtel zu sich heran, zerrte sie durch die Öffnung und ließ sie zu Boden fallen. In aller Ruhe verzehrte er die herausgefallenen Kekse.

Bis die Kassiererin, die nun noch einmal mit dem Zählen begann, automatisch in Richtung Keksschachtel griff, dort aber nichts fand, war Zottel längst über alle Berge.

Aus dem Inneren des Hauptzeltes klang Trommelwirbel herüber. Die fünf Ricardos zeigten ihre atemberaubenden Kunststücke auf dem Schleuderbrett. Benita, die dreizehnjährige Tochter der Ricardos, die in schwindelnder Höhe auf den Turm aus Körpern sprang, den ihr Vater und die Brüder bildeten, erntete tosenden Beifall.

Zottel wurde neugierig und beschloss, nun doch einmal einen Blick in die Manege zu werfen. Leise betrat er den Sattelgang, in dem die Elefanten schön aufgereiht, Rüssel an Schwänzchen, auf ihren Auftritt warteten.

Drinnen in der Manege warfen die Ricardos Kusshändchen ins Publikum, verbeugten sich und kamen im Laufschritt in den Sattelgang. Livrierte stürmten an ihnen vorbei in das Zirkusrund hinaus, um Schleuderbrett und Teppich wegzuräumen und die Podeste für die nächste Nummer aufzustellen. Zottel zögerte nicht lange und lief ihnen nach.

Einer der Livrierten, ein kleiner rundlicher Mann mit Bürstenschnurrbart, der sich gerade hinunterbeugte, um das Schleuderbrett aufzuheben, bekam kugelrunde Augen, als er am anderen Ende statt eines Kollegen ein Pony auftauchen sah. Schnell trat er auf den Eindringling zu, um ihn zu verscheuchen. Dabei setzte er einen Fuß auf das Schleuderbrett und beugte sich vor. Das hätte er nicht tun sollen, denn auch Zottel strebte vorwärts und trat auf das schwebende Ende des Brettes. Ehe der Mann wusste, wie ihm geschah, flog er mit einem Salto durch die Luft und landete mit einem ohrenbetäubenden Knall auf dem Orchesterpodium in der Pauke.

Das Publikum brüllte vor Lachen. Das war bei Weitem die beste Nummer, die sie bis jetzt gesehen hatten! Zottel hörte den Applaus, und Erinnerungen wurden in ihm wach. Er verneigte sich artig: ein Bein gestreckt nach vorn geschoben, das andere gebeugt, senkte er den Kopf.

Bille und ihre Freunde saßen wie erstarrt da. War das

Zottel? Oder ein Doppelgänger? Gehörte das nun zum Programm oder nicht?

„Holt doch das Pony da raus, verdammt noch mal!", zischte der Befrackte im Sattelgang. „Wo kommt der überhaupt her?"

Das Orchester, das einen Augenblick – starr vor Schreck – verstummt war, begann nun mit doppeltem Tempo zu spielen, allerdings ohne Pauke; in der saß immer noch der Livrierte fest. Ein anderer Livrierter stürzte auf Zottel zu und griff sein Halfter. Zottel hatte sein Kommen nicht bemerkt und schlug bei dem unsanften Ruck ärgerlich den Kopf in die Höhe. Das wiederum bekam dem hilfreichen Mann vom Zeltbaukommando schlecht, denn er war zu dicht an Zottel herangetreten und bekam einen Kinnhaken, der ihn für einige Minuten sanft ins Jenseits beförderte. Er sank, ein erstauntes Lächeln auf den Lippen, auf den immer noch nicht zusammengerollten Teppich.

Wieder applaudierte das Publikum. Welch eine Meisterleistung der Dressur! Zottel trippelte zur Piste vor, stellte sich mit den Vorderfüßen hinauf und verneigte sich. Dann entdeckte er Bille, schwenkte nach rechts hinüber, stieg wieder auf die Piste, reckte den Hals und blies ihr zärtlich ins Gesicht. Das Publikum tobte vor Vergnügen.

Florian schaltete blitzschnell. Zottel war unfreiwillig aufgetreten, und die Leute johlten vor Vergnügen. Wenn sie einen Riesenkrach mit dem Direktor vermeiden wollten, half nur eins: Der Erfolg musste größer sein als der Ärger!

Florian hechtete über die Brüstung der Loge, lief zum Orchesterpodium, formte die Hände zum Trichter und rief: „Den Donauwalzer! Spielt den Donauwalzer!"

Improvisieren, wenn etwas schiefging, war die Spezialität der Zirkuskapelle! Die Musiker brauchten nur Sekunden, um von dem flotten Marsch, den sie gerade gespielt hatten, in die sanften Klänge des Walzers überzugehen. Zottel spitzte die Ohren, dann begann er sich im Rhythmus der Musik in zierlichen Pirouetten um sich selbst zu drehen. Das Publikum klatschte im Takt mit.

Im Sattelgang wurden die Elefanten unruhig. So lange mussten sie doch sonst nicht warten! Sie begannen mit ihrer Lieblingsbeschäftigung – mit dem Rüssel Sand aufzunehmen und sich genüsslich damit zu duschen. Bald sahen die rot-goldenen Schabracken aus, als wären sie damit durch einen Wüstensturm gelaufen.

Dann entdeckte die alte Elefantendame Nellie, die als Erste in der Reihe stand, einen mit Wasser gefüllten Eimer. Wasser war um vieles besser als Sand, und sie tauchte den Rüssel tief hinein. Der Befrackte, der um seine Elefantenvorführung fürchtete, schob sich an ihr vorbei und winkte zum Orchester hinauf.

„Aufhören! Aufhö…" Der Rest erstickte glucksend unter einem Schwall Wasser.

Doch jetzt wurde Babsie eifersüchtig, die Nächste in der Reihe der Elefanten. Sie drängte sich an Nellies Seite und versuchte, ihr den Eimer zu entreißen. Vergeblich scheuchte der Befrackte sie zurück. Babsie ergriff den Eimer und schwang ihn triumphierend durch die Luft. Das Wasser schwappte nach allen Seiten, und Zottel wurde kräftig geduscht.

Das Publikum kreischte vor Wonne.

Jetzt flog der Eimer in hohem Bogen in die Manege, genau vor Zottels Hinterbeine. Zottel entledigte sich des lästigen Gegenstands mit einem gezielten Huftritt und tollte weiter, er war jetzt richtig in Stimmung. Der Eimer ging auf den Würstchenverkäufer nieder und stülpte sich ihm über den Kopf.

Das Orchester ging zu einer anderen Melodie über, und Zottel stand erschöpft still. Er schnaubte, schüttelte sich heftig, dann sah er vergnügt ins Publikum, als wenn er sagen wollte: Und was soll ich euch jetzt noch zeigen?

Irgendetwas juckte ihn auf dem Rücken, Sand rieselte auf ihn herab. Zottel schüttelte ihn ärgerlich ab. Jetzt wurde er sanft von hinten angestoßen. Zottel sah sich um.

Entsetzt schrak er zusammen. Ein riesiger Elefant stand hinter ihm, die Ohren aufgestellt, den Rüssel drohend erhoben! Zottel zog den Schweif ein und trabte mit gesenktem Kopf nach draußen. Hinter ihm donnerte der Applaus, und das Publikum rief im Chor: „Bravo! Bravo!"

Aus der Dunkelheit tauchte Bille auf und legte die Arme um Zottels Hals. Sie hatte Zucker in der Hosentasche und klopfte und streichelte ihr Pony zärtlich. Dann begann sie sein schweißnasses Fell mit Stroh abzureiben.

„Du bist wirklich ein toller Kerl", flüsterte sie. „Du dummes, unmögliches, geliebtes Zotteltier!"

Große Pläne

Zum Glück hatte Zottels unfreiwilliger Auftritt kein böses Nachspiel. Florian behielt recht: Der Publikumserfolg gab den Ausschlag. Was zählten ein paar blaue Flecke, eine kaputte Pauke und eine zerfetzte Uniform gegen die Riesenreklame, die das Publikum überall in der Stadt machte! Alle Vorstellungen waren bereits am nächsten Tag ausverkauft, man brauchte sich um das Futtergeld für die Tiere nicht mehr zu sorgen.

„Welch ein Komiker!", hatte der Direktor gesagt. „Ein Jammer, dass so ein Talent für die Zirkuswelt verloren ist! Wollen Sie es sich nicht doch noch einmal überlegen? Er wäre bei uns in den besten Händen!" Und er hatte Zottel lange zum Abschied den Hals getätschelt.

Als Simon von Zottels Abenteuer erfuhr, hörte er gar nicht mehr auf zu lachen. Bille schaute ihn nachdenklich an.

„Weißt du, dass ich dich schon seit Wochen nicht mehr habe lachen sehen? Manchmal habe ich den Eindruck, als sei ich für dich gar nicht mehr vorhanden."

„So ein Quatsch!" Simon schloss Bille in die Arme und drückte sie so fest an sich, dass es wehtat. „Ich bin nur total fertig mit diesem blöden Abitur und der vielen Reiterei. Ich schlafe zu wenig und habe zu nichts anderem mehr Zeit. Aber das geht ja vorüber. Du musst einfach ein bisschen Geduld mit mir haben."

„Die habe ich. Ich wünschte nur, ich könnte dir irgendwie helfen", sagte Bille bedrückt. „Oder irgendetwas für dich tun!"

„Hm, lass mich mal nachdenken. Na schön, ich weiß was. Küss mich, und dann setz dich hierher, nimm meinen Kopf in den Schoß, streichle meine Stirn und sage alle zwei Minuten leise: ‚Mein armer, armer Liebling, wie hast du es schwer!' Wäre das in deinem Sinne?"

„Spinner!" Bille gab ihm einen zärtlichen Schubs. „Ich hab dich unheimlich lieb!"

Das Erlebnis im Zirkus hatte unerwartete Nachwirkungen. Denn als man sich am nächsten Tag im Internat zu einer Besprechung zusammensetzte, um zu überlegen, wie man den Elternbesuchstag gestalten könnte, sprang Mini plötzlich auf.

„Warum machen wir in der Reithalle nicht ein Zirkusprogramm? Eine Mischung zwischen Reitvorführungen und Zirkusnummern? Alle könnten da mitmachen, sogar die Lehrer! Wir zeigen Akrobatik, Clown-Szenen, Dressur und Voltigieren, wir können musizieren und Tänze vorführen … Es muss doch nicht immer das ewig gleiche Weihnachtsspiel sein, das alle machen. Schließlich sind wir ein Reiter-Internat!"

„Mini hat recht, das ist die Idee!", rief Franca. „Schließlich ist die Reithalle das Zentrum unseres Lebens hier. Warum also sollen wir nicht auch unsere Vorführung dorthin verlegen? Lasst uns abstimmen – wer ist dafür?"

Es zeigte sich, dass alle von diesem Plan begeistert waren, und sofort begannen die Beratungen, wie man das Programm zusammenstellen sollte.

„Ignaz der Schreckliche müsste als Kraftmensch auftreten oder als Feuerschlucker, das würde zu ihm passen", meinte Beppo.

„Herr Hütter muss Zirkusdirektor werden, das ist doch klar. Er wird sowieso eine Ansprache halten."

„Na schön, er gibt die Einführung in die Show und kündigt die Nummern an. Und weiter?"

„Dann die Voltigiernummer!"

„Nein, die bildet den Höhepunkt, die muss später drankommen!"

„Also gut, dann Dressur. Mannschaftsreiten oder so was."

„Ja, das ist gut, es muss eine langsame Steigerung geben!"

„Beppo, mit Zitronen jonglierend!"

„Kann er doch gar nicht."

„Eben drum. Und danach Herr Vorwald, wie er Fräulein Weber durchsägt …"

„Das geht nicht, die ist so kitzlig."

„Kinder, macht keinen Blödsinn, konzentriert euch! Wir haben nicht mehr viel Zeit", mahnte Peter. „Also noch mal von vorn …"

Bille erfuhr von den Plänen, als sie am nächsten Tag nach getaner Arbeit im Schulstall auftauchte. In den Boxen und in der Stallgasse herrschte Hochbetrieb. Während eine Gruppe mit dem Reitlehrer drüben in der Halle arbeitete, eine andere mit Ignaz dem Schrecklichen im Unterrichtsraum etwas über Wurmbefall bei Pferden und dessen Heilmethoden durchnahm, war die dritte Gruppe damit beschäftigt, das allwöchentliche Großreinemachen im Stall zu erledigen. Ein besonders gründliches Ausmisten und Putzen der Boxen, der Fenster, Lampen, Schränke und Regale in Stall, Futterkammer und Geräteräumen.

Die Reitschüler des Internats wechselten sich wöchentlich bei dieser nicht sehr beliebten Arbeit ab, die von manchem insgeheim als reine Schikane betrachtet wurde, die aber gerade diesen sehr gut bekam. Denn außerhalb dieses Großputztages machten sie einen weiten Bogen um solcherlei Pflichten.

Derjenige, der sich am meisten über diese Arbeit empörte, war Beppo. Pferde putzen konnte er freiwillig stundenlang, aber schon das Einfetten der Sättel und des Zaumzeugs erklärte er kategorisch für Frauenarbeit, ähnlich dem Wäschewaschen und Bügeln. Und Boxen auszumisten war in seinen Augen absolut das Schlimmste, was man einem Menschen zumuten konnte.

So versuchte er auch heute wieder, sich um diese ungeliebte Aufgabe herumzumogeln. Als er Bille die Stallgasse heraufkommen sah, stöhnte er herzzerreißend.

„Was ist los? Hast du dich verletzt?", fragte Bille erschrocken.

„Ach, nichts", gab Beppo in jammervoll klagendem Ton von sich und stieß entschlossen die Forke in einen Strohballen, um gleich darauf wieder aufzustöhnen.

„Gib doch nicht so an", sagte Franca trocken, die in der Nachbarbox arbeitete.

„Angeben? Angeben? Schaut euch das an!", zeterte Beppo los. „Schon die zweite Wasserblase! Und an der linken Hand habe ich auch eine! Das kann eine Blutvergiftung geben!"

„Die armen Patschhändchen! Das hat man nun davon, wenn man solche Samtpfötchen hat wie du."

„Zeig her", sagte Bille kameradschaftlich. „Na ja, so schlimm ist es nicht. Du solltest ein Pflaster draufmachen, damit kein Schmutz reinkommt. Ich löse dich so lange ab."

„Danke, meine Süße!" Beppo nahm ihren Kopf, drückte ihr einen schmatzenden Kuss auf die Stirn und war verschwunden.

„Den siehst du heute nicht wieder", brummte Franca. „Du fällst auch auf jeden Trick rein."

Peter, der mit einem Eimer aus der Box gegenüber trat, grinste breit.

„Jetzt wird er sich um jede Hand einen dicken Verband wickeln und sich mit seinem heiß geliebten Schmöker aufs Bett verziehen. Und uns erzählt er nachher, er habe Latein gelernt."

„Das soll er sich nur trauen! Der hat doch in Latein noch nie was gewusst!", sagte Franca.

„Was wetten wir?"

Im Unterrichtsraum wurden Stühle gerückt, die Stunde war zu Ende. Gleich darauf betrat Ignaz der Schreckliche den Stall, um sich mit Luzifer noch ein bisschen Bewegung zu machen. Auf dem Weg zur Sattelkammer bemerkte er Bille in Darlings Box.

„Was machen Sie denn hier?"

„Ich miste aus."

„Das sehe ich. Sie wissen genau, was ich meine."

„Nun ja, ich habe Beppo nur für einen Augenblick vertreten. Er muss sich ein Heftpflaster holen."

„So."

Ignaz der Schreckliche verschwand in der Sattelkammer. Als er fünf Minuten später wieder erschien, warf er einen argwöhnischen Blick zu Darlings Box hinüber.

„Wo holt er denn das Heftpflaster? In der Apotheke in Neukirchen?", grollte sein Opernbass durch den Stall. „Gestehen Sie! Dem Burschen ist es wieder gelungen, einen Dummen zu finden, der seine Arbeit macht!"

„Oh, ich weiß nicht, möglicherweise konnte er wegen der Blasen an den Händen nicht weitermachen und ist gleich an seine Arbeit gegangen. Er wollte, glaube ich, Latein machen."

„Aha. Wenn das stimmte, wäre es ausgesprochen klug von ihm. Nun ja, wir werden sehen."

„Kinder, wir müssen Beppo unbedingt warnen!", flehte Bille, als Ignaz der Schreckliche mit Luzifer den Stall verlassen hatte. „Der wird morgen garantiert ausgefragt!"

„Machen wir, ist doch klar."

In diesem Augenblick – Peter fegte gerade die letzten Strohhalme zusammen – erschien Beppo mit dem Ausdruck äußersten Arbeitseifers.

„Ihr seid schon fertig? Ich wollte gerade weitermachen!"

„Ach, wirklich?"

„Nun ja, es hat ein bisschen länger gedauert … Ich sah da mein Lateinbuch auf dem Bett liegen und bin schnell noch mal den Text für morgen durchgegangen."

„So, du hast also wirklich Latein gelernt?", fragte Bille.

„Das sage ich doch! Und wie!"

Peter trat auf ihn zu und sah ihm prüfend ins Gesicht.

„Du willst also allen Ernstes behaupten, dass du die ganze Zeit Latein gepaukt hast, verstehe ich das richtig?"

Beppo legte die Hand aufs Herz.

„Aber ja! Glaubst du mir etwa nicht?"

„O doch. Dann ist ja alles in Ordnung."

Als am nächsten Morgen die Lateinstunde begann, tat Ignaz der Schreckliche zunächst so, als bemerke er Beppo gar nicht. Er ließ Bettina ein Stück übersetzen, und Beppo entspannte sich gut gelaunt.

„Fahren Sie bitte fort, Beppo."

Beppo träumte von der hübschen Barbara aus der Neunten.

„Santini!"

„Äh … ja, bitte?"

„Ich bat Sie fortzufahren."

Beppo starrte ins Buch. Ein hilfreicher Finger tippte auf die Stelle, die jetzt drankam.

„Die Etrusker … die Etrusker … kochten …"

„Nein, gekocht haben sie wirklich nicht, es sei denn vor Wut darüber, von Ihnen so missachtet zu werden. Also?"

„Ja, also die Etrusker … die Etrusker …"

„Unsere Spannung wächst zu erfahren, was die Etrusker trieben."

Beppo überschlug blitzschnell seine Chancen. Von den anderen war keine Hilfe zu erwarten, Ignaz der Schreckliche fixierte sie mit Adleraugen, auch nicht die kleinste Lippenbewegung entging ihm. Und er hatte nicht ein einziges Mal ins Buch geschaut, um sich vorzubereiten, es war sinnlos, so zu tun, als hätte er gelernt. Ignaz der Schreckliche würde ihn die ganze Stunde auf kleiner Flamme kochen lassen, bis nichts mehr von ihm übrig war! Da war es schon besser, ihn gleich mit einem Geständnis milde zu stimmen. Dann gab es eine Extrastudierstunde unter Aufsicht, in die er – wenn er Glück hatte – seinen Krimi einschmuggeln konnte, ohne dass der Lehrer es merkte.

„Nun, was war mit diesen Etruskern?"

„Ehrlich gesagt, ich weiß es nicht. Es ist schon so lange her."

„Sie haben sich diese Lektion nicht angesehen?", fragte Ignaz der Schreckliche sanft.

„Nein, ich … es tut mir leid, aber ich hatte Stalldienst und so wenig Zeit und …"

„Sie waren sozusagen verhindert."

„So ist es!", sagte Beppo erfreut.

„Weil Sie Blasen an den Händen hatten."

„Ja ... äh, nein, natürlich nicht deswegen, ich ..." Beppo strahlte Ignaz den Schrecklichen treuherzig an, ließ seine Grübchen spielen und zeigte einen samtweichen Jungehundeblick. „Ich hab's vergessen, tut mir leid. Ich nehme das Nachsitzen freiwillig auf mich."

Ignaz der Schreckliche zog die Luft durch die Nase.

„Nachsitzen?", brüllte er. „Hat hier jemand was von Nachsitzen gesagt? *Nachmisten* werden Sie, mein Junge! Eine Woche lang jeden Tag drei Boxen ausmisten! Und dass das gründlich geschieht, davon werde ich mich persönlich überzeugen!"

Gewitter
im Stall

„Hast du dir denn schon überlegt, was du Inge zu Weihnachten schenken willst? Und dem Kleinen?"

„Mutsch! Ich habe bis jetzt überhaupt keine Zeit gehabt, darüber nachzudenken!"

„Na, du bist gut! In einer Woche ist Heiligabend! Wie stellst du dir denn das vor? Schlimm genug, dass du dir noch nicht mal die Mühe gemacht hast, ein paar Plätzchen zu backen! Ich kann doch nicht alles allein machen, den ganzen Tag im Laden und abends den Haushalt! Hast du dich denn wenigstens um die Weihnachtspost gekümmert?"

„Nein! Und ich habe auch noch keine Ahnung, was ich dir zu Weihnachten schenken soll und Onkel Paul und Simon und Bettina und Daddy und Tom und …"

„Hör schon auf! Du tust ja gerade, als wärst du hier die Einzige, die arbeiten muss! Was sollen Onkel Paul und ich sagen? Den ganzen Tag den Vorweihnachtstrubel im Geschäft und abends die Büroarbeit – was glaubst du denn, wie es bei uns jetzt zugeht?"

„Ja, Mutsch, ist ja gut!", sagte Bille gereizt. „Nun reg dich nicht auf. Ich mach ja alles noch, keine Sorge!"

„Fragt sich nur, wann."

„Wenn ich Zeit habe!", antwortete Bille weinerlich. „Bis jetzt hatte ich wirklich noch keine Gelegenheit!"

„Andere Töchter berufstätiger Mütter machen neben der Schule noch den halben Haushalt!"

„Die reiten auch nicht."

„Es ist alles eine Frage der richtigen Zeiteinteilung!" Mutsch legte mit ruckartigen Bewegungen ein paar Frottiertücher zusammen, um sie dabei in die richtige Form zu ziehen. „Ich habe immer zwei bis drei Berufe gehabt. Das Geschäft, den Haushalt, den Garten, euch Kinder. Wenn ich nur an die Buchhaltung denke, die ich oft noch bis in die Nacht hinein habe machen müssen! Aber ich bin immer mit allem fertig geworden. Man muss nur im Voraus richtig planen, dann kommt man am Ende auch nicht ins Gedränge. Immer alles auf die letzte Minute, das ist doch nichts, Kind, das weißt du doch selber", fügte sie begütigend hinzu.

„Klar weiß ich das! Nur lässt es sich im Moment leider nicht ändern. Die Schule, die Pferde, dann die vielen Proben für den Elternbesuchstag, das Herstellen der Requisiten. Sag mir bitte, wie ich mich da zwischendurch hinsetzen und Geschenke basteln soll oder Plätzchen backen!"

„Hättest dir eben im November schon Gedanken machen sollen darüber. Du wusstest doch, dass ihr vor Weihnachten etwas proben würdet für den Elternbesuchstag. Und dass es da auch sonst immer besonders viel Arbeit gibt."

„Ach, Mutsch, jetzt hör schon auf! Ich bin todmüde."

Aber wenn die Mutter einmal in Fahrt war, dann ließ sie sich nicht so leicht bremsen, dann wollte sie auch alles loswerden, was sich bei ihr aufgestaut hatte. Wann sah sie denn ihre Tochter schon mal? Am Abend eine Stunde beim Abendessen, wenn überhaupt. Danach hockte sie in ihrem Zimmer über ihren Schulbüchern, um das nachzuholen, was sie über dem Reiten versäumt hatte. Die Turnierpreise, die

Erfolge, die lobenden Zeitungsartikel, waren die ein Trost dafür, dass man sich nicht mehr sah? Denn am Wochenende war Bille nur noch bei den Pferden, daran hatten sie sich gewöhnen müssen. Oder sie war mit Simon zusammen – was so ziemlich das Gleiche war.

„Es gefällt mir einfach nicht, wie du dein Leben nur noch für die Pferde opferst. Die Familie bleibt dabei auf der Strecke!", murrte sie. „Und für andere Interessen hast du schon lange keine Zeit mehr. Wenn ich da an deine früheren Schulkameradinnen denke! Heike spielt zwei Instrumente und ist beim Laientheater dabei. Helga ist im Schwimmclub, spielt im Sportverein Tischtennis und singt im Kirchenchor. Und Evi malt und töpfert und ist Mitglied des Jugendorchesters. Wann hast du denn zuletzt ein gutes Buch gelesen oder warst auch nur mal mit zum Tanzen? Die anderen haben immer wieder angefragt, ob du nicht Lust hättest, mal …"

Bille ging einfach aus dem Zimmer. Sie wollte Mutsch nicht wehtun, aber sie spürte genau – noch eine Minute länger und sie hätte losgebrüllt und es hätte einen Riesenkrach gegeben.

Denn dass Mutsch im Grunde genommen recht hatte, wusste sie ganz genau. Das machte es ja gerade so schlimm. Wenn sie abends todmüde ins Bett sank, fragte sie sich oft, ob sie jemals wieder Zeit finden würde, ein Buch zu lesen, ins Kino zu gehen oder ins Theater. Sie schwamm für ihr Leben gern und fand Tischtennis herrlich. Aber wenn sie im Internat jemand zu einer Partie einlud, lehnte sie bedauernd ab, weil sie Pferde bewegen musste oder im Stall zu tun hatte.

Kam sie abends nach Hause, dann musste sie für die Schule arbeiten oder ihre Reitstiefel putzen, ihre Sachen in Ordnung bringen, etwas nähen oder bügeln. Danach schaffte sie es gerade noch, in die Badewanne zu steigen oder sich die Haare zu waschen, dann sank sie wie ohnmächtig ins Bett.

Einmal hatte sie mit Bettina darüber gesprochen.

„Du bist doch selber schuld daran, wenn du so abgehetzt bist", hatte Bettina gesagt. „Dein Unglück ist ganz einfach, dass du nicht Nein sagen kannst! Kommt jemand mit einer Bitte zu dir, sagst du: ‚Klar, okay, mach ich!', noch ehe der andere ausgesprochen hat. Du denkst überhaupt nicht darüber nach, ob diese Bitte nicht vielleicht eine Zumutung ist, die du mit gutem Gewissen ablehnen kannst! Aber ich glaube, du willst es auch gar nicht. Kein Mensch verlangt von dir, dass du so viel im Stall und mit den Pferden arbeitest, du könntest die Hälfte davon den anderen überlassen. Aber du – du bist besessen davon, alles selber machen zu wollen! Wahrscheinlich ist dir kein anderer gut genug, was weiß ich, was die Pferde betrifft, muss ja bei dir immer alles perfekt sein. Du bist so verbohrt, dass du gar nicht merkst, wie du dich immer mehr festfährst. Das ist doch Krampf, Bille. Das musst du doch einsehen!"

Bille war wütend gewesen. Bettina hatte gut reden. Die ritt zwei Pferde täglich, kümmerte sich um ihr Sternchen und Daniels Asterix, wenn Daniel nicht daheim war. Und wenn sie mal keine Zeit oder keine Lust hatte, wurden Sternchen und ihr kleines Fohlen Stella einfach auf die Koppel geschickt. Der Haflingerstute machte es nichts aus, wenn sie bei jedem Wetter draußen war. Und auf Turniere musste sie sich auch nicht vorbereiten – Bettina beschränkte sich auf die Freizeitreiterei. Da konnte sie sich natürlich allen möglichen anderen Dingen widmen: Sie las viel, hörte Musik und begleitete Herrn und Frau Henrich regelmäßig ins Theater oder Konzert. Und was ihre Weihnachtsgeschenke betraf, hatte sie überhaupt keine Probleme! Da sie so viel malte und fotografierte, brauchte sie am Ende des Jahres nur zu entscheiden, wem sie welches ihrer Werke verehren wollte.

Außerdem hat sie Fantasie!, dachte Bille verbittert und knallte ihre Zimmertür geräuschvoll hinter sich zu. Bettina fällt immer etwas Originelles ein; die macht auch noch aus einer Hand voll trockener Blätter etwas oder aus ein paar alten Hosenknöpfen. Sie macht eine Collage oder schreibt ein lustiges Gedicht, backt einen Kuchen oder eine Pastete, um jemanden damit zu überraschen, und das alles im Handumdrehen. Alles ist bei ihr wie ein Spiel, wie ein reines Vergnügen. Und ich?

Bille warf sich angezogen aufs Bett und schloss die Augen. Am liebsten wäre sie gleich eingeschlafen. Aber Mutschs Vorwürfe hallten ihr noch in den Ohren. War es denn wirklich so schlimm, wenn ihr Leben ganz und gar den Pferden gehörte? Wie hatte Daddy damals zu ihr gesagt – ein Reiter, der ungebildet ist und außer ein paar Kenntnissen über Pferde nichts im Kopf hat, der taugt nichts. Wer als Reiter wirklich zur Spitzenklasse zählen will, der sollte auch andere Interessen pflegen, sollte lesen und sich weiterbilden und mit wachen Augen durch die Welt gehen, nicht mit Scheuklappen. Denn was wäre, wenn er eines Tages so erfolgreich wird, dass er so eine Art Aushängeschild für sein Land wäre? Er wird Interviews geben müssen, wird im Fernsehen erscheinen, man wird ihn sehr genau unter die Lupe nehmen, seine Manieren, sein menschliches Verhalten, sein Wissen. Für so etwas kann man keine Dummköpfe gebrauchen! Und sie hatte sich immer vorgenommen, seinem Idealbild eines Reiters ähnlich zu werden: bescheiden, intelligent, mit einem fundierten Wissen, guten Manieren, einem wachen

Interesse für alles, was auf der Welt vorgeht, und echter Tierliebe.

„Müde – lächerlich!", sagte Bille laut und sprang auf. Sie ging in die Küche hinunter und braute sich einen starken Tee. Dann setzte sie sich an ihren Schreibtisch, holte das Briefpapier heraus, verzierte ein paar Seiten mit kleinen Zeichnungen, Kerzen, Tannenzweigen und Sternchen und schrieb ihre Weihnachtspost.

Es war lange nach Mitternacht, als sie schließlich noch ein weißes Blatt zur Hand nahm und eine Liste derjenigen aufstellte, denen sie etwas zu Weihnachten schenken wollte. Hinter jeden Namen setzte sie einen Vermerk, was für denjenigen infrage kam. Zufrieden mit sich taumelte sie, frierend und übermüdet, gegen halb zwei ins Bett.

Am nächsten Morgen während des Unterrichts fühlte sich Billes Kopf an wie ein hohler Kürbis. Sie hatte alle Mühe, nicht einzuschlafen, und musste immer wieder bei Bettina nachfragen, wovon im Augenblick da vorn die Rede war.

„Du siehst so blass aus!", sagte Bettina in der Pause. „Bist du krank?"

„Nur ein bisschen müde. Hab heute Nacht meine Weihnachtspost erledigt."

„Alle Achtung! Das habe ich bis jetzt noch nicht geschafft … Du solltest dich nach dem Essen hinlegen, damit du heute Nachmittag nicht aus dem Sattel fällst. Nico tritt dir bestimmt gern ihr Bett ab."

„Ach was, wenn ich über den toten Punkt bin, kann ich stundenlang weitermachen."

Bille aß mittags im Internat. Nach dem Essen war es den Schülern freigestellt, an einer der drei Studierzeiten teilzunehmen, je nachdem, in welcher Gruppe sie Reitunterricht oder Stalldienst hatten oder ob sie sich zu einem Ausritt angemeldet hatten. Der Nachmittag war in drei solche Studierzeiten eingeteilt, und Bille bevorzugte meistens die erste, gleich nach dem Mittagessen, um dann den ganzen Nachmittag und Abend für ihre Pferde zu haben. Was sie nicht geschafft hatte, wurde vor dem Schlafengehen zu Hause erledigt.

Ein solcher Tag war heute.

„Die spinnen doch!", maulte Franca. „Uns so viel aufzugeben, wo sie genau wissen, dass wir allein drei Stunden für die Proben benötigen!"

„Was willst du machen – die Zeugnisse!", seufzte Bettina. „Tröste dich, in acht Tagen gibt's Ferien, dann kannst du dich drei Wochen lang erholen."

Bille fühlte, wie sie von einer großen Wolke aus Mutlosigkeit eingehüllt wurde. Alles schien auf einmal grau und hoffnungslos. Ferien, ja – und dann werde ich doppelt so viele Pferde reiten, doppelt so viel im Stall arbeiten und in der Zwischenzeit Simon abhören und ihm helfen, so gut es geht. Gibt es das, dass man die Pferde und das Reiten so liebt wie ich und trotzdem der Punkt kommt, an dem man das alles zum Teufel wünscht?

Sie quälte sich mehr schlecht als recht durch die Studierzeit, hatte nur knapp die Hälfte geschafft und verschob den Rest auf den Abend. Es würde zwar spät werden, denn nach dem Abendessen hatte sie im Internat noch zwei Stunden Probe für die Weihnachtsvorführung, aber was half es … Wenn sie bloß gewusst hätte, wann sie sich um die Geschenke kümmern sollte!

In der Halle lief ihr Frau Körber über den Weg.

„Bille, fein, dass ich dich gerade treffe! Ich habe hier eine

Liste mit Requisiten, die wir noch für die Vorstellung brauchen: Kartons, leere Waschmitteltonnen, Glanzpapier, Klebeband, Schnur und eine Wäscheleine. Könntest du uns das aus eurem Laden besorgen? Wir brauchen die Sachen möglichst heute, und ich komme so schlecht hier weg, ich habe Aufsicht bis zum Abendessen."

„Aber unser Laden ist in Leesten drüben und nicht in Wedenbruck. Und ich komme heute nicht mehr hinüber."

„Das ist dumm. Was machen wir bloß? Und wenn du deine Mutter anrufst und sie bittest?"

„Okay, geben Sie her, ich werde sehen, was ich machen kann."

Bille nahm den Zettel an sich und ging. Anrufen und die Sachen telefonisch bestellen – in der Hektik des Weihnachtsbetriebs würde Mutsch darüber nicht begeistert sein. Außerdem kam sie heute nicht vor zehn Uhr abends heim, dann war es zu spät. Sie musste sich selbst um die Sachen kümmern. Wenn sie sich mit den Pferden beeilte, konnte sie kurz vor Ladenschluss in Leesten sein und im Lager heraussuchen, was sie brauchte. Vielleicht fuhren Simon oder Tom sie mit dem Wagen hinüber, dann war sie pünktlich zur Probe wieder hier.

„Du, Bille …"

„Hallo, Mini! Ich hab dich gar nicht gesehen."

„Wenn du nach Leesten rüberfährst, könntest du mir dann etwas mitbringen? Ich brauche unbedingt einen kleinen Topf grüne Ölfarbe, um das Geschenk für meine Mutter anzumalen, und einen Pinsel und Terpentin, und ich kann hier nicht weg, weil wir heute …"

„Schätzchen, Ölfarbe haben wir nicht im Spar-Markt. Die kriegst du nur im Fachgeschäft in Neukirchen."

„Ach du lieber Himmel! Da komm ich ja nie hin! Was soll ich denn jetzt nur tun? Niemand im Internat hat die Farbe, ich hab schon überall gefragt!", jammerte Mini.

„Ich glaube, mein Schwager Thorsten müsste welche haben. Ich gehe heute Abend bei ihm vorbei und bringe dir welche mit, okay?"

„Du bist ein Engel!"

„Manchmal."

Bille stürmte nach draußen und atmete tief ein. Die frische Luft tat ihr gut. Am besten, sie ging mit Black Arrow ins Gelände, dann fühlte sie sich gleich besser. Anschließend konnte sie dann San Pietro und Troja in der Halle reiten. Vielleicht ließ sich Hubert ja auch überreden, Troja für sie zu longieren; Sinfonie wollte ohnehin Tom heute übernehmen. Umso eher kam sie nach Leesten hinüber.

Als sie in den Stall kam, war der alte Petersen allein.

„Wo ist Hubert?"

„Krank, musste zum Doktor. Du sollst so nett sein und Simons Pferde fertig machen, er kommt um fünf."

„Mach ich, mach ich alles", sagte Bille mechanisch. „Seit wann ist Hubert denn weg?"

„Er ist heute gar nicht gekommen. Er meinte, du würdest schon für ihn einspringen."

Hubert war nicht gekommen, also war auch seine Arbeit nicht getan; die Hälfte der Pferde nicht geputzt, Iris, Donau und Santa Monica nicht bewegt und die Absetzer nicht auf der Koppel gewesen, denn allein schaffte das der alte Petersen nicht. Und Daddy war heute in Hamburg.

„Na fabelhaft. Noch mehr so gute Nachrichten?"

„Ja, Tom fragt an, ob du Sinfonie heute doch selber reiten kannst. Er hat so viel zu arbeiten."

„Warum nicht Troilus auch noch? In der Nacht hätte ich noch ein paar Stunden frei", sagte Bille sarkastisch.

Sie ging zu Black Arrow in die Box und führte den Wallach in den Putzstand. Flüchtig säuberte sie ihn, kratzte die Hufe aus und holte Sattel und Zaumzeug. In ihrer Hast stieß sie sich zweimal den Ellbogen und brach sich beim Sattelauflegen einen Nagel ab. Wenn schon, denn schon, dachte Bille ergeben.

Sie ritt am Schulstall vorbei und hielt nach einem der Klassenkameraden Ausschau. Es war niemand zu sehen, nur der dicke Martin zog Rumpelstilzchen über den Hof.

„Martin, kannst du mir einen Gefallen tun? Ich brauche jemanden, der in einer halben Stunde Black Arrow trocken reitet. Ich hab noch drei Pferde zu reiten und muss um sechs fertig sein. Organisierst du mir das? Derjenige soll um Viertel vor vier vor der alten Reithalle sein."

„Okay."

Bille war nicht einmal erstaunt, dass niemand dort war, als sie nach einem scharfen Galopp mit dem dampfenden Black Arrow vor der Reithalle hielt. Sie nahm es mit Humor. Der Ritt durch die frische Luft hatte ihr gutgetan. Sie ließ den Rappen im Schritt ein paar Runden durch die Halle gehen, dann sattelte sie ihn ab und warf ihm eine Decke über, bis er völlig trocken war.

Auf das Putzen von Troja verzichtete sie ganz, es war wichtiger, dass die Stute bewegt wurde. Nach Troja nahm sie Sinfonie an die Longe, ließ die Stute tüchtig laufen und kam nach einer halben Stunde mit ihr in den Stall zurück, um sich San Pietro zu holen.

Sinfonie hatte mal wieder ihren besonderen hysterischen Tag. Als Bille ihr das Zaumzeug abnahm, schlug sie den

Kopf hoch und verpasste Bille einen schmerzhaften Kinnhaken, sodass sie einen Moment wie benommen war. Als sie aus der Box trat, steckte Tom seinen Kopf durch die Stalltür.

„Sag mal, bist du mir sehr böse, wenn ich dich bitte, Troilus auch noch zu übernehmen? Ich stecke in meiner Arbeit hoffnungslos fest."

Bille biss sich auf die Lippen.

„Na gut", sagte sie gottergeben. „Weil du's bist. Kurz vor der Probe schaffe ich es vielleicht noch. Im schlimmsten Fall muss ich ihn in der Halle laufen lassen und nach der Probe wieder in die Box bringen."

„Wenn du ihn reiten könntest, wär's natürlich schön, er hat gestern gestanden."

„Ich versuch's. Sowie ich aus Leesten zurück bin, wenn Simon mich rüberfährt. Abendessen adieu …"

„Wie bitte?"

„Ach nichts."

Draußen bremste Simon geräuschvoll seine Ente, er war sicher wieder gefahren wie der Teufel. Und seine Pferde waren noch nicht fertig! Bille raste los, um Sattel und Zaumzeug zu holen. Simon stürmte herein.

„Kinder, ich habe höchstens eine Stunde Zeit, dann muss ich wieder an die Arbeit! Alles fertig?"

„Sofort!"

Als sie mit Sattel und Zaumzeug zurückkam, standen Simon und Tom vor Nathans Box und schwatzten und blödelten miteinander.

„Darf ich mal vorbei?"

Simon trat zur Seite und schob die Tür zu Nathans Box auf.

„Was denn, wie sieht denn der aus! Und so willst du ihn satteln? Dieses völlig verdreckte Pferd? Wieso ist er eigentlich noch nicht fertig? Ich habe doch angerufen, dass ich um fünf Uhr hier bin und nur ganz kurz Zeit habe!"

„Weil ich vorher noch ganz schnell drei Pferde reiten musste, großer Meister, und nachher noch zwei reiten muss und doppelt so viele putzen, aber das macht ja nichts, ich hab ja heute Abend nur noch zwei Stunden Probe und zwei Stunden für die Schule zu arbeiten, wenn ich in Leesten die Besorgungen für Frau Körber gemacht habe, weil … weil …" Bille schluckte, aber die Tränen stiegen unaufhaltsam hoch. Sie feuerte Simon den Sattel vor die Füße. „Ach, macht doch euren Scheiß allein!"

Dann rannte sie nach draußen, sah sich einen Augenblick ratlos um, knallte keuchend die Tür hinter sich zu und verschwand im Stutenstall. Dort war sie jetzt ungestört; der alte Petersen ging eben zum Fohlenstall hinüber.

Bille schlich sich zu Donau in die Box und verkroch sich weinend im Stroh. Die mütterliche Stute beschnupperte zart ihr Gesicht, Bille spürte das samtweiche Maul auf ihrer Stirn.

Es dauerte nicht lange, da wurde vorsichtig die Tür der Box aufgeschoben. In ihrem wilden Schluchzen hörte es Bille nicht. Simon kniete sich neben ihr nieder und streichelte ihren Rücken. Dann stand er auf, zog sie zu sich hoch und schloss sie in die Arme.

„He! He, du!" Ganz sacht begann er die Tränen von ihrem Gesicht zu küssen. „Sag mir, was los ist, komm …"

Bille berichtete stockend, was sie seit Wochen bedrückte, wie die Last von Tag zu Tag schwerer geworden war, die Anforderungen drohten sie zu ersticken. Dabei wiegte Simon sie wie ein kleines Kind und hörte nicht auf, sie zu streicheln.

„Pass auf", sagte er schließlich. „Tom wird dich jetzt nach Leesten rüberfahren. Ich reite inzwischen eure Pferde. Und anschließend setzt er dich zu Hause ab, du machst deine Hausaufgaben und gehst dann sofort zu Bett. Das ist ein Befehl, verstanden?"

„Und die Probe?"

„Muss heute ohne dich stattfinden. Du bist krank."

„Aber das ist unmöglich, Simon, du hast doch keine Zeit, vier Pferde zu reiten!"

„Ich nehme sie mir einfach, mein Schatz. Kein Abi der Welt kann so wichtig sein, wie du mir bist."

„Das ist ein unheimlich schöner Satz. Kannst du den nicht noch mal sagen?"

Simon wollte mit einem Kuss antworten, aber Donau drängte ihr weiches Maul dazwischen und begann Billes Gesicht abzulecken. Bille musste lachen.

„Da hast du's! Mein Leben ist ein einziger Dienst am Pferd – jetzt werde ich schon als Salzleckstein benutzt!"

Die Zirkusschau der Superstars

„Bitte, Bille! Verrat mir doch, was Ignaz der Schreckliche machen wird!"

„Mini, kein Wort werde ich sagen! Dann ist es doch keine Überraschung mehr!"

„Aber ich gehöre doch zu den Darstellern!"

„Trotzdem, ich habe versprochen, nichts zu verraten, und das halte ich auch. Diese zwei Stunden wirst du dich wohl noch gedulden können!"

Groß-Willmsdorf hatte schon lange nicht mehr so festlich ausgesehen wie an diesem Tag. Das Portal war von einer Tannengirlande umkränzt, die Auffahrt frisch geharkt, der Hof blitzte vor Sauberkeit. Im Schloss wetteiferten Zimmer und Säle um den Preis für die schönste Adventsdekoration, ein verführerischer Duft nach Weihnachtsgebäck mischte sich mit dem würzigen Geruch der Kiefern-, Tannen- und Fichtenzweige, die in großen Vasen überall verteilt waren, und dem feinen Aroma der selbst gezogenen Wachskerzen.

Die Ställe standen dem Haus nicht nach; jede Box hatte Tannenschmuck mit roter Schleife und Weihnachtskugel am Namensschild, und es gab keinen Winkel, der nicht auf Hochglanz gebracht worden wäre.

Vor dem Tor zur Reithalle, die ebenfalls eine Girlande bekommen hatte, prangte ein Schild mit der Aufschrift:

Die Zirkusschau der Superstars
Beginn 11 Uhr

Ein dicker roter Pfeil wies zur Zuschauertribüne hinüber. Unter der Tribüne stapelten sich Requisiten und Instrumente, und im Reitlehrerraum, der bei Turnieren als Richtertribüne diente, hatte man eine kleine Bar mit Erfrischungen aufgebaut.

„Ein paar sind schon da!", meldete Martin, der als Kurier zwischen Haupthaus und Reithalle eingesetzt war. „Evi begleitet die erste Besichtigungstour durchs Schloss."

„Gut!", sagte Bille. „Lass keinen vor halb elf in den Zuschauerraum, sonst werden wir nicht fertig."

„Die haben im Schloss sowieso genug anzugucken, wir beschäftigen sie schon. Und die Ställe kriegen sie erst nach der Schau zu sehen, damit ihr beim Aufsatteln nicht gestört werdet."

„Lieber Himmel, bin ich aufgeregt! Ich werde alles verpatzen!", stöhnte Mini und hielt sich den Bauch.

„Unsinn! Du bist so sicher, dass du deine Nummer noch im Schlaf vorführen könntest. Nach dem ersten Sprung wird deine Aufregung wie weggeblasen sein."

Der Parkplatz füllte sich schnell. In Scharen wanderten die Besucher durchs Schloss, ließen sich Klassenzimmer und Aufenthaltsräume zeigen, bewunderten die Bastelausstellung und die ausgestellten Kunstwerke ihrer Sprösslinge, warfen einen Blick in die Turnhalle und den Physikraum und ließen sich Aula, Speisesaal und Bibliothek zeigen.

Um halb elf öffneten sich die Tore der Reithalle, und bald war die Zuschauertribüne bis auf den letzten Platz besetzt. Vom Tonband erklang festliche Musik.

Scheinwerfer flammten auf, und Direktor Hütter stieg auf das Podest, das zwei eifrige Clowns in die Mitte der Halle getragen hatten. Ein dritter brachte das Mikrofon herbei, blies prüfend hinein, erschrak übertrieben über das Geräusch, kämpfte wie ein Ertrinkender um sein Gleichgewicht, wobei er das Mikrofon steil in die Höhe hielt, als müsse er es vor der Berührung mit Wasser schützen, bis es ihm endlich gelang, es dem Direktor zu überreichen. Die ersten Lacher erfüllten die Halle. Direktor Hütter strahlte.

Vom Tonband erklang ein Tusch. Der Direktor hieß die Gäste willkommen und gab einen Überblick über das Programm, das sie in den nächsten zwei Stunden zu sehen bekommen sollten. Dann lud er sie zum anschließenden Mittagessen im Speisesaal ein und wünschte ihnen viel Vergnügen.

„Achtung – es geht los!", wisperte Bille, während der Applaus aufbrauste.

Mit einem kräftigen Klaps schickte sie Moischele, das winzige Shetlandpony, das sie für diese Vorführung aus Wedenbruck mit herübergenommen hatte, als Nummerngirl in die Halle. Einer der Clowns ergriff Moischeles Halfter und führte das Pony im Kreis.

Jetzt ritten Nico und Florian auf Troja und Florentine in die Bahn und zeigten eine vollendet aufeinander abgestimmte Dressurvorführung, die umso eindrucksvoller war, als die beiden Stuten sich glichen wie eineiige Zwillinge. Den beiden folgte eine größere Gruppe von Schülern, ebenfalls mit einer Dressurnummer.

Für die Vorführung hatte der Zirkus großzügig Zaumzeug, Federbüsche und Kostüme ausgeliehen, das Fehlende hatten sie mit viel Fantasie selber hergestellt. Das üppige

Farbenspiel verfehlte nicht seine Wirkung und überdeckte manchen kleinen Mangel.

Jetzt wurde der schwere Teppich ausgerollt. Die Marschmusik ging in flotte Tanzrhythmen über. Eine Gruppe in bunten Volkstrachten wirbelte herein und zeigte slawische Tänze. Ihnen folgte der Zauberer.

Nun kam Mini an die Reihe. Der Indianer hatte es übernommen, Luzifer zu longieren. Erwartungsvolle Stille breitete sich aus, als das zarte kleine Mädchen neben dem mächtigen Rappen erschien. Mini steckte in einem himmelblauen, mit Gold bestickten Trikot, das sie noch zierlicher erscheinen ließ. Luzifers Zaumzeug und Gurt waren ebenfalls in Blau, Weiß und Gold gehalten.

Johnny der Indianer, ganz in Schwarz gekleidet, ließ Luzifer angaloppieren. Wie ein federnder Ball hüpfte Mini ihm entgegen und schwang sich auf seinen Rücken. In den letzten Wochen hatte sie viel dazugelernt. Johnny hatte schließlich doch ihrem Wunsch nachgegeben und mit ihr gearbeitet. Jetzt stand sie leicht und sicher auf Luzifers Rücken, ließ sich auf ein Knie nieder, zeigte Fahne, Flanke und Schere, die Grundübungen, richtete im Schulterstand die Beine kerzengerade in die Höhe, stellte sich wieder auf und zeigte dreimal einen Überschlag. Wieder im Grundsitz hing sie plötzlich mit ausgestrecktem Arm seitlich am Bauch ihres Pferdes, berührte mit der Hand fast den Boden und galoppierte so eine Runde, richtete sich auf und ging in den Handstand über. Für einen Augenblick löste sie die zweite Hand vom Gurt und streckte den Arm zur Seite. Der Applaus prasselte wie ein Gewitterregen in die Manege, aber Mini nahm es gar nicht wahr. Sie stellte sich von Neuem auf, und nun warf ihr der Indianer ein Springseil zu. Mini hüpfte federnd ein paarmal zur Probe, dann ließ sie das Seil durch die Luft schwingen und sprang fast ein Dutzend Mal. Lachend warf sie das Seil einem der Clowns zu und landete mit einem Salto rückwärts in der Bahn. Mit ausgebreiteten Armen rannte sie strahlend zu Johnny dem Indianer und fiel ihm um den Hals. Die Zuschauer trampelten vor Entzücken und applaudierten wie wild. Noch während der nächsten Nummern unterhielt man sich flüsternd über Minis außerordentliche Leistung.

„Na siehst du!", sagte Bille. „Jetzt zieh dich aber schnell um, damit du dich nicht erkältest!"

„Kommt nicht infrage!", widersprach Mini. „Jetzt will ich die Nummer von Ignaz dem Schrecklichen sehen!"

„Dann nimm wenigstens meine Jacke."

„Ignaz, der stärkste Mann der Welt!", verkündete in der Manege einer der Clowns.

Ignaz der Schreckliche, in einem knielangen rot-weißen Ringelleibchen, hatte sich eine Clownsnase übergestülpt und rote Apfelbäckchen gemalt. Auf seiner Glatze klebte ein kleines Toupet aus schwarzen Haaren, streng in der Mitte gescheitelt. Während er sich mit lautem Gebrüll an die Brust klopfte und seine Muskeln spielen ließ, wurde hinter ihm ein Wagen in die Halle gezogen, auf dem riesige graue Felsbrocken lagen, die allerdings in Wirklichkeit aus Schaumgummi bestanden. Dem Wagen folgte – nun nicht mehr als Nummerngirl, sondern nur noch mit einem Halfter versehen – das Pony Moischele.

Ignaz der Schreckliche tätschelte dem winzigen Pony väterlich den Hals, dann holte er ein extra für diesen Zweck entworfenes, weit ausladendes Tragegestell aus einer Ecke und befestigte es umständlich auf Moischeles Rücken. Er überzeugte sich ein paar Mal, ob der Gurt auch festsaß, dann begann er unter furchterregendem Grollen und Brüllen die scheinbar zentnerschweren Felsbrocken vom Wagen zu heben und auf das Gestell zu packen. Jedes Mal, wenn er einen der Brocken losließ, gab er Moischele einen sanften Schubs, sodass das Pony einen Schritt machte und es aussah, als zucke es unter dem Gewicht zusammen.

„Eine irre Idee!", kicherte Mini. „Man sieht Moischele unter dem Berg von Steinen kaum noch. Gleich wird er sich hinstellen und sich neben dem armen, überladenen Pony als stärkster Mann der Welt feiern lassen!"

„Warte nur ab, es kommt noch viel besser!", sagte Bille.

„Er wird doch nicht noch den Wagen draufpacken?"

„Keine Sorge."

Ignaz der Schreckliche hatte jetzt den letzten Brocken vom Wagen genommen und stemmte ihn unter furchtbarem Stöhnen mit hochrotem Kopf auf den Gipfel des Felshügels. Dann stieß er ein ohrenbetäubendes Huaaaach! aus, als wolle er sich in einen Kampf mit einem Löwen stürzen. Er rieb sich kräftig die Hände, beugte sich vor, senkte ein Knie, schob den Kopf unter den Bauch des Ponys und umfasste mit den Armen Vorder- und Hinterbeine. Langsam stemmte er Moischele mitsamt seiner Last in die Höhe.

Jubelnder Beifall belohnte Ignaz den Schrecklichen für seine originelle Nummer.

„Und so was is nu Lateinlehrer", sagte Hubert zum alten Petersen. „Wie isses bloß möglich!"

Für Billes Nummer wurde in der Halle ein kleiner Parcours aufgebaut. Sie ritt für diese Vorführung die zuverlässige Troja. Zunächst zeigte sie mit einigen Mitschülern eine Folge von Sprüngen, einzeln und zu zweit nebeneinander, einstudiert wie ein Ballett. Dann verließen die anderen die Bahn, und Mini hüpfte herein.

Hinter ihr führte der Indianer den kräftigen Schimmel Bobby herein und nahm Troja dafür in Empfang. Bille hatte ihr schwarzes Turnierjackett abgeworfen und trug nun, wie Mini, ein weißes langärmliges Hemd mit Rüschenbesatz zur schwarzen Hose. Bobbys Zügel waren am Sattel befestigt. Bille galoppierte eine Runde auf dem Hufschlag, bis die Helfer alle Hindernisse aus der Bahn entfernt hatten – bis auf eines in der Mitte. Mini hüpfte ihr entgegen, und Bille streckte den Arm aus. Leicht wie eine Feder schwang sich Mini hinter ihr auf den Pferderücken.

Vor diesem Augenblick hatte sich Bille gefürchtet. Mini im rechten Augenblick zu erwischen schien ihr das Schwerste, alles andere war dagegen ein Kinderspiel. Eine Runde galoppierten sie so zu zweit, dann nahmen sie das Hindernis. Wieder eine Runde, und Mini stellte sich hinter Bille auf. Bille streckte die Arme nach oben, und Mini fasste ihre Hände. Bobby sprang ruhig und landete so weich, dass man es kaum spürte.

Jetzt kletterte Mini auf Billes Schultern, saß dort, die Arme ausgebreitet, während Bille ihre Beine umklammert hielt. Wieder ein Sprung, kein Problem, sie hatten das gründlich geübt. Weich passten sie sich jeder Bewegung des Pferdes an.

„Riskieren wir's?", flüsterte Mini.

„Wenn du willst – okay!", gab Bille zurück. „Toi, toi, toi!"

Sie bemühte sich, ihren Oberkörper so ruhig wie möglich zu halten und nur mit Schenkeln und Hüften Bobbys Galoppsprünge aufzufangen. Mini stellte sich – die Hände um Billes Handgelenke geklammert – auf, passte sich geschickt dem Rhythmus des Galopps an, löste den Griff und breitete die Arme aus, während Bille ihre Hände schützend um die Fußgelenke der Kleinen legte. Bobby sprang. Mini schwankte unmerklich, riss die Arme noch einmal ein wenig höher und glitt an Billes Rücken entlang wieder hinunter. Lachend und winkend galoppierten sie noch eine Ehrenrunde und verließen die Bahn unter tosendem Applaus.

Draußen wartete Simon und fing Bille in seinen Armen auf, während Mini von ihren Freunden umringt und gefeiert wurde.

„Großartig, ihr zwei! Ich bekomme allmählich Angst, dass ich dich doch noch an den Zirkus verliere!", sagte Simon.

„Hm, warte nur, bis du mich in meiner Clownsnummer mit Happy siehst! Original von Macky Miller übernommen! Johnny hat sie mit mir einstudiert. Komm mit, ich muss mich schnell umziehen und schminken."

Simon drückte Bille an sich und sah ihr in die Augen.

„Na du? Wünschst du die Reiterei immer noch zum Teufel?"

„Ich? Wie kommst du denn darauf! Das musst du geträumt haben! Gibt es auf der Welt etwas Schöneres als Pferde und Reiten?" Bille lachte.

Frühling, Freunde, freche Fohlen

Das fängt ja gut an!

„Ich komme mir vor wie ein Nachtwächter am Tage!"

„Bitte?" Achmed, der türkische Stallhelfer, sah Bille verständnislos an.

Bille musste lachen. „Natürlich, das kannst du nicht wissen, ein Nachtwächter, das ist ein Mann, der in der Nacht herumgeht und schaut, ob alles in Ordnung ist. Er hält Wache. Und ich komme mir vor wie ein Nachtwächter, weil ich heute mit dir allein auf dem Hof bin und aufpassen muss und weil der Himmel am hellen Mittag so schwarz ist, dass man meinen könnte, es wäre Nacht."

„Das gibt böses Wetter", sagte Achmed besorgt. „Viel Schnee."

„Ja, endlich Schnee! Es wird auch Zeit, schließlich haben wir Januar. Ich hatte mich so auf ein paar schöne Ausritte im Schnee gefreut. In drei Tagen sind die Ferien vorbei, und wir haben gar nichts vom Winter gehabt", seufzte Bille.

Achmed teilte ihre Begeisterung für einen schneereichen Winter offensichtlich nicht, aber er schwieg höflich. In diesem Augenblick fegte eine Sturmbö heran, dass sie fast durch die offene Tür in die Stallgasse geweht wurden. Die Abfalltonne fiel krachend um und rollte über den Vorplatz, eine Wolke aus Strohhalmen und trockenen Blättern wirbelte bis zum Dach hinauf.

„Mach die Tür zu, und dann lass uns die Fenster schließen", mahnte Bille. „Bis auf das eine hinten auf der windgeschützten Seite. Das zieht ja sonst wie Hechtsuppe!"

„Bitte?"

Bille stutzte. Sie sah Achmeds fragendes Gesicht, lernbegierig und verzweifelt darüber, dass die deutsche Sprache immer neue Geheimnisse für ihn bereithielt.

„O weh, jetzt frag mich bitte nicht, warum Hechtsuppe zieht", sagte Bille lachend. „Das ist einfach so eine Redensart. Eine ziemlich blöde." Hinter ihr flog krachend die Tür zur Sattelkammer zu. „Komm, wir müssen uns beeilen, sonst weht es uns noch die Pferde aus den Boxen!"

Bald waren alle Fenster geschlossen. Der Sturm heulte um das Gebäude, als wolle er sich wütend Einlass verschaffen, aber drinnen herrschte friedliche Stille. Die Schulpferde genossen ihre Mittagsruhe und dösten vor sich hin. Bille ging noch einmal die Reihe der Boxen ab und warf einen prüfenden Blick auf ihre vierbeinigen Freunde, ehe sie wieder zum Reit- und Zuchtstall Hans Tiedjens, ihres väterlichen Freundes und Lehrers, zurückkehrte, wo sie heute allein Dienst tat.

Die Schwellung an Darlings Bein war zurückgegangen. Bis die Schüler des Reiter-Internats Groß-Willmsdorf aus den Ferien zurückkamen, würde die hübsche Rappstute wieder völlig in Ordnung sein. Natascha, die bildschöne Braune mit der breiten Blesse und der blauschwarz schimmernden Mähne, kam sofort zu Bille herüber und wollte schmusen. Der Schwarzschimmel Bobby hatte sich im Stroh ausgestreckt und seufzte zufrieden, und der rassige braune Janosch leckte verträumt an seinem Salzstein, als wäre er tief in Gedanken versunken. Rumpelstilzchen und Lucky, die beiden Isländer, teilten sich eine geräumige Box und schliefen eng aneinandergelehnt. Reggi – eigentlich hieß sie Regula –, eine Trakehner Hellfuchsstute, hatte in den Ferien zugenommen, ihr würden der wieder beginnende Schulbetrieb und Bewegung gut tun.

Schließlich blieb Bille bei Luzifer stehen, dem nachtschwarzen Riesen mit dem Gemüt eines Lammes.

„Na, mein Dicker? Hast du endlich dein Diätziel erreicht und deine Traumfigur wiederbekommen? Die kleine Mini wird dich kaum wiedererkennen. Richtig gut siehst du aus! Hoffentlich ist sie vernünftig und verwöhnt dich nicht gleich wieder mit Keksen und Zucker."

Die Lehrer des Internats, soweit sie eigene Pferde besaßen, hatten ihre Lieblinge mit in die Ferien genommen, ebenso die Schüler, die schon ein eigenes Pferd hatten. Nur Nicos Sylvester war hiergeblieben, die Reise war einfach zu weit und zu anstrengend für nur drei Wochen. Bille hatte für ihn extra einen Apfel eingesteckt, denn Florian hatte heute keine Zeit gehabt, ihn zu reiten. Ganz unglücklich war Florian gewesen, dass er mit den Eltern und Geschwistern zum fünfundachtzigsten Geburtstag der Großmutter fahren und den ganzen Tag fortbleiben musste. Das Pferd seiner heiß geliebten Freundin Nico zu versorgen wie sein eigenes, war für ihn Ehrensache.

Sylvesters Box gegenüber befanden sich die Boxen der drei Veteranen aus dem Zirkus, die Johnny der Indianer mitgebracht hatte, als er seine Stellung als Pferdepfleger im Schulstall antrat. Bille trat nacheinander zu Happy, Whisky und Maestro und klopfte ihnen zärtlich den Hals.

„Morgen früh ist er wieder da", tröstete sie die drei. „Er musste mal wieder seine Schwester besuchen, und für den einen Tag konnte er euch schlecht mitnehmen, das versteht ihr doch, nicht wahr?"

Der Sturm wurde von Minute zu Minute stärker.

„Ich muss wieder rüber, Achmed", sagte Bille. „Hier ist ja alles so weit in Ordnung. Wenn was ist, ruf mich drüben an. Johnny kommt heute Abend mit dem letzten Zug gegen Mitternacht. Bis dahin musst du die Stellung hier halten, okay?"

Achmed nickte halb stolz, halb unsicher. Aber da Bille sich vor dem Schneesturm nicht zu fürchten schien, wollte er sich seine Sorge nicht anmerken lassen.

Bille kam kaum hinaus, so stark drückte der Wind gegen das Tor. Sie zwängte sich durch den Spalt, und kaum war sie draußen, knallte der Torflügel hart ins Schloss. Dicke Schneeflocken trieben ihr in die Augen, kaum zwei Meter weit konnte sie in dem wirbelnden Weiß sehen, sie tappte wie eine Blinde an den Paddocks entlang. Erst im Park wurde es besser, hier schützten die hohen Eichen und Buchen sie vor den Angriffen des Sturms, und der Tanz der Schneeflocken endete im dichten Gewirr der Zweige über ihr. Die weiten Rasenflächen waren schon unter einem flauschigen Teppich verschwunden, das Herrenhaus des Gutes versteckte sich hinter einer Unzahl weißer Vorhänge.

Als Bille den alten Groß-Willmsdorfer Pferdestall betrat, glühte ihr Gesicht, und von den blond gelockten Stirnfransen tropfte es, als hätte sie gerade geduscht. Bille schüttelte den Schnee aus ihrem Parka und hängte ihn in der Sattelkammer zum Trocknen auf. Dann holte sie ihr Handtuch aus dem Schrank und trocknete sich Gesicht und Haare.

Der Sturm tobte unvermindert weiter. Drüben vor der alten Reithalle fielen krachend ein paar Bretter von einem Stapel. Es war fast ein bisschen unheimlich. Hans Tiedjen und sein Sohn Tom waren verreist, der alte Petersen war beim Arzt, und Hubert und Verwalter Lohmeier waren nach Neukirchen gefahren, um Frachtgut von der Bahn zu holen. Es kam selten vor, dass Bille ganz allein im Stall war und die volle Verantwortung trug.

Normalerweise machte ihr das nichts aus. Aber dieser Schneesturm konnte einen nervös machen. Was geschah, wenn die Straßen unpassierbar wurden? Wenn Petersen und Hubert nicht zurückkamen? Wenn der Strom ausfiel? Wenn … nein, sie wollte sich nicht verrückt machen. Schließlich war man mit sechzehn kein kleines Kind mehr. Und mit Pferden hatte Bille schließlich nicht erst seit gestern zu tun!

Eigentlich hatte sie mit Black Arrow in die Bahn hinübergehen wollen. Jetzt vertröstete sie ihren prächtigen Rappwallach auf später. Es war besser, hier im Stall zu bleiben, bis der Sturm nachließ. Black Arrow langweilte sich ohnehin nicht, solange das Pony Zottel bei ihm in der Box stand. Die beiden vierbeinigen Freunde benagten sich gegenseitig hingebungsvoll die Kruppe und nahmen kaum Notiz von ihr.

Bille warf einen Blick in die anderen Boxen. Hans Tiedjens Turnierstars Feodora, Nathan und der Nachwuchs Troilus ließen sich durch den Lärm draußen überhaupt nicht stören. Auch die anderen waren ruhig, Troja, Sinfonie und San Pietro, der erst kürzlich in den heimatlichen Stall zurückgekehrt war.

Bille ging in den Fohlenstall hinüber. Die Einjährigen kamen neugierig heran, um mit ihr zu spielen, keiner schien durch das Heulen und Klappern draußen beunruhigt zu sein, und auch Billes Nervosität schwand.

Der Stutenstall lag am geschütztesten, hier drang das

Lärmen und Toben von draußen nur gedämpft herein. Bille trat zu Donau in die Box und kämmte ihr zärtlich mit den Fingern den goldroten Schopf. Donaus Bauch zeigte eine kräftige Rundung. In drei Monaten war es so weit, dann brachte sie ihr nächstes Fohlen zur Welt. Ob es diesmal ein Stutfohlen wurde?

Aus der Nachbarbox meldete sich Iris. Sie streckte die Lippen gespitzt durch die Gitterstäbe, als wolle sie Bille einen Begrüßungskuss zuwerfen. Bille ging zu ihr hinüber und schmuste ausgiebig mit ihr.

Santa Monica schlief, und Bille störte sie nicht, sondern wandte sich der Box der Schimmelstute Jacaranda zu. Jacaranda schwitzte stark und lief unruhig hin und her. Bille erschrak. Sollte es schon so weit sein? Der Termin des Abfohlens war doch noch gar nicht gekommen, erst in vier oder fünf Tagen wurde das Fohlen erwartet. Regte die Stute sich vielleicht nur wegen des Sturmes so auf?

Bille sprach besänftigend auf sie ein und beobachtete sie dabei genau. Die Stute beruhigte sich scheinbar, aber gleich darauf begann sie von Neuem unruhig hin und her zu wandern; dann legte sie sich hin, stand wieder auf und scharrte ungeduldig.

„Du lieber Himmel, das hat mir gerade noch gefehlt!", stöhnte Bille. „Kein Mensch außer mir im Stall und dann dieser Schneesturm – und Jacaranda fohlt! Ich muss sofort den Tierarzt anrufen!"

Um ganz sicherzugehen, beobachtete sie die Stute noch ein paar Minuten. Aber das Zittern, das jetzt in regelmäßigen Abständen durch den Pferdekörper lief, ließ keinen Zweifel zu: Jacaranda würde noch heute abfohlen.

Bille lief in die Sattelkammer hinüber und stürzte ans

Telefon. Bei Dr. Dörfler meldete sich die Hauswirtschafterin.

„Der Herr Doktor ist unterwegs, Fräulein Abromeit, das kann spät werden. Soll ich was ausrichten?"

„Ja, bitte!", rief Bille aufgeregt. „Es ist sehr wichtig! Eine der Stuten ..." Knacks! machte es in der Leitung. „Hallo, hallo, hören Sie mich noch? Hallo! Verdammt, tot! Dass das aber auch bei jedem Sturm wieder passieren muss!", schimpfte Bille und knallte wütend den Hörer auf.

Was sollte sie tun? Plötzlich wurde sie von hemmungsloser Panik überfallen. Noch nie war sie mit einer fohlenden Stute allein gewesen, immer war der alte Petersen zur Stelle gewesen und meistens auch Dr. Dörfler. Wenn sie wenigstens Simon erreichen könnte! Aber der feierte zweihundert Kilometer von hier den Geburtstag seiner Großmutter. Und der Indianer kam erst spät am Abend zurück. Alle, die ihr hätten helfen können, waren unerreichbar. Bille dachte an Ignaz den Schrecklichen, ihren bewunderten Lehrer, der so grimmig aussah und doch so wunderbar sanft und sicher mit den Pferden umgehen konnte. Wie gern hätte sie ihn jetzt in der Nähe gewusst. Sie musste Hilfe holen – egal woher!

Mit fliegenden Fingern sattelte sie Zottel und zog ihn in die Stallgasse. Sie schlüpfte in ihren Parka, zerrte sich die Kapuze bis in die Stirn und führte Zottel in den Hof hinaus. Der Sturm packte sie, als hätte er nur darauf gewartet, sein Spiel mit ihr zu treiben. Der Schnee reichte ihr bereits bis an die Waden.

„Tut mir leid, Dicker, aber wir müssen ein funktionierendes Telefon finden. Am besten versuchen wir's zu Hause in Wedenbruck. Wenn die Leitung dort auch unterbrochen ist, kann vielleicht Thorsten zum Tierarzt fahren."

Bille schwang sich in den Sattel und trieb Zottel kräftig an. Aber kaum hatte sie den Stall hinter sich gelassen, verließ die panische Stimmung sie so plötzlich, wie sie sie überfallen hatte.

„Ich bin ein Idiot!", sagte Bille laut. „Ich kann sie doch nicht einfach allein lassen! Ich muss bei ihr bleiben. Irgendwie werde ich es schon schaffen."

Zottel war sichtlich erleichtert, als es zurück in den Stall ging. Bille warf den Sattel in die Stallgasse, aufräumen konnte sie später. Jetzt musste sie sich um Jacaranda kümmern. In Gedanken zählte sie auf, was beim Abfohlen zu beachten war. Sie hatte es oft genug beobachtet und sich gründlich eingeprägt.

Zuerst Wasser abkochen. Saubere Handtücher bereitlegen. Was wurde möglicherweise aus der Stallapotheke gebraucht? War die Box genügend mit Stroh ausgepolstert? Bille war jetzt vollkommen ruhig und konzentriert, rasch und sicher führte sie jeden Handgriff aus. Zunächst stellte sie in der Stallgasse alles bereit, was sie unter Umständen benötigen würde. Dann band sie mit einer sauberen Bandage den Schweif der Stute ein und wusch After, Scham und Euter mit einem milden Desinfektionsmittel sorgfältig ab, um das Fohlen vor Krankheitskeimen zu schützen. Schließlich polsterte sie die Wände der Box noch einmal mit einer dicken Schicht Stroh aus, sodass sie ein behagliches Nest bildeten.

Bille hatte ihre Vorbereitungen gerade beendet, als das Fruchtwasser abging. Nun würde es nicht mehr lange dauern. Jacaranda legte sich hin, gleich mussten die Presswehen beginnen.

Mit Entsetzen stellte Bille fest, dass die Stute sich viel zu nah an die Boxenwand gelegt hatte. So hatte das Fohlen unmöglich Platz genug, auf die Welt zu kommen, und es konnte sich verletzen! Jacaranda musste noch einmal aufstehen, aber würde sie es schaffen, die Stute hochzutreiben?

Bille hasste es, die Stute in diesem Moment so hart anzufassen, aber es musste sein. Nach ein paar kräftigen Klapsen und anfeuernden Zurufen erhob sich Jacaranda halb und sank zurück ins Stroh, aber der Ansatz reichte aus, sie weit genug von der Boxenwand wegrutschen zu lassen. Bille atmete auf. Jetzt konnte sie sich zurückziehen und von der Stallgasse aus beobachten, ob alles normal verlief.

Sie wagte nicht, sich auszudenken, was im Falle einer Komplikation geschehen sollte. Sie konnte nur inständig hoffen, dass bei einer Stute wie Jacaranda, die schon so viele Fohlen auf die Welt gebracht hatte, alles gut verlaufen würde.

Jetzt begann Jacaranda zu pressen. Bille hielt den Atem an vor Spannung, als etwas Dunkelglänzendes unter der Schweifrübe erschien, zurückglitt und mit der nächsten Wehe wieder sichtbar wurde. Das ging so eine Weile, und noch einmal wurde Bille von heftiger Angst befallen; ihr Herz klopfte hart, und kalter Schweiß stand ihr auf dem Rücken. Aber dann erschien sichtbar die Nase des Fohlens zwischen winzigen Vorderhufen; und jetzt wusste Bille, dass das Fohlen normal lag und ohne Schwierigkeiten auf die Welt kommen würde.

Da! Jetzt glitt es ins Stroh, lag einen Augenblick wie tot, doch dann fing es an zu zappeln. Bille atmete auf. Die Eihaut um die Nase des Fohlens zerriss. Es atmete, nieste ein wenig Schleim aus den Nüstern; Jacaranda wandte sich ihrem Neugeborenen zu und begann es zu beschnuppern und abzulecken. Bille brauchte nicht einzugreifen, alles war gut gegangen.

„Ein kleiner Sohn! Jacaranda, du hast wieder ein Hengstfohlen! Grauschwarz wie ein Eselchen ist es. Das wird sicher eines Tages ein stolzer Schimmel! Was meinst du – vielleicht sollten wir ihn Januarsturm nennen? Weil er unterm Sturm geboren worden ist und so stürmisch auf die Welt kam. Ich werde es Daddy vorschlagen."

Jacaranda hatte ihr Kind gründlich trocken geleckt. Jetzt machte es den ersten zaghaften Versuch aufzustehen. Bille rührte sich nicht, um die Stute und ihren kleinen Sohn nicht zu stören. Sie wusste, dass ein Eingreifen jetzt nur Verwirrung stiften würde, denn in diesen ersten Lebensstunden wurde das Fohlen auf seine Mutter geprägt, es lernte, sie als seine Mutter zu erkennen.

Eine Weile schaute sie regungslos zu, wie der kleine Kerl sich aufrichtete, wieder zurückplumpste, beim nächsten Mal kurz auf allen vier Beinen stand, wieder umfiel und es gleich noch einmal probierte. Schließlich stand er breitbeinig und leicht schwankend im Stroh, und die zierliche, samtweiche Nase stupste suchend am Bauch der Mutter herum. Jacaranda fuhr mit sanft massierenden Strichen ihrer Zunge über den Rücken des Kleinen, der schließlich bis zum Euter vordrang.

Jetzt konnte sie die beiden allein lassen. Leise räumte Bille Schüsseln und Eimer zusammen und verstaute Zellstoff und Handtücher im Schrank.

Im Stall nebenan schlug eine Tür, dann hörte sie Eimer klappern. Das musste Hubert sein. Oder der alte Petersen war vom Arzt zurückgekommen. Bille lief hinüber.

„Was für ein Wetter!", empfing sie der alte Petersen. „Ich hab geglaubt, ich komme heute überhaupt nicht mehr nach Hause. Ist irgendetwas los gewesen?"

„Nur eine Kleinigkeit."

Bille verschränkte die Arme und grinste den alten Pferdepfleger an.

„Eine Kleinigkeit? Was denn?"

„Kommen Sie mit mir rüber, ich zeig's Ihnen."

„Muss das gleich sein?"

„Ich denke schon."

„Hast was kaputt gemacht, wie, und willst dein Gewissen erleichtern", brummte der alte Mann. „Na schön, dann beichte mal."

Bille ging schweigend vor ihm her. Als sie in das Halbdunkel des Stutenstalls traten, nahm sie ihn bei der Hand und zog ihn zu Jacarandas Box.

„Wir haben wieder einen Sohn. Und was für einen! Ist das nicht ein Prachtkerl?"

„Dunnerlittchen! Wann hast du denn das gemerkt?"

„Gemerkt? Als die Eröffnungswehen einsetzten. Ich habe versucht, den Tierarzt zu benachrichtigen, aber das Telefon ist unterbrochen. Und dann habe ich alles so gemacht, wie Sie es mir beigebracht haben."

„Du hast das Fohlen ganz allein auf die Welt gebracht?", fragte der alte Petersen kopfschüttelnd.

„Ganz allein?" Bille lachte. „Ach nein, ich würde sagen, Jacaranda hat mir geholfen."

„Gut gemacht, Mädchen, alle Achtung!" Der Pferdepfleger schlug Bille freundschaftlich auf die Schulter. „Na komm, das muss begossen werden. Ich hab gerade Teewasser aufgesetzt. Einen kräftigen Tee mit Schuss können wir jetzt beide gebrauchen. Und dann gehen wir ans Füttern. Na, der Chef wird Augen machen, wenn er kommt!"

Ein Neuer
im Schulstall

„Auf das erste Fohlen dieses Jahres!" Tom hob sein Sektglas übermütig in die Höhe.

„Und auf Bille, die gestern ihre Prüfung als Geburtshelferin mit Glanz bestanden hat!", rief Herr Tiedjen.

„Danke, Daddy! Ich muss zugeben, am Anfang war ich ganz schön nervös. Aber dann ging alles plötzlich wie selbstverständlich. Wenn es allerdings Komplikationen gegeben hätte ... also, ich bin schon heilfroh, dass alles so gut abgelaufen ist."

„So etwas wird auch hoffentlich nicht wieder vorkommen, dass du allein im Stall bist und weit und breit keine Hilfe. Das Telefon unterbrochen und ein solcher Schneesturm ... Tom und ich hatten Mühe, nach Hause zu kommen, die Straßen waren im Nu verweht! Wir fürchteten schon, wir müssten im Auto übernachten."

„Ein echtes Drama! Wie im Kino!", posaunte Florian heraus und schenkte sich schnell noch ein Glas Sekt ein, was ihm einen strafenden Blick seiner Schwester Bettina eintrug.

„Flori, du bist hier nicht zu Hause!"

„Lass ihn, wir haben allen Grund zum Feiern", meinte Hans Tiedjen lachend. „Tom, hol eine zweite Flasche. Und sieh nach, ob Frau Engelke das Abendbrot fertig hat. Florian, wenn du die Flasche gerade in der Hand hast, schenk Bille und Simon auch noch etwas ein."

„Mein Bruder braucht nichts mehr, der muss an seine Kondition denken. Abitur *und* eine anstrengende Turniersaison, da ist Alkohol Gift!"

„Florian, siehst du den schönen, dicken, weißen Schnee dort draußen?", flötete Bille und legte ihren Arm um Simon. „Dort wirst du gleich ein köstliches, aufmunterndes Bad nehmen, wie ich Simon und Tom kenne. Oben und unten ohne und mindestens zwanzig Minuten lang!"

„Ja, ja, immer auf die Kleinen. Es wird Zeit, dass Nico zurückkommt. Morgen Abend …"

„Oh, erinnert mich nicht daran!", stöhnte Bettina. „Übermorgen fängt die Schule wieder an. Ich weiß nicht, warum Ferien immer so schnell vorbei sind."

„Ein Grund mehr zum Feiern!", tröstete Tom sie und gab ihr einen Kuss auf die Nasenspitze. „Hier, Simon, mach mal die zweite Flasche auf, Bettina und ich haben zu tun. Ach, nicht, was ihr schon wieder denkt, wir müssen Engelchen helfen, den Abendbrottisch zu decken!"

Unter dem Gelächter der anderen zog Tom seine Freundin aus dem Zimmer. Simon hatte nicht aufgepasst, und der Sektkorken schoss mit lautem Knall gegen die Decke.

„Na, wir sind schon eine einmalige Reiterfamilie, Daddy, das musst du zugeben!", rief Bille. „Bei uns ist doch immer was los. Prost, großer Lehrmeister, auf dass du dich deiner Schüler nie zu schämen brauchst!"

„Das kann ich mir bei euch gar nicht vorstellen. Bis jetzt hatte ich allen Grund, stolz auf euch zu sein, und ich denke, das wird so bleiben."

„Wir werden alles dafür tun!" Bille stieß ihr Glas

heftig an das ihres väterlichen Freundes, der Sekt schwappte über.

„Oh, unsere liebe kleine Bille hat einen Schwips!", grunzte Florian. „Sieh mal einer an!"

„Warum auch nicht?", verteidigte Simon seine Freundin. „Sie hat allen Grund zu feiern, schließlich hat sie gestern ihr erstes Kind gekriegt. Das war übrigens eine super Generalprobe für unseren Nachwuchs!"

„Was, schon? Ihr seid doch noch gar nicht verheiratet!"

„Quatschkopf! Für Pünktchens Fohlen, meine ich doch. Zwei Monate sind es noch. Ich kann's kaum erwarten."

„In drei Monaten kommt Daniel zurück", sagte Bettina, die gerade ins Zimmer zurückkehrte. „Dann sind wir wieder komplett. Und nun kommt bitte, das Abendessen steht auf dem Tisch!"

Am Nachmittag darauf kamen die Internatsschüler aus den Weihnachtsferien zurück. Johnny der Indianer hatte mit Achmed die Boxen auf Hochglanz gebracht und reichlich Hafer in den Krippen verteilt.

Während Simon drüben in Peershof geblieben war und über seiner Facharbeit fürs Abitur schwitzte, hatten Bille, Tom, Bettina und Florian es sich nicht nehmen lassen, die Zurückkehrenden im Schulstall zu erwarten.

Nico, Florians Freundin, war mit der kleinen Mini und ihren Eltern gekommen. Jetzt stürmten die beiden Mädchen in den Stall, Mini, um Luzifer, Nico, um abwechselnd Florian und ihren Wallach Sylvester zu umarmen. Bille und Bettina zwinkerten sich lachend zu, als der Rappwallach Luzifer genüsslich malmte und mampfte. Minis Taschen hatten beim Betreten der Box bedenkliche Wölbungen aufgewiesen. Aber heute durfte man eine Ausnahme machen.

Florian und Nico waren in Sylvesters Box verschwunden, dort herrschte auffällige Stille. Dafür wurde es jetzt auf der Stallgasse lebendig. Franca kehrte mit ihrer Stute Donata zurück, gleich hinter ihr folgte Frau Körber, eine der Lehrerinnen, mit ihrem Pferd. Und dann dröhnte draußen der gewaltige Opernbass Ignaz Alberts, des von allen gefürchteten und zugleich geliebten Lehrers mit der Figur eines Schwergewichtlers, den sie Ignaz den Schrecklichen nannten.

„Hallo, meine Freunde, wie habt ihr die öden Ferienzeiten überstanden? Ja, ja, ganz verhärmt seht ihr aus, es steht euch ins Gesicht geschrieben, wie euch die Schule gefehlt hat!", rief Ignaz der Schreckliche und erschien im Türrahmen. Hinter ihm drängte ein ganzer Schwarm Internatsschüler in den Stall, um ihre Lieblinge in den Boxen zu begrüßen.

Beppo und Peter schoben sich durch die Ansammlung an der Tür und kamen zu Bille und Bettina herüber.

„Da steckt ihr, wir haben euch schon überall gesucht! Was gibt's Neues?"

„Hier im Schulstall nichts, es geht allen gut – wenn unsere Rösser nicht jetzt reihenweise der Schlag trifft wegen des Ansturms hier drinnen", antwortete Bille. „Aber drüben haben wir unser erstes Fohlen. Von Jacaranda."

Beppo zuckte mit den Achseln.

„Was nützt uns das, für uns ist ja doch der Zutritt verboten. Wir kriegen die Fohlen erst zu sehen, wenn sie auf der Koppel sind. Ist schon jemand in der Halle?"

„Heute nicht, heute ist Ruhetag. Ab morgen könnt ihr euch wieder austoben."

„Wenn mein Abschlusszeugnis gut ausfällt, bekomme ich im Sommer mein erstes eigenes Pferd!", berichtete Beppo. „Mein Vater hat's mir versprochen."

„Du hast es gut!" Peter seufzte abgrundtief. „Darauf kann ich noch lange warten."

Tom, der draußen beim Ausladen geholfen hatte, rief über die Köpfe hinweg in die Stallgasse: „Achtung! Der Neue kommt! Das ist 'ne echte Show, Kinder, unterm vierhundertfünfziger Mercedes macht der's nicht!"

Die Ankündigung rief sogar Florian und Nico auf den Plan.

„Das muss ich sehen. Der soll angeblich einen Hengst mitbringen, so 'n Hunderttausend-Mark-Pferd, hat mir Edmund erzählt."

Sogar Bille und Bettina ließen sich von der allgemeinen Neugierde anstecken und gingen nach draußen. Tom und der Indianer waren gerade dabei, den Transporter zu öffnen. Ein etwa fünfzehnjähriger Junge, die Hände tief in die Taschen seines eleganten Daunenmantels geschoben, stand daneben und schaute zu.

Der Hengst schien von der langen Fahrt ziemlich nervös und verärgert zu sein, er tobte, soweit es der Anhänger zuließ, herum, scharrte wild mit dem Huf und versuchte immer wieder zu steigen. Nur dem ruhigen Zureden des Indianers war es zu verdanken, dass er sich schließlich entschloss, rückwärtszugehen.

„Passt auf, er steht zu schräg, er wird abrutschen!", schrie Bille.

Sie und Florian sprangen hinzu und stemmten den Hengst von der gefährlich scharfen Kante weg zur Mitte der Rampe hin. Ignaz der Schreckliche kam ihnen zu Hilfe, und mit seiner Kraft und Geschicklichkeit gelang es, das Pferd in die richtige Richtung zu dirigieren.

„Der ist ja nass geschwitzt vor Aufregung", stellte der

Lehrer fest. „Los, holt eine Decke. Und dann führt ihn in der Halle rum, bis er sich beruhigt hat und trocken ist." Ignaz Albert sah sich suchend um, dann fiel sein Blick auf den Jungen. „Ist das dein Pferd?"

„Ja."

„Warum kümmerst du dich dann nicht um ihn? Hat er keine eigene Decke?"

„D-d-doch, sie muss vorne im Wagen liegen."

„Dann hol sie, aber ein bisschen schnell. Und dann bringst du ihn in die Reithalle da drüben und kommst nicht eher wieder, bis er staubtrocken ist, klar?"

„Ich?"

„Wer sonst?"

Der Junge zog eine Grimasse und schlenderte zum Auto vor. Beppo war inzwischen längst in der Sattelkammer gewesen und hatte sich die erstbeste Decke geschnappt, die ihm in die Finger kam. Tom breitete sie dem Hengst über den Rücken. Dann wollte er ihn wegführen.

„Bleib da. Der Knabe soll von Anfang an lernen, sich um sein Pferd zu kümmern."

Der Junge kam ohne Decke zurück.

„Na?"

„Sie ist im Kofferraum, mit den anderen Sachen."

„Und?"

„Ich kann nicht ran. Mein Vater hat den Schlüssel. Er ist zum Direktor gegangen."

„So", schnaufte Ignaz der Schreckliche. „Na schön, deine Kameraden haben dir inzwischen ausgeholfen. Dann kannst du jetzt in die Halle rübergehen."

Der Junge trat zögernd an den Hengst heran und griff nach dem Halfter. Der Hengst schien fast belustigt auf ihn herabzusehen, er verhielt sich einen Augenblick ruhig, aber nach kaum zwei Schritten stieg er und versuchte, sich loszureißen. Der Indianer hatte das kommen sehen; wie ein Pfeil schnellte er vor und griff den Führstrick, ehe der Hengst die Flucht ergreifen konnte.

„Ein fantastisches Pferd!", schwärmte Bille. „Schön wie ein Denkmal."

„Stimmt", brummte Ignaz der Schreckliche. „Aber es ist unverantwortlich, einem Kind ein solches Pferd in die Hand zu geben. Er hat Angst vor ihm, und das merkt der Hengst natürlich. Ich nehme an, die Eltern haben keine Ahnung von Pferden – das Teuerste ist gerade gut genug für das Söhnchen, aber ob das Söhnchen gut genug für das Pferd ist, danach wird nicht gefragt!"

„Wahrscheinlich ist er bisher nur auf das fertig gesattelte Pferd gestiegen – ausgebunden oder mit Pelham, um ihn unter Kontrolle zu kriegen", spottete Peter.

„Nun, dann wird er hier viel zu lernen haben."

Ignaz der Schreckliche stapfte in Richtung Reithalle davon, die anderen folgten ihm in einigem Abstand. Nicht der verwöhnte Junge, der ungewöhnlich schöne Hengst zog die Gesellschaft magisch an.

In der Reithalle fanden sie nur Johnny den Indianer, der den Hengst frei laufen ließ und vergnügt beobachtete, wie das schöne Tier in wildem Galopp durch die Bahn rannte, buckelte, keilte, sich wälzte, um sich dann genießerisch zu schütteln und hocherhobenen Hauptes mit stolz aufgestelltem Schweif ein paar Runden zu traben.

„Wo ist der Junge?", rief Ignaz der Schreckliche in die Bahn.

„Keine Ahnung. Er murmelte was von seinem Vater.

Kriegte es wohl mit der Angst zu tun, als ich den Burschen hier losließ."

Der Indianer rief den Hengst, ruhig, aber bestimmt, und wie schon so oft hatte Bille den Eindruck, dass es eine besondere Sprache war, mit der Johnny sich mit den Pferden unterhielt. Der Hengst jedenfalls sah ihn aufmerksam an, kam zu ihm, blieb einen Augenblick vor ihm stehen und machte dann kehrt, um noch einmal eine Runde zu galoppieren, wie ein Kind, das sich einen letzten Aufschub vorm Zubettgehen erbittet. Wieder sprach Johnny mit ihm, und der Hengst kam gutwillig auf ihn zugetrabt und stellte sich vor dem Indianer auf. Johnny griff nicht sofort nach dem Halfter, er sprach noch ein paar Sätze mit ihm. Dann drehte er sich um und schritt auf die Tür zu. Der Hengst folgte ihm. Erst als Tom ihm die Tür öffnete, griff der Indianer das Halfter und führte den Hengst hinaus, allerdings so locker, als ginge er freiwillig neben ihm her. Wie zwei Freunde, die untergehakt einen Spaziergang machen.

„Er behandelt ihn genau richtig", brummte Ignaz der Schreckliche. „Da könnt ihr was lernen. Im Umgang mit einem Hengst muss man frei von Furcht sein und einen starken Willen haben. Man darf sich von ihm einerseits nichts gefallen lassen und muss sich durchsetzen können, andrerseits aber darf man ihn nicht erniedrigen und demütigen. Hengste sind sehr sensibel und stolz."

„Ein wunderschönes Tier!", sagte Bettina. „Er könnte ein großer Bruder von Natascha sein, der Farbe nach. Dieses tief kupferrote Fell, dazu die schwarze Mähne, ein Pferd zum Verlieben! Wie heißt er eigentlich?", fragte sie Tom.

„Dukat, hat mir der Junge gesagt. Oh, da kommt er ja! Das muss wohl sein Vater sein. Lassen wir Herrn Albert lieber mit ihm allein. Was der ihm zu erzählen hat, ist sicher nicht sehr schmeichelhaft für ihn", meinte Tom.

„Meinst du, er sagt ihm ins Gesicht, was er von der Sache hält?", fragte Bille kichernd. „Zuzutrauen ist es ihm. Ignaz der Schreckliche nimmt kein Blatt vor den Mund, wenn ihm etwas gegen den Strich geht."

„Eben. Und Angeber mit viel Geld gehen ihm allemal gegen den Strich."

Die Freunde verdrückten sich in Richtung Stall und ließen den Lehrer mit Vater und Sohn allein. Nach einer Viertelstunde erschien Ignaz der Schreckliche vor der Box des Hengstes, um die sich inzwischen alle versammelt hatten. Johnny war gerade dabei, ihn trocken zu reiben. Hinter dem Lehrer schlich der Besitzer des Hengstes, jetzt wesentlich kleinlauter, als er am Anfang gewirkt hatte.

„Freunde, ich möchte euch mit eurem neuen Schulkameraden Carl-Anton Wießmann bekannt machen. Er wird bis auf Weiteres eins von den Schulpferden reiten. Das heißt, so lange, bis er Dukat gewachsen ist. Bille?"

„Ja, Herr Albert?"

„Was hattest du in der letzten Lateinschulaufgabe?"

„Eine Zwei, Herr Albert."

„Und Mathe?"

„Zwei minus."

„Gut. Du kriegst Dukat in den Beritt. Bei dem ersten Vierer, den du schreibst, wird Johnny den Beritt übernehmen. Glaubst du, du kannst das schaffen?"

„Ich glaube schon, Herr Albert", sagte Bille und wurde ein bisschen rot vor Stolz, dass der Lehrer sie so vor allen anderen ausgezeichnet hatte.

Johnny zwinkerte ihr zu. Und Bille wusste, er würde sie

nicht im Stich lassen, wenn sie Probleme hatte, sich bei Dukat durchzusetzen – oder wenn ihr die Arbeit mit drei bis vier Pferden täglich über den Kopf wuchs. Denn da waren ja noch Black Arrow, San Pietro und meistens ein oder zwei der anderen, die sie bewegen musste.

Nun – fünf Monate noch, dann hatte Tom sein Abitur in der Tasche. Ein paar Monate lang wollte er sich dann nur dem Reiten widmen, und sie würde entlastet sein. Bis dahin musste sie es schaffen – irgendwie.

Edmund der Weise nimmt Abschied

Für Bille begann der Tag nun eine Stunde früher. Es war ihr eigener Entschluss gewesen, die Stunde vor dem Beginn des Schulunterrichts für den Hengst Dukat zu reservieren, denn zu keiner anderen Zeit war sie in der Halle so ungestört. Johnny war mit der Morgenfütterung fertig und konnte ihr bei der Arbeit zusehen und sie beraten. Hatte sie genug getan, übernahm er den Hengst zum Trockenreiten, und für Bille stand ein Becher heißen Tees auf seinem Ofen bereit, mit dem sie sich vor dem Unterricht stärken konnte. Ein sehr starker Tee mit Honig und viel frischer Sahne drin, Johnnys Spezialtrunk. Dann nahm Bille Tee und die mitgebrachten Butterbrote, hockte sich auf die Galerie und unterhielt sich noch ein wenig mit dem Indianer, der den Hengst in gemächlichem Schritt auf dem Hufschlag gehen ließ.

War sie einmal wirklich zu müde, um früh aufzustehen, dann übernahm Johnny die Arbeit mit dem Hengst, aber das kam nicht oft vor. Lieber verzichtete sie abends auf eine Fernsehsendung oder den spannenden Schmöker vor dem Einschlafen und löschte das Licht schon um zehn Uhr. Da Simon jetzt wegen des bevorstehenden Abiturs unter Hochdruck stand und sie ihn nur am Nachmittag ein, zwei Stunden beim Reiten sah, kam ihr diese neue Tageseinteilung ganz gelegen.

An manchen Tagen war der Reitlehrer Toellmann mit einem seiner Pferde so früh in der Halle und gab ihr nebenher Unterricht. Und hin und wieder schaute auch Ignaz der Schreckliche zu ihr herein und begutachtete ihre Arbeit. Niemand, nicht einmal Herr Toellmann, konnte so treffsicher urteilen wie Ignaz Albert, und seine Ratschläge zu befolgen hieß, ein gutes Stück vorwärtszukommen.

„Weißt du eigentlich, warum ich dir den Hengst gegeben habe?", fragte er eines Tages, als sie von der Halle zum Schloss hinübergingen, wo in wenigen Minuten der Schulunterricht begann.

„Ehrlich gesagt, nein. Ich war nur sehr stolz darauf."

„Du bist eine sehr gute Reiterin, das weißt du selbst", antwortete Ignaz der Schreckliche. „Aber du hast dich bisher ausschließlich auf den Springsport konzentriert. Dukat wird für die Dressur ausgebildet, und ich finde, es ist eine gute Gelegenheit für dich, dich auch auf diesem Gebiet weiterzuentwickeln."

„Also deshalb?", fragte Bille überrascht. Darüber hatte sie, wie sie zugeben musste, noch gar nicht nachgedacht.

Ignaz der Schreckliche blieb stehen und sah sie an.

„Weißt du, als Lehrer … oder sagen wir, als Lehrer in dieser besonderen Situation: Reiter-Internat, Arbeit mit Schülern, die als Reiter einmal etwas werden wollen, macht man sich so seine Gedanken über seine Schützlinge. Einige werden es schaffen, die anderen werden begeisterte Privatreiter bleiben. Bei dir scheint mir der Weg vorgezeichnet …"

„Ja?" Bille sah den Lehrer neugierig an. „Natürlich weiß ich, dass ich Turniere reiten werde. Und dass ich mit Simon zusammenbleiben möchte. Aber was später einmal aus mir

wird, da bin ich mir überhaupt nicht sicher. Tiermedizin …
oder Pferdezucht …"

„Ich denke, du hast das Zeug dazu, andere auszubilden.
Pferde oder Reitschüler. Sicher, in den ersten Jahren nach
dem Abitur wirst du viel auf Turniere gehen, solange du
durch Tiedjen die Möglichkeit hast. Aber eines Tages wirst
du irgendwo deinen Platz finden, wo du Pferde und Reiter
ausbilden kannst. Vielleicht sogar hier, wer weiß. Mit Simon Henrich, ohne ihn … vielleicht findet ihr Freunde sogar eine Möglichkeit, hier einmal alle zusammenzuarbeiten.
Das Gestüt, den Reitschulbetrieb auszubauen … nun, man
wird sehen. Du jedenfalls sieh zu, dass du deinen Leistungen
im Springsport noch größere Leistungen in der Dressur hin-
zufügst."

Ignaz der Schreckliche klopfte Bille aufmunternd auf die
Schulter. Sie waren vor dem Schloss angekommen und betraten mit einigen externen Schülern die große Eingangs-
halle. Der Lehrer nickte Bille noch einmal zu und stapfte
in Richtung Lehrerzimmer davon. Bille wollte sich ihrem
Klassenraum zuwenden, als sich eine schlanke, hohe Gestalt
aus einer Fensternische löste und auf sie zutrat.

„Bille! Hast du zwei Minuten Zeit? Ich hab schon die ganze Zeit auf dich gewartet, ich muss mit dir sprechen."

„Edmund! Wo hast du gesteckt? Ich habe dich seit Tagen
nicht gesehen."

„Ich war verreist."

Edmund, der landwirtschaftliche Assistent, den sie wegen seiner philosophischen Sprüche und seiner ausgefallenen Experimente mit Pflanzen „Edmund den Weisen"
nannten, zog Bille in eine ruhige Ecke, in der sie ungestört
waren.

„Es gibt eine Neuigkeit. Ich gehe weg. Ich hab meine erste Stelle als Verwalter bekommen", flüsterte er aufgeregt. „Wenn der Boss mich gehen lässt, kann ich schon nächste Woche anfangen."

„Und wenn nicht?"

„Dann am nächsten Ersten. Oder am Fünfzehnten. Sie haben ihren Verwalter gefeuert, verstehst du; er hat anscheinend ein paar krumme Sachen gemacht."

„Edmund, das ist ja toll! Das ist eine riesige Chance für dich! Und wo ist das?"

„Westfalen. Richtig schöner alter Besitz, Gutshaus mit Park und tollem alten Baumbestand. Auch Pferde haben sie. Ich denke, es wird mir gefallen. Der Sohn des Besitzers hat mit mir zusammen studiert, aber er ist mehr für die Forschung, und wenn er eines Tages den Hof erbt, braucht er einen guten Verwalter. Er hat mich seinem Vater vorgeschlagen."

„Hört sich super an! Menschenskind, Edmund, ich wünsche dir von ganzem Herzen Glück!", sagte Bille herzlich und drückte dem jungen Mann die Hand.

„Halt mir die Daumen, wenn ich jetzt zum Chef gehe und kündige, okay? Ich hab ein bisschen Bammel davor."

„Vor Daddy? Na, das brauchst du doch wirklich nicht, ich wette, er freut sich genauso mit dir wie ich! Erzähl mir heute Nachmittag, wie's gelaufen ist. Ab drei bin ich in der alten Halle. Toi, toi, toi!"

Edmund der Weise ging mit hochgezogenen Schultern davon, und Bille beeilte sich, in ihr Klassenzimmer zu kommen.

Zwei Stunden später stand sie in der Pause mit Bettina, Florian und Nico in einer Ecke zusammen.

„Kinder, es ist zwar noch nicht offiziell bekannt, aber ich glaube, ich darf es euch verraten: Edmund nimmt Abschied von uns."

„Edmund will weg?", fragte Bettina überrascht. „Warum denn das? Er war doch so glücklich in Groß-Willmsdorf!"

„Das schon, aber solange Herr Lohmeier Verwalter ist, hat er keine Aufstiegschancen. Jetzt hat er eine Stelle als Verwalter bekommen, bei dem Vater eines Freundes."

„Edmund als Verwalter! Das kann ich mir überhaupt nicht vorstellen." Florian schüttelte ungläubig den Kopf. „Aber wahrscheinlich unterschätzen wir ihn."

„Ganz bestimmt sogar", sagte Bille. „Wir beurteilen ihn nur nach seinen nicht gerade berühmten Reitkünsten und nach seinen ausgefallenen Forschungsideen. Dass er nebenher als Assistent Herrn Lohmeiers Tag für Tag hervorragende Arbeit geleistet hat, das haben wir ja gar nicht richtig mitgekriegt. Daddy hat oft gesagt, seit Edmund da ist, hätte Herr Lohmeier ein paradiesisches Leben!"

„Edmund ist ein prima Kerl!", bemerkte Bettina. „Und ich finde, wir sollten ihm einen richtig tollen Abschied bereiten. Eine Party oder irgendetwas Originelles – jedenfalls muss er gefeiert werden!"

„Logisch! Eine super Abschiedsparty kriegt er, das ist doch klar!"

„Fragt sich nur, wie?", überlegte Nico. „Und wo? Die Sattelkammer ist zu klein. In der alten Reithalle ist es zu kalt um diese Jahreszeit. Vielleicht bei euch in Peershof drüben?"

„Ich weiß nicht." Bettina runzelte die Stirn. „Ein Partyraum irgendwo, wo wir richtig Krach machen können, wäre günstiger."

„Um Himmels willen!", bestätigte Florian. „Mama würde ständig um ihr kostbares Porzellan und ihre guten Teppiche zittern. Ob unter diesen Umständen eine originelle Party zustande käme, möchte ich bezweifeln."

„Vielleicht bei uns zu Hause?" Bille sah nachdenklich ihre Freundin Bettina an. „Mutsch und Onkel Paul sind da nicht so empfindlich. Wir könnten das Wohnzimmer ausräumen."

„Ich bin sicher, wir finden noch etwas Besseres. Wir könnten natürlich den Unterrichtsraum im Schulstall nehmen, aber da feiert dann die ganze Schule mit, und das können wir nicht bezahlen. Die meisten kennen Edmund auch kaum. Wir würden dauernd von Neugierigen gestört, selbst wenn wir ein Schild ‚*Geschlossene Gesellschaft*' draußen hinhängten."

„Am besten, ich rede heute Nachmittag mal mit Edmund, vielleicht hat er eine gute Idee. Möglicherweise hat er sich schon etwas ausgedacht", sagte Bille. „Der Gong, wir müssen rein, Kinder. Lasst uns heute Abend darüber sprechen."

Als Bille am Nachmittag Edmund auf dem Hof traf, sah er so rosig und strahlend aus, dass sie ihn nach dem Ausgang der Verhandlung gar nicht mehr zu fragen brauchte. Bille erzählte ihm von ihren Partyplänen.

„Ihr wollt mir ein Abschiedsfest geben?", sagte Edmund der Weise und rieb sich vergnügt die Hände. „Kommt doch gar nicht infrage! Das ist meine Sache! Ich lade euch alle ein!"

„Unter diesen Umständen würde ich vorschlagen, dass wir die Angelegenheit gemeinsam in die Hand nehmen. Du wirst mit deinem Umzug genug zu tun haben. Lass uns doch deine Party arrangieren, du kannst dich ja an den Kosten beteiligen, wenn du unbedingt willst", meinte Bille. „Hast du dir schon etwas Bestimmtes vorgestellt?"

„Habe ich, habe ich! Ich wollte euch zu einem Abschiedsritt einladen. Ziel: die *Alte Post* in Leesten. Dort miete ich das Nebenzimmer und lasse ein kaltes Büfett aufbauen, dass euch Hören und Sehen vergeht vor Wonne! Und ein Fass Bier oder Wein, dazu Cola und Limo und was immer ihr euch wünscht, Kuchen und Kaffee inbegriffen."

„Hört sich gut an. Aber wird das nicht viel zu teuer?"

„Ich hab ganz schön was gespart, und ein gutes Gehalt bekomme ich in Zukunft auch. Mach dir darum keine Sorgen."

„Okay, wir werden schließlich auch was beisteuern. Hast du schon eine Liste, wen du alles einladen möchtest?"

„Wie wär's, wenn wir die nachher zusammen aufstellen?"

„Gut. Ich gehe jetzt eine Stunde mit Black Arrow in die Halle, San Pietro wird heute von Daddy beritten, dann habe ich nur noch Sinfonie. Sagen wir um halb sechs?"

„Alles klar. Ich hole dich im Stall ab. Bist du mit Zottel da?"

„Heute nicht, er ist mit Moischele zu Hause auf der Koppel, ich muss die beiden nachher reinholen. Kannst mich ja rüberfahren, und ich mache uns später einen Tee. Dann können wir in Ruhe alles besprechen."

Am nächsten Tag berichtete Bille den Freunden, was sie mit Edmund beschlossen hatte.

„Kinder, bitte lacht nicht, aber er wünscht sich, dass wir einen feierlichen Abschiedsritt in Turnierkleidung machen. Weiße Hosen, schwarzes Jackett, Reitkappe. Er möchte eine richtig schöne Show."

„Warum das denn?", fragte Florian entsetzt. Seine Turnierkleidung zu tragen war für ihn immer eine Strafe.

„Ich kann nur Vermutungen darüber anstellen", sagte Bille. „Entweder weil er sich gerade seine erste Turnierkleidung angeschafft hat oder weil er sich in dieser Aufmachung gewissen weiblichen Wesen, die ihm während seiner Zeit hier nahegestanden haben, hoch zu Ross zeigen möchte. Oder …"

„Oder?"

„Oder beides. Wahrscheinlich beides", sagte Bille lachend.

„Na schön, soll er seinen Spaß zum Abschied haben. Wie stellt er sich den Ritt vor? So eine Art Parademarsch vor den staunenden Augen der Leestener Bevölkerung? Mit Flaggen und Girlanden in den Fenstern?"

„Quatsch. Es soll ein richtig schöner Geländeritt werden. Das hängt natürlich vom Wetter ab. Aber wenn es trocken und sonnig ist, können wir die Strecke schön abwechslungsreich gestalten und ein paar Geschicklichkeitsspiele einfügen. So wie an deinem Geburtstag damals."

„Ein Edmund-der-Weise-Gedächtnisritt also. Na, dazu fällt uns sicher was ein. Und nachher?"

„Nachher gibt's köstlich zu essen und zu trinken. In der *Alten Post*. Sie stellt sozusagen das Ziel dar. Fragt sich nur, ob wir die Pferde dort in der Scheune abstellen oder ob sie erst nach Hause transportiert werden müssen."

„Na, wenn ich mir den Abend so vorstelle, ist es sicher besser, die Pferde werden erst nach Hause gebracht. Vielleicht finden wir im Internat ein paar Freiwillige, die das machen. So weit ist Leesten schließlich nicht entfernt", sagte Bettina. „Ich werde mich gleich mal umhören."

Mit Feuereifer stürzten sie sich in die Vorbereitungen. In den nächsten Tagen wurde die Strecke ausgesucht und über die Spiele nachgedacht. Außerdem schrieben sie ein Gedicht und einen kleinen Sketch, den sie aufführen wollten, um Edmund seine Zeit in Groß-Willmsdorf noch einmal vor Augen zu führen.

Das Wetter schien dem Unternehmen günstig zu bleiben, es war zwar grau, aber nicht allzu kalt, und der Boden war trocken. Freitagnachmittag wurde die Strecke präpariert und noch einmal gründlich geprüft. Der Start sollte am nächsten Tag um ein Uhr erfolgen.

In der Nacht brachte ein plötzlicher Sturm schwere Regenschauer, und sie sahen ihren schönen Geländeritt buchstäblich ins Wasser fallen. Doch am nächsten Morgen hatten sich die Regenwolken verzogen, der Sturm hatte nachgelassen und fegte nur noch vereinzelte Wolkenkissen über den blitzblauen Himmel. Sie konnten starten.

Edmund, der kein eigenes Pferd besaß, hatte sich für diesen besonderen Tag Daniels Schimmel Asterix gewünscht. Eine gute Wahl, wenn man seine mäßigen Reitkünste bedachte. Asterix war zuverlässig und mit zunehmendem Alter recht phlegmatisch geworden, ihn brachte so leicht nichts aus der Ruhe.

Florian hatte das Pferd seines ältesten Bruders geputzt, bis der Schimmel geradezu märchenhaft glänzte. Edmund in seiner nagelneuen Turnierkleidung – statt Hemd und Krawatte trug er einen weißen Rollkragenpulli, der seinen gewaltigen Adamsapfel vorteilhaft versteckte – konnte sich wirklich sehen lassen, und Bille und Bettina applaudierten spontan.

Bille ritt heute Zottel. Das kam nicht mehr oft vor, es sei denn, um die Strecke zwischen Wedenbruck, wo sie bei ihrer Mutter und ihrem Stiefvater wohnte, und Groß-Willmsdorf zurückzulegen. Aber Black Arrow sollte für die Turniersaison geschont werden, und Jagden und Geländeritte wie dieser bargen immer ein gewisses Risiko. Da war ein robustes Pony wie Zottel gerade richtig. Für Bille hatte das zwar den Nachteil, dass Zottel nicht zum Springen zu bewegen war, aber schließlich war dies Edmunds Tag; er sollte den Ritt genießen und eine schöne Erinnerung an seinen letzten Tag in Groß-Willmsdorf mitnehmen.

Pünktlich um eins saßen sie auf. Bettina ritt ihre hübsche Haflingerstute Sternchen, Florian seine Florentine, Nico ihren Sylvester. Simon hatte sich Sinfonie aus dem Stall geholt, denn seiner Stute Pünktchen war eine solche Anstrengung nicht mehr zuzumuten. Und Tom ritt die Stute Troja, die Mutter seines Troilus.

Die übrigen Gäste erwarteten die Reiter in der *Alten Post* in Leesten, genauer gesagt fünfhundert Meter davor, um die Schar im Triumphzug zum Festsaal zu geleiten. Es waren fast fünfzig Freunde, Bekannte, Kollegen von den anderen Gutshöfen, Arbeiter aus dem Betrieb, Verwalter Lohmeier und seine Frau, der Tierarzt und nicht zuletzt Herr Tiedjen. Sie alle wollten kommen, um Edmund dem Weisen ein vergnügtes Abschiedsfest zu bereiten.

„Bitte alle im Kreis aufstellen!", rief Bille. „Ich will kurz die Spielregeln bekannt geben!" Sie wartete einen Moment, bis Ruhe eingekehrt war, dann fuhr sie fort: „Master ist heute selbstverständlich Edmund. Zum Zeichen dessen kennzeichnen wir ihn mit einer roten Rose, und damit ihr sie auch von Weitem erkennt, haben wir eine in Übergröße aus Papier hergestellt. Nun zu unserem Spiel. Wir haben ein geheimnisvolles Puzzle entworfen, das ihr zusammensetzen müsst. Die einzelnen Teile sind auf der Strecke versteckt, ihr müsst also gut aufpassen. Jeder hat eine bestimmte Anzahl solcher Teile, und damit ihr sie nicht verwechselt, haben wir sie farbig gekennzeichnet. Hier in meiner Reitkappe sind acht Zettel, auf denen die Farben aufgemalt sind. Jeder von euch zieht jetzt einen Zettel und hat dann seine Farbe. Du fängst an, Edmund!"

„He, rosa! Zum Zeichen, dass ich rosigen Zeiten entgegengehe, na, wenn das kein gutes Omen ist!"

„Jetzt du, Tom."

„Grün. Ich hab grün."

Bille reichte ihre Kappe weiter herum, während Bettina die Papierrose an Edmunds linkem Arm befestigte.

„So, der letzte für mich ... ich hab orange! Noch etwas, bevor wir losreiten: Für jedes Puzzleteil, das am Schluss nicht gefunden oder verloren worden ist, muss derjenige ein Pfand geben. Auf dem Höhepunkt des Abends werden wir dann die Pfänder verlosen. Eine kleine Warnung am Rande: Der Boden ist durch den Regen heute Nacht ziemlich schwer geworden. Das hatten wir gestern nicht eingeplant. Also seid ein bisschen vorsichtig."

Bille winkte über die Köpfe hinweg jemandem im Hintergrund zu. Aus den Büschen, die den Park zum Hof hin begrenzten, lösten sich drei Gestalten in roten Röcken und bliesen auf Jagdhörnern das Signal zum Aufbruch. Edmund errötete vor Überraschung und Freude.

„Das hast du toll gemacht, Bille, danke! Wer ist das?"

„Drei aus dem Internat. Also – auf geht's!"

Im Trab ging es auf die Strecke. Der Feldweg zwischen den Koppeln war einigermaßen trocken; er lag höher als das Weideland, und Sonne und Wind hatten ein Übriges getan, um die Nässe zu vertreiben. So ritten sie zügig drauflos und hätten im Eifer fast die ersten an Zaunpfosten hängenden Puzzleteile übersehen, hätte nicht Bettina im letzten

Augenblick aufgeschrien. Um selbst mehr Spaß an dem Ritt zu haben, hatten sie Mini und Peter aus dem Internat beauftragt, die Puzzleteile an der Strecke anzubringen, und keiner kannte die versteckten Winkel im Voraus.

„Edmund! Da oben an der Dachrinne der Feldscheune! Das sehe ich von hier, das ist rosa!", rief Florian.

Edmund trabte zur Scheune hinüber.

„Stimmt gar nicht! Es ist orange!"

„Verflixt!" Bille trieb Zottel an und galoppierte hinter Edmund her. „Du lieber Himmel, wie soll ich da raufkommen?"

„Hinter der Tür hängt eine Forke, damit könntest du's schaffen."

Bille sprang aus dem Sattel und holte die Forke. Beim fünften Anlauf gelang es ihr, das Puzzleteil herunterzuschlagen. Die anderen waren inzwischen bereits am Waldrand angekommen.

„Alle einen Strafpunkt, vielmehr ein Pfand! Ihr habt nicht auf den Master gewartet!", rief Bille lachend und kassierte Taschentücher und einzelne Handschuhe als Pfand.

„Hellblau! Hellblau, das bin ich!", schrie Florian.

„Du meinst hoffentlich nicht deinen Zustand", murmelte Nico.

Florian pflückte ein himmelblaues Briefkuvert aus einem Brombeerstrauch.

„He, was soll denn das? Eine Aufgabe …"

„Gib her!" Nico riss ihm das Papier, das in dem Umschlag gesteckt hatte, aus der Hand. „Hör zu: Richte dein Pferd drei Schritte rückwärts. Na los, drei Schritte! Noch einen. Gut, weiter: Mach eine Hinterhandwendung um hundertdreiundachtzig Grad …"

„Hundertdreiundachtzig Grad, spinnen die, ich hab doch keinen Zollstock bei mir!"

„Na mach schon!", riefen Bille und Tom lachend. „Haalt! Das waren mindestens hundertfünfundachtzig."

Florentine machte vor Schreck ein paar Hüpfer nach rechts.

„Wie geht's weiter?", erkundigte sich Florian.

„Der nächste Punkt ist schon erledigt; Florentine muss Hellseherin sein. Hier heißt's nämlich: Fünf Meter den rechten Schenkel weichen lassen. So weit ist sie ungefähr gesprungen."

„Weiter?"

„Weiter heißt's: Wenn du jetzt dicht am Pferd aus dem Sattel gleitest, muss das Gesuchte unter deinem linken Fuß sein."

„Ich sehe nichts."

„Du sitzt ja auch noch im Sattel."

Florian ließ sich kopfschüttelnd aus dem Sattel gleiten. Kracks!, machte es, und sein linker Stiefel steckte in einer unter Moos versteckten Zigarrenkiste.

„Donnerwetter! Das nenne ich Präzision! Ich hätte nie gedacht, dass er sie findet", platzte Bille heraus.

Florian befreite seinen Stiefel von der Zigarrenkiste und zog einen Plastikbeutel mit dem gesuchten Puzzlestück heraus. Dann klopfte er seiner Florentine anerkennend den Hals, denn sie war es ja gewesen, die mit schlafwandlerischer Sicherheit an der richtigen Stelle stehen geblieben war.

Weiter ging es quer durch den Wald. Ein paar leichte Hindernisse waren zu nehmen, und meistens flatterte gerade dort, wo man sich auf den Sprung konzentrieren musste, an einem Ast eines der gesuchten Puzzleteile. Es gab viel

Gelächter, und Edmund der Weise strahlte mit der Sonne um die Wette.

Als sie an den Moorsee kamen, verdüsterte sich seine Miene allerdings schlagartig. Auf einem Pfosten mitten im Wasser steckte wie ein vergessenes Spielzeugfähnchen ein rosarotes Puzzleteil. Edmund sah abwechselnd auf den Pfosten im See und auf seine weißen Turnierhosen.

„Du kannst ins Wasser reiten", beruhigte Simon ihn, „Asterix ist ohnehin bis zum Bauch voller Dreckspritzer. Er kann höchstens sauberer werden."

Zögernd trieb Edmund den Schimmel an, und Asterix marschierte seelenruhig ins Wasser. Die Freunde hielten den Atem an, als Edmund sich zu dem Pfosten hinunterbeugte, aber alles ging glatt, er erwischte das Puzzleteil, packte es so fest, dass es fast zerriss, und kam unversehrt wieder ans Ufer.

„Bravo!", riefen die drei Mädchen, und Edmund seufzte erleichtert auf.

Tom hatte weniger Glück. Er musste sich in den Sattel stellen, um eines seiner Puzzlestücke aus einer alten Eiche zu pflücken. Mit der einen Hand suchte er Halt an einem Ast, mit der anderen griff er nach seiner Beute, sprang danach und erwischte sie schließlich.

„Ha!", rief er siegesgewiss und landete gleich darauf in moorigem Laub und nassem Moos, denn Troja war inzwischen weitergegangen.

„Mach dir nichts draus", tröstete Bille ihn mit einem Seitenblick auf das Hinterteil seiner Hose. „Nun sieht man wenigstens gleich, dass du die Farbe Grün hast!"

Aber kurz darauf erwischte es auch sie. Sie waren inzwischen auf freiem Feld. Auf einem brach liegenden Acker hatten sie ein Hindernis aufgebaut. Gestern war es der leichteste Sprung gewesen, aber der Regen hatte das Feld in eine Schlammlandschaft verwandelt, und das Hindernis stand nun in einer Pfütze, die fast den Namen Teich verdiente.

Edmund ritt in weitem Bogen außen herum. Das war das Vernünftigste, was er tun konnte, und Bille, die hinter ihm ritt, wandte sich zu den anderen um.

„Das Hindernis wird gestrichen!", rief sie. „In dem Matsch gibt's höchstens Massenstürze, und das Ganze soll schließlich ein Vergnügen sein!"

Der Warnung hätte es kaum bedurft; die anderen waren längst zum gleichen Entschluss gekommen. Nur Zottel hatte anscheinend nicht zugehört – selig, sich einmal wieder von Herzen austoben zu können, galoppierte er geradeaus, erkannte die graubraunen, vom Schlamm kaum zu unterscheidenden Stangen zu spät und setzte mit einem kurzen Bocksprung hinüber. In dem aufgeweichten Untergrund schlitterte er wie auf Eis weiter und bremste schließlich, indem er sich auf die Hinterbacken setzte. Bille plumpste hinter ihm wie ein Mehlsack in die Pfütze.

Simon wendete Sinfonie und kam zu ihr herüber. Er konnte sich kaum das Lachen verbeißen, als Bille und Zottel sich verwirrt aus dem Schlamm hochrappelten.

„Hattest du vorhin nicht deine weiße Turnierhose an?"

„Richtig", sagte Bille gleichmütig und stieg, triefend und tropfend, wieder in den Sattel. „Aber nach dem Baden ziehe ich mich immer um, weißt du."

Simon ritt dicht an seine Freundin heran.

„Mein armer Schatz! Ein Glück, dass wir gleich am Ziel sind, damit du aus den nassen Sachen rauskommst. Ist es sehr schlimm?"

„Man gewöhnt sich an alles. Komm, ein scharfer Galopp, und uns wird wieder warm. Da vorn sind schon die ersten Häuser von Leesten."

Die anderen hatten sie am Ende des Feldes erwartet, nun ging es gemeinsam auf den letzten Teil der Strecke. Sie trabten einen Feldweg entlang, dann ging es ein Stück weit durch ein trockenes Flussbett, in dessen Mitte sich ein Bach schlängelte. Um nicht über die verkehrsreiche Staatsstraße reiten zu müssen, hatten sie die Strecke unter der Brücke durch den Bach gelegt. Von hier aus waren es nur noch ein paar Hundert Meter zu ihrem Ziel, dem Gasthof *Alte Post*. Ein großer Teil der Gäste hatte sich auf der Brücke versammelt, um die Ankunft der Reiter mitzuerleben.

„Unser Bach ist über Nacht fast zu einem Fluss geworden", sagte Bettina, die gleich hinter Edmund ritt. „Zum Glück ist er ganz flach. Ich freue mich für dich, Edmund, dass es so ein schöner Ritt war und dass du ihn als Einziger von uns unbeschadet überstanden hast! Du siehst immer noch aus wie aus dem Ei gepellt!"

Edmund richtete sich geschmeichelt auf. Ja, er hatte Glück gehabt, und wenn er jetzt noch durch den Bach ritt, würden die letzten Reste von Schlamm von den Beinen des Schimmels gespült werden und er strahlend sauber ankommen. Da oben auf der Brücke standen sie bereits und winkten ihm heftig zu, Leni Hagenborn und Uschi Mayer, die hübsche Sekretärin aus der Futtergroßhandlung. Und da war auch Kerstin Brauer mit ihren schwarzen Kirschaugen!

Edmund der Weise lenkte Asterix in die Mitte des Baches. Hoch spritzte das Wasser vor ihm auf, im Sonnenlicht glitzerten die Tropfen wie Diamanten. Welch ein Anblick! Edmund reckte sich noch ein wenig mehr, lächelte huldvoll und hob grüßend die Hand. Plötzlich gab etwas unter ihm nach. Asterix war in eine tiefere Stelle geraten, abgerutscht und platschte seitlich ins Wasser. Edmund hinterher. Die Zuschauer auf der Brücke bogen sich vor Lachen.

Bille, Simon und Tom halfen dem Unglücksraben wieder in den Sattel. Im Schutz des Brückengewölbes, ungesehen von den Zuschauern, die über ihnen lachend das außerordentliche Ereignis besprachen, gewann Edmund seine Fassung zurück.

„Mach dir nichts draus!", tröstete Bille ihn.

In scharfem Trab legten sie das letzte Stück der Strecke zurück und waren lange vor den übrigen Gästen am Ziel. Der Indianer und Hubert nahmen die Pferde in Empfang, um sie nach Groß-Willmsdorf zurückzutransportieren. Bis Tom trockene Kleidung für die beiden Durchnässten geholt hatte, half die Wirtin ihnen mit Wäsche aus dem eigenen Schrank aus, über die sie sich wie eine römische Toga jeder ein großes weißes Badelaken schlangen. Um dem Ganzen den richtigen Effekt zu geben, flochten Nico und Bettina aus dem Efeu, der außen am Haus wuchs, eine Art Lorbeerkranz für Edmund den Weisen. So empfing er seine Gäste, nun wieder bei bester Laune. Und das Fest, das nun folgte, wurde das schönste Fest, das sie je erlebt hatten.

Keine schwere Geburt

„Was soll denn das! Du musst doch was essen, Kind!"

„Ich kann nicht, Mutsch, wirklich nicht! Sei nicht böse."

„Man sollte meinen, du säßest im Abitur, nicht Simon."

„Wenn ihm nur halb so schlecht ist wie mir, kann er mir leidtun!"

„Na komm, wenigstens das hier!"

Onkel Paul schob ihr ein halbes Honigbrötchen hin, und Bille biss gehorsam hinein, um ihn nicht zu enttäuschen.

„Ich verstehe gar nicht, warum ihr euch so aufregt. Simon ist doch immer ein guter Schüler gewesen. Er braucht wirklich keine Angst zu haben!"

„Schon, aber … ach, ich weiß auch nicht."

„Es wäre besser gewesen, du wärst heute früh wie immer zu deinem Hengst gefahren. Das hätte dich abgelenkt", meinte Onkel Paul und schob unauffällig das zweite halbe Brötchen auf Billes Teller.

„Ich hätte mich unmöglich konzentrieren können!", widersprach Bille.

„Das glaube ich nicht. Arbeit ist in so einem Fall immer die beste Medizin. Oder etwas, das deine Aufmerksamkeit so fesselt, dass du an nichts anderes denken kannst. Das hilft!"

Bille seufzte tief.

„Ich fürchte, der Schulunterricht wird heute nicht imstande sein, meine Aufmerksamkeit so zu fesseln. Jetzt ist Simon schon fast dort – in zehn Minuten geht es los!" Bille presste beide Daumen zwischen Zeigefinger und Mittelfinger, so fest, dass sie dunkelrot anliefen.

„Und du? Du musst doch auch längst los!"

„Wir müssen heute erst zur Zweiten da sein. Frau Körber fällt aus."

„Grippe?"

„Nein, irgendein Fortbildungsseminar."

„Na ja, wir müssen uns auf den Weg machen. Räumst du den Tisch ab?"

„Mach ich."

„Also, tschüss dann. Bis heute Abend. Da werdet ihr euch ja dann wohl wieder beruhigt haben", sagte Mutsch.

Als die beiden das Haus verlassen hatten, faltete Bille die Hände und schloss die Augen. Lieber Gott, lass ihn gut durchkommen! Und mach, dass er nicht so nervös ist wie ich! Bitte, hilf ihm!, flehte sie. Dann atmete sie einmal tief durch und machte sich daran, das Geschirr zusammenzustellen.

Sie war gerade mit dem Aufräumen der Küche fertig, als das Telefon klingelte. Simons Vater war am Apparat.

„Bille, ein Glück, dass du noch da bist!"

„Wir brauchen erst zur zweiten Stunde …"

„Ich weiß. Glaubst du, du kannst heute mal die Schule schwänzen?", unterbrach er sie hastig.

Bille verschluckte sich fast vor Staunen.

„Die Schule schwänzen? Warum denn das?"

„Bei Pünktchen scheint es loszugehen …"

„Ich komme, ich fliege!", rief Bille. „In einer Viertelstunde bin ich drüben!"

Bille machte sich nicht die Mühe, ihre Reithosen anzuziehen, sie schlüpfte mit den Jeans in die Stiefel, warf sich im Laufen den Anorak über und war eine Minute später bei Zottel im Stall. Zottel schien zu begreifen, worum es ging. Er blähte sich nur ein ganz klein bisschen auf, als sie ihm den Sattel überwarf und den Gurt festzog. Auch auf das übliche Spiel beim Anlegen der Trense verzichtete er. Moischele, das kleine Shetlandpony, sah betrübt hinter den beiden her, als Bille Zottel aus dem Stall zog, ohne auch nur ein paar Worte mit ihm geredet zu haben.

Kaum hatten sie die Dorfstraße hinter sich und bogen in den Weg nach Peershof ein, trieb Bille Zottel zu einem Renngalopp an, als befänden sie sich auf dem Grand National. Zum Glück war der Boden trocken und federte unter den Hufen des Ponys, das diesen wilden Ritt offensichtlich zu genießen schien. Bille brauchte Zottel nur laufen zu lassen.

Herr Henrich erwartete sie vor dem Peershofer Pferdestall. Bille holte sich eine Decke aus der Sattelkammer und warf sie Zottel über, während Herr Henrich ihn zu Bongo in die Box führte. Dann traten sie gemeinsam an Pünktchens Box.

Simons Fuchsstute lief unruhig im Kreis und scharrte immer wieder heftig im Stroh.

„Wir haben nicht vor dem Wochenende mit dem Fohlen gerechnet. Hoffentlich ist es nicht etwas anderes?", sagte Herr Henrich besorgt.

„Nein, nein", beruhigte ihn Bille, „die Eröffnungswehen haben begonnen. Sehen Sie, wie immer wieder ein Zittern durch ihren Körper geht. Haben Sie den Tierarzt benachrichtigt?"

„Ja, ja, er kommt nachher vorbei. Ich dachte nur, Simon würde es lieb sein, dich hier zu wissen, wenn seine Stute fohlt. Was mich betrifft, ich bin auf dem Gebiet kein Fachmann, ich habe das noch nie gemacht."

„Ich schaffe das schon", sagte Bille lächelnd. „Das heißt, wenn alles normal verläuft."

Ein Gefühl heißer Zärtlichkeit stieg in ihr auf, als sie der schweißnassen Stute beruhigend den Hals klopfte. Simons Pünktchen war etwas Besonderes. Fast wie ein eigenes Kind.

„Ich bin froh, dass Dr. Dörfler nachher kommt. Immerhin hat Pünktchen schon einmal gefohlt. Es ist besser, kein Risiko einzugehen."

„Kann ich dir helfen?"

„O ja, abgekochtes Wasser brauche ich, wenn Sie mir das besorgen könnten. Ich werde ihr inzwischen den Schweif einbinden und sie waschen. Und dann brauche ich sehr viel mehr Stroh für die Box, damit ich die Wände besser auspolstern kann."

Herr Henrich war nervös wie ein junger Vater, stellte Bille amüsiert fest. Sie selbst war jetzt vollkommen ruhig, und Simons Abitur hatte sie vollkommen vergessen. Erst Herr Henrich erinnerte sie wieder daran, als er mit einem Deckeleimer aus der Küche zurückkehrte.

„Ein Segen, dass Simon das heute Morgen nicht mehr mitgekriegt hat! Ich fürchte, er hätte sonst aus Sorge um seine Stute unter totalem Gedächtnisschwund gelitten. Und das ausgerechnet bei Geschichte!"

„Der Ärmste, ja, er wird auch so genug schwitzen. Hoffen wir nur, dass wir ihm zur Belohnung für die Plackerei heute Nachmittag ein gesundes Fohlen präsentieren können."

Bille hatte große Mühe gehabt, der unruhigen Stute den

Schweif einzubinden. Jetzt stopfte sie sorgsam die Ecken und Wände der Box mit Stroh aus. Immer neue Arme voll brachte sie herein, bis ihr das Polster endlich ausreichend schien. Für Pünktchen musste alles besonders gut sein.

„Sie können jetzt ruhig ins Büro hinübergehen, Herr Henrich. Ich werde hier bei ihr warten. Es kann noch eine ganze Weile dauern. Wenn ich Ihre Hilfe brauche, rufe ich drüben an; das Stalltelefon habe ich ja in Reichweite."

Herr Henrich war sichtlich erleichtert, Bille mit der Stute allein lassen zu können. Bille schob sich die Trittleiter außen an die Box und setzte sich auf die oberste Stufe. So konnte sie die ganze Box übersehen, ohne Pünktchen stören zu müssen.

Wie still es draußen war! Durch die Fenster sah Bille in den blassblauen Vorfrühlingshimmel. Ob Simon jetzt auch so in den Himmel starrte auf der Suche nach Daten und Fakten seines Themas? Worüber er wohl schreiben musste? Von Simon wanderten ihre Gedanken nach Groß-Willmsdorf hinüber. Ob Bettina den anderen verraten hatte, wo sie sich jetzt befand? Sicher nicht. Wenn jemand den Mund halten konnte, dann war es Bettina. Sicher konnte sie sich kaum konzentrieren und musste ständig an Pünktchen und das Fohlen denken.

Eigentlich könnte ich die anderen auf die Koppel bringen, sagte Bille sich. Das Wetter ist so schön, und für Pünktchen ist es gut, wenn sie hier drinnen ihre Ruhe hat. Sie braucht mich jetzt nicht, es scheint noch lange nicht so weit zu sein.

Bille ging zum Stalltelefon und sagte Herrn Henrich Bescheid. Dann führte sie erst Zottel und Bongo, dann Sternchen und Stella und schließlich Asterix und Florentine auf die große Koppel hinter dem Stall. Zwischendurch warf sie einen Blick auf Pünktchen, die immer noch unruhig in ihrer

Box hin und her wanderte. Sie blieb einen Augenblick am Koppelgatter stehen und atmete tief die nach Frühling und dampfender Erde duftende Luft ein. Welch ein herrlicher Tag für ein Pferdekind, um auf die Welt zu kommen!

Bille kehrte in den Stall zurück. Schon an der Tür sah sie, dass Pünktchen sich hingelegt hatte.

„He! Wirst du wohl auf mich warten!"

Wie der Blitz war Bille an der Box. Die Presswehen hatten eingesetzt, die Geburt schien zügig voranzugehen.

„Na sag mal! Das kannst du doch nicht machen! Kaum kehre ich dir den Rücken …", murmelte Bille und versuchte, das Flattern in der Magengrube zu unterdrücken. Aber es half nichts, sie war aufgeregt wie vor dem ersten Schultag. Pünktchens Fohlen war nun einmal etwas Besonderes.

Leise stieg sie wieder auf die Trittleiter und nahm ihren Beobachtungsposten ein. Immer wieder hielt sie den Atem an und ballte die Fäuste vor Anspannung, wenn eine neue Presswehe das Fohlen dem Geburtsausgang näher schob. Jetzt! Da waren, von der Eihaut umhüllt, die kleinen Hufe und gleich dahinter die Nase des Fohlens. Mit einer gewaltigen Anstrengung drückte Pünktchen ihr Fohlen aus dem Leib, sie stöhnte auf und ließ sich erschöpft ins Stroh sinken. Aber nur ganz kurz, dann richtete sie sich auf und begann ihr Kind trocken zu lecken.

„Ein Hengstfohlen! Ein kleiner Sohn, Pünktchen! Gratuliere, das hast du fabelhaft gemacht! So schnell und leicht ging es! Simon wird stolz auf dich sein!"

Bille stieg von der Trittleiter und ging zum Stalltelefon, aber dann zögerte sie, Herrn Henrich im Büro anzurufen und ihm die große Neuigkeit mitzuteilen. Pünktchen sollte noch eine Weile ihre Ruhe haben, um sich mit ihrem Sohn bekannt zu machen. Sprach sich das Ereignis drüben erst herum, dann würden sie sofort alle angelaufen kommen. Bille kehrte zu ihrem Beobachtungsposten zurück und schaute dem Kleinen zu, der bald die ersten Versuche machte aufzustehen.

Sie musste zwei Stunden an der Box ausgeharrt haben, als sich vom Hof her Männerstimmen näherten. Herr Henrich kam mit Dr. Dörfler, um nach dem Rechten zu sehen.

„Na, wie steht's?", fragte Herr Henrich leise.

„Sehen Sie selbst."

„Was? Es ist schon da?"

„Es kam ganz leicht und schnell. Ich habe noch nie so eine glatte, unkomplizierte Fohlengeburt gesehen", berichtete Bille. „So stelle ich es mir vor, wenn Wildpferde abfohlen, draußen auf der Weide."

„Ein hübscher Kerl, sehr gut gebaut", lobte der Tierarzt. „Der könnte mal ein gutes Vielseitigkeitspferd werden. Habt ihr schon einen Namen?"

„Das will ich Simon überlassen. Ehrlich gesagt haben wir bisher nur über Stutennamen nachgedacht. Simon war sicher, dass es ein Stutfohlen wird."

Der Tierarzt lachte. „Nun ja, er hat eben eine Schwäche für hübsche Mädchen. Hoffentlich ist er nicht enttäuscht."

„Das glaube ich nicht. Wenn er ihn erst mal gesehen hat, ist er bestimmt sofort verliebt in unseren kleinen Sohn."

„Trinken tut er jedenfalls wie ein Alter. Dumm scheint er nicht zu sein."

„Wie könnte er! Simons Fohlen!", sagte Bille lachend. „Übrigens: Ich brauche ein Attest von Ihnen, Herr Doktor Dörfler."

„Ein Attest? Für Black Arrow? Weshalb denn das?"

„Nein, nein, nicht für Black Arrow. Für mich!"

„Für dich?"

„Ja, ein Attest für die Schule. ‚Bille Abromeit konnte am heutigen Tage den Unterricht leider nicht besuchen, sie war wegen einer Geburt verhindert.' Oder so ähnlich."

Der Tierarzt schmunzelte.

„So, so, und du meinst, das würde man gelten lassen? Ein Attest von mir?"

„Ignaz der Schreckliche – äh, ich meine Herr Albert – ist unser Klassenlehrer. Er kann zwar zum Fürchten sein, aber er hat Humor. Und für diesen speziellen Fall hat er bestimmt Verständnis. Du lieber Himmel, wie spät ist es? Simon wird doch bald zurückkommen?"

„Zum Mittagessen sollte er zurück sein. Du isst heute selbstverständlich mit uns, Bille", sagte Herr Henrich. „Ich werde Frau Fuchs Bescheid sagen. Und auf Simons Nachwuchs werden wir später auch anstoßen. Ich werde mal in den Keller hinunterschauen und eine besonders gute Flasche Wein aussuchen. Wie ist es mit Ihnen, Doktor – haben Sie Lust, zum Essen zu bleiben?"

„Danke, sehr nett, aber leider warten schon die nächsten Patienten auf mich, so gern ich die Einladung annehmen würde."

„Herr Henrich!", bat Bille. „Verraten Sie Simon nichts! Ich möchte es ihm selber sagen."

Eine halbe Stunde später fuhr Simon auf den Hof. Bille empfing ihn in der Halle.

„Du siehst richtig geschafft aus, mein armer Schatz!"

„He! Warum bist du hier? Finde ich ja toll!"

„Hm, dein Vater hat mir angeboten, mit euch zu essen. Wie ging's denn?"

„Ich glaube, ganz gut. Ich habe geschrieben wie der Teufel, hoffentlich ist nicht alles nur Mist. Jetzt jedenfalls fühle ich mich schlapp wie ein ausgewrungenes Handtuch."

„Aber glücklich? Erleichtert?"

„Ich weiß nicht. Total leer."

„Na komm, die anderen warten schon im Esszimmer."

„Ich wasche mir nur noch schnell die Hände", murmelte Simon und sprang die Treppe hinauf.

Bille kehrte zu den anderen zurück und sah Bettina und Florian beschwörend an.

„Dass ihr nichts verratet, hört ihr! Ich hab's ihm noch nicht gesagt. Erst wenn wir bei Tisch auf das große Ereignis anstoßen!"

„Okay, okay, wir halten garantiert dicht. Hoffentlich kommt er bald, ich sterbe vor Hunger", maulte Florian.

Gleich darauf betrat Simon das Zimmer, begrüßte seine Eltern und Geschwister und setzte sich. Frau Fuchs trug die Suppe auf, und man begann zu essen. Simon wirkte völlig abwesend, aber plötzlich stutzte er.

„Weingläser? Was soll denn das?"

„Nun …", Herr Henrich nahm die Flasche und schenkte ein, „ich habe mir gedacht, so ein großes Ereignis muss begossen werden!"

„Ist das nicht ein bisschen verfrüht? Woher willst du wissen, ob die Arbeit nicht total danebengegangen ist?"

Herr Henrich zwinkerte Bille zu und erhob sein Glas.

„Ich trinke auf jemanden, der heute eine besondere Leistung vollbracht hat. Und auf jemanden, dessen Leben heute beginnt. Und auf diejenigen, die heute einen besonders schweren Tag hatten und nun allen Grund zur Freude haben!"

Simon schaute verdutzt in die Runde, nun begriff er überhaupt nichts mehr. Warum kicherten Bettina und Florian? Was machten die Eltern für merkwürdige Gesichter? Warum lachte Bille so übermütig?

„Ich trinke auf eine Geburt …"

„Na ja, so was wie eine Geburt war es", stöhnte Simon. „Eine schwere Geburt."

„Im Gegenteil! Eine leichte Geburt! Die leichteste, die ich je erlebt habe!", widersprach Bille lachend.

„Das kannst du doch gar nicht beurteilen!"

„Oh doch, ich glaube schon."

„Fünf Stunden Plackerei sind doch wirklich nicht …"

„Wer spricht von fünf? Knapp zwei!", fiel Bille Simon ins Wort.

„Also, entweder ich spinne, oder wir sprechen von zwei total verschiedenen Dingen …"

„Das tun wir, mein Schatz. Herzlichen Glückwunsch zu deinem Sohn!"

„Herzlichen Glückwunsch, Simon!", rief Bettina. „Es ist das schönste Hengstfohlen, das je das Licht der Welt erblickt hat!"

Alle stießen zugleich mit ihm an, aber Simon saß nur da, brachte den Mund nicht mehr zu und schaute entgeistert von einem zum anderen. Plötzlich stellte er sein Glas so heftig auf den Tisch, dass der Wein überschwappte, und stürzte nach draußen. Bille rannte hinterher. Frau Henrich wollte protestieren, aber ihr Mann legte ihr begütigend die Hand auf den Arm.

„Lass sie, das musst du verstehen. Frau Fuchs soll das Essen für die beiden warm stellen, die kommen so bald nicht zurück."

Simon stand in der Box und hielt das Hengstfohlen im Arm wie ein kleines Kind. Bille schmuste mit Pünktchen.

„Wie wollen wir ihn nennen?", fragte Simon. „Was meinst du, etwas Heldisches, Grandioses, so wie Paris oder Parsifal oder Poseidon ... oder lieber was Lustiges, Zärtliches?"

„Zu Pünktchen passt besser etwas Lustiges, finde ich."

„Hm. Wie wär's mit Puck? Das ist ein kleiner Kobold."

„Ein kleiner Kobold, doch, ja ... oder, du, was hältst du von Pinocchio?"

„Pinocchio, ja, das klingt noch schöner als Puck! Bist du einverstanden, kleiner Sohn?"

Das Fohlen machte einen winzigen Hüpfer, fast verlor es das Gleichgewicht.

„Es gefällt ihm, siehst du? Komm, lass uns zurück ins Haus gehen, wir wollen auf unseren kleinen Pinocchio trinken."

„Auf dass er das stärkste, schönste, schnellste Pferd der Welt werde und alle seine Abenteuer siegreich bestehe!", sagte Bille und hängte sich bei Simon ein. Arm in Arm kehrten sie ins Haus zurück.

Der Aprilscherz

Der Geländeritt zur Feier des Abschieds Edmunds des Weisen hatte ungewöhnliche Folgen. Natürlich hatte es zahlreiche Zuschauer bei dem Ereignis gegeben, und die erheiternden Pannen während des Rittes waren noch Wochen danach beliebtester Gesprächsstoff unter den Internatsschülern. Vor allem die Tatsache, dass Zottel, von dem man wusste, dass er fast jedes Hindernis verweigerte, ausgerechnet über die Stangen in der Schlammpfütze gesprungen war und sich und Bille auf diese Weise ein unfreiwilliges Moorbad verschafft hatte, amüsierte sie immer wieder.

Besonders empfänglich für Zottels alte und neue Streiche waren die Jungen und Mädchen aus Minis Klasse. Bille hatte bereitwillig aus Zottels ruhmreicher Vergangenheit berichtet, und die Abenteuer des Ponys machten stets von Neuem die Runde.

An diesem Tag – es war Frühlingsanfang, und die Sonne schien alle daran erinnern zu wollen, so kräftig wärmte sie die winterblassen Gesichter – gingen sie in der Pause in den Park hinaus. Herr Körber, der die Pausenaufsicht führte, hatte sie angewiesen, nicht auf den Rasen zu laufen, denn der Boden war vom Schmelzwasser aufgeweicht, und an den niedrigeren Stellen hatten sich große flache Pfützen gebildet.

„Das wäre was für Zottel", sagte Christine, eine Zimmergenossin Minis. „Da könnte er schlittern!"

„Ach, das lohnt sich doch gar nicht", widersprach der kleine stupsnasige Oliver. „Da ist nicht genug Schlamm."

„Wie ein Rappe soll er ausgesehen haben damals!" Mini kicherte. „Aber es war schließlich nicht das erste Mal, dass er seine Farbe verändert hat. Kennt ihr die Geschichte von St. Martin?"

„Klar! Als die Jungen aus dem Dorf ihn mit Mehlpampe weiß gefärbt haben, damit er aussieht wie der Schimmel vom heiligen Martin!"

„Bille hat ihn kaum wiedererkannt!"

„Hat sie doch! Er hat ja die ganzen Süßigkeiten geklaut; sie fand später den Sack in seiner Box!", wusste Timo zu berichten.

Und schon waren sie beim nächsten Thema: Zottels unstillbarer Fresslust. Dass das Pony, ohne je krank zu werden, die unmöglichsten Sachen vertilgte, dass es nie satt wurde und vor allem Kuchen, Schokolade und Bonbons klaute, wo immer etwas für ihn erreichbar war, faszinierte die Kinder über alle Maßen. Schließlich waren sie selbst noch in dem Alter, in dem das Verlangen nach Süßigkeiten ein lebenswichtiges Bedürfnis darstellt, dem man den größten Teil des Taschengelds opfert. Außerdem hatte der eine oder andere bereits selbst seine Erfahrungen mit Zottels Geschicklichkeit gemacht und war unfreiwillig um einige Bonbons oder Kekse ärmer geworden, ohne es recht zu merken. Zottel besaß eine ans Märchenhafte grenzende Geschicklichkeit, wenn es darum ging, seinen zweibeinigen Freunden etwas aus der Tasche zu ziehen oder aus der Hand zu winden.

„Eigentlich tut er mir leid", meinte Mini, „Bille kümmert sich viel zu wenig um ihn. Sie hat natürlich auch kaum Zeit, bei dem vielen Training für die Turniere. Trotzdem, dass der arme Kerl immer auf der Koppel rumstehen muss, das ist einfach eine Gemeinheit!"

„Für Bille ist er so was wie ein Fahrrad", stellte Oliver fest. „Morgens kommt sie mit ihm zur Schule, stellt ihn hier im Stall oder auf der Koppel ab, und abends reitet sie wieder nach Hause und stellt ihn dort im Stall ab. Wenn er nicht zwischendurch mal vor dem Wagen ginge, hätte er gar keine Abwechslung mehr."

„Wisst ihr was?" Christine warf einen Verschwörerblick in die Runde. „Ich finde, wir sollten uns um ihn kümmern! Wenn er da so ganz allein auf der Koppel ist, könnten wir doch zu ihm gehen, mit ihm sprechen und spielen und ihn mal ein bisschen spazieren führen. Das freut ihn bestimmt!"

„Klar!", mischte sich jetzt Caroline ein, die die ganze Zeit schweigend zugehört hatte. „Und wenn wir nur jeden Tag eine halbe Stunde mit ihm schmusen und bei ihm sind, damit er nicht so traurig und verlassen ist! Er ist ein so lieber Kerl!"

„Der Gong, wir müssen rein!", mahnte Mini. Sie rannten in ihr Klassenzimmer zurück.

Aber nach dem Unterricht griffen sie das Thema erneut auf, und am Nachmittag beschlossen sie, einen Club der Zottel-Freunde zu gründen. Streng geheim vorerst, denn so ganz sicher waren sie nicht, wie Bille die heimliche Adoption ihres Freundes aufnehmen würde.

In der Freistunde machten sich die Mitglieder des Clubs gemeinsam auf den Weg zur Koppel. Weit und breit war niemand zu sehen. Bille und Simon arbeiteten mit ihren Pferden in der Halle; Florian und Nico machten einen weiten Ausritt; und Bettina war in Peershof geblieben, weil es eine Menge im Stall dort zu tun gab. In der Schulreithalle und auf der Außenbahn davor herrschte Hochbetrieb, aber davon merkte man auf der anderen Seite des Parks nichts. Sie waren ungestört.

Zunächst einmal wurde Zottel zärtlich begrüßt und umarmt und bekam von allen Seiten Leckerbissen zugesteckt. Über diese Art Störung seiner Mittagsruhe konnte er sich nur freuen, er schnaubte unternehmungslustig.

„Er schielt auf das Gatter, er glaubt, er könne uns überlisten!", sagte Mini kichernd. „Sicher träumt er schon wieder von einem seiner Ausflüge. Nein, nein, mein Lieber, du hast es mit Profis zu tun, uns entkommst du nicht!"

Eine ganze Weile standen sie so um ihn herum und redeten auf ihn ein, beklopften und streichelten ihn, aber allmählich wurde es sowohl Zottel als auch den Kindern zu langweilig.

„Was machen wir denn nun?", drängte Oliver.

„Wir könnten ihn ja abwechselnd reiten."

„Ohne Trense? Nur mit dem Halfter?"

„Da fängt die wahre Reitkunst erst an!", behauptete Mini. „Oder willst du wie ein kleines Kind mit ihm herumgeführt werden?"

„Natürlich nicht." Oliver nahm Anlauf und sprang auf Zottels Rücken. Dann drückte er ihm die Fersen in die Flanken. „He, Alter, beweg dich! Action! Stimmung! Jetzt geht's los!"

Aber Zottel war offensichtlich anderer Meinung; er ging ein paar Schritte und wandte sich dann dem zarten Grün zu seinen Hufen zu, das schon recht verlockend duftete.

„Na komm schon, ein kleiner Galopp einmal um die Koppel!"

Zottel beantwortete Olivers Versuche, ihn anzutreiben, mit einem ärgerlichen Kopfschütteln und einem kleinen

Buckler. Dann rupfte er sich von Neuem kleine Büschel des jungen Grases.

„Er ist nicht in Stimmung", sagte Christine.

„Er ist wohl in Stimmung, nur nicht zum Laufen", widersprach Caroline.

Oliver verschränkte seufzend die Arme und starrte in die Ferne. „Na ja, der Klügere gibt nach."

„Das nächste Mal bringen wir eine Trense mit", tröstete Mini ihn. „Oder wenigstens einen Führstrick, damit wir mit ihm spazieren gehen können."

Sie verabschiedeten sich von Zottel und vertrösteten ihn auf den nächsten Tag. Das Koppelgatter schloss Mini sehr sorgfältig, sie wusste, welch ein Künstler im Ausbrechen Billes Pony war.

Da sie bis zum Ende der Freistunde noch ein bisschen Zeit hatten, machten sie einen Abstecher zum Waldrand hinüber, wo an einer geschützten Stelle eine Bank stand, auf der man die ersten Sonnenstrahlen genießen konnte. Sie war ein beliebtes Ziel der Internatsschüler und meistens bereits besetzt, wenn man hinkam, aber heute war weit und breit kein Mensch zu sehen.

So setzten sie sich nebeneinander auf die Bank, schlossen die Augen und reckten die Gesichter der Sonne entgegen.

„Er müsste ihr mal wieder einen Streich spielen", murmelte Caroline schläfrig. „Ich möchte zu gern dabei sein, wenn Zottel etwas anstellt!"

„*Wir* müssten ihr einen Streich spielen. Einen Streich mit Zottel", berichtigte Oliver.

„Und was? Hast du eine Idee?"

„Noch nicht …"

Sie schwiegen eine Weile.

„Und jetzt?"

„Immer noch nicht. Aber ich brüte."

„In ein paar Tagen haben wir den ersten April", sagte Mini. „Wie wär's mit einem Aprilscherz?"

„Super! Aber was?", fragte Christine.

Oliver runzelte die Stirn. „Haltet die Klappe. Ich denke!"

Die Mädchen kicherten. Oliver stützte den Kopf in die Hände und starrte angespannt auf seine Fußspitzen, die – als hätten sie sich selbstständig gemacht – Figuren in den aufgeweichten Boden drückten. Plötzlich richtete er sich lebhaft auf.

„Der Schlamm!"

„Was ist damit?", fragte Timo neugierig.

„Wir werden ihn mal wieder färben. Wir machen ihn von oben bis unten mit Schlamm braun!"

„Und das hältst du für einen originellen Streich?", maulte Christine. „Was ist daran schon Besonderes!"

„Moment mal, das ist doch erst der Anfang. Das Wichtigste kommt erst!" Oliver machte eine Pause, um die Spannung in die Höhe zu treiben. „Ja, und dann … und dann … dann bieten wir ihn Bille zum Kauf an!"

„Wie denn das?"

„Wir sagen, wir hätten ein verwahrlostes Pony vor dem Schlachten gerettet, indem wir all unser Geld zusammengelegt hätten. Aber wir könnten es natürlich nicht behalten. Und dann appellieren wir an ihr gutes Herz …"

„Wow! Das ist die Idee!" Timo sprang auf und tanzte vor Vergnügen im Kreis. „Das ist echte Spitze. Los, Kinder, lasst uns genau festlegen, wie wir vorgehen müssen, damit sie nichts merkt. Das muss hundertprozentig hinhauen!"

Der erste April war für Bille ein harter Arbeitstag, und

so kam sie gar nicht dazu, über das verhängnisvolle Datum nachzudenken. Vor dem Schulunterricht arbeitete sie mit Dukat in der Schulreithalle, trank beim Indianer ihren Tee und rannte zum Schloss hinüber, um gerade noch rechtzeitig im Klassenzimmer auf ihrem Platz zu sein.

In der großen Pause kam Mini zu ihr.

„Du, Bille, ich hab eine riesige Bitte an dich! Ich hoffe, du bist mir nicht böse …"

„Na?"

„Inga und Ulli, du weißt, die beiden Externen aus meiner Klasse, die meistens mit ihren Ponys in die Schule kommen, haben mich zu einem Ausritt eingeladen. Aber es ist kein Pferd für mich frei. Dürfte ich Zottel nehmen?"

„Aber natürlich! Es wird dem Dicken gut tun, mal wieder ein bisschen arbeiten zu müssen und sich zu bewegen. Nimm ihn nur, du weißt ja, wo sein Sattelzeug liegt. Ich habe heute sowieso bis sieben Uhr mit den anderen Pferden zu tun, weil Tom und Simon ausfallen."

„Danke, du bist klasse!" Mini flitzte davon, und Bille sah ihr lächelnd nach. Wenn sie jemandem Zottel gönnte, dann war es die liebenswerte kleine Akrobatin.

Kaum hatte die Freistunde begonnen, rannte Mini mit Zottels Sattel und Trense auf die Koppel hinaus, wo Caroline das Pony bereits eingefangen und zum Gatter gebracht hatte. Wenig später trabte Mini dem Waldrand zu. Niemand beachtete sie, als sie rechts in den Weg zum Moorsee abbog, statt die Allee nach Neukirchen hinaufzureiten.

Oliver, Timo und Christine erwarteten sie bereits am Bootssteg. Sie hatten zwei Eimer mitgebracht sowie drei alte Schwämme und zur Sicherheit ein paar Dosen dunkelbraune Fingerfarbe. Oliver zeigte stolz auf den Inhalt der Eimer.

„Ist das nicht ein hervorragender Matsch? Los, tu den Sattel runter, wir haben keine Zeit zu verlieren! Es ist alles ganz harmlos."

Eine halbe Stunde später sah Zottel aus wie ein Wildpferd aus der Urzeit.

„Sie wird glauben, er wäre aus dem Zoo entlaufen", murmelte Mini. „Es sollte mich wundern, wenn sie nicht gleich Verdacht schöpft."

„Da habe ich schon vorgesorgt", beruhigte Timo sie. „Wir stellen ihn in die dunkelste Ecke der Scheune. Dorthin, wo die Externen im Winter während der Unterrichtsstunden ihre Ponys abstellen. Da sieht sie ihn nicht so genau."

„Okay, dann marschiert jetzt ab. Ich mache mich so lange unsichtbar", sagte Mini. „Toi, toi, toi! Zu blöd, dass ich nicht dabei sein kann. Aber ich glaube, ich würde mich sowieso vor Lachen nicht halten können."

Gute Schauspieler mussten sie sein, das war ihnen klar. Wenn nur einer von ihnen sich das Grinsen nicht verkneifen konnte, war alles aus.

Oliver hatten sie dazu ausersehen, Bille zu verständigen. Er erwischte sie, als sie mit Troja aus der Halle kam.

„Du, Bille, könnte ich dich einen Moment unter vier Augen sprechen? Es ist da was passiert …" Oliver machte ein tief unglückliches Gesicht. „Vielleicht könntest du uns helfen?"

„Euch helfen? Was ist denn los, habt ihr was angestellt? Hat sich ein Pferd verletzt? Ist euch eins ausgebrochen?"

„Nein, viel schlimmer."

„Viel schlimmer? Um Gottes willen, es ist doch nicht …"

„Nein, nein, nicht was du denkst. Kein Unfall. Eher das Gegenteil. Wir haben eins gekauft."

„Ihr habt was?", fragte Bille entgeistert.

„Wir haben ein Pony gekauft, das zum Schlachter sollte. Es tat uns so leid. Wir haben unser Taschengeld zusammengelegt und als Anzahlung gegeben, den Rest sollen wir heute Nachmittag hinbringen, aber wir kriegen das Geld nicht zusammen! Das Pony haben wir schon, aber wenn wir das Geld nicht zusammenkriegen, müssen wir es zurückgeben. Kannst du uns nicht helfen?"

„Wieviel braucht ihr denn noch?"

„Hundertfünfzig Mark."

„Auweia. Da habt ihr euch ja ganz schön was vorgenommen. Und was soll mit dem armen Tier dann geschehen? Habt ihr einen Stall? Jemanden, der das Pony versorgt?"

Oliver zuckte mit den Achseln.

„Wo steht denn das Wundertier?"

„In der Scheune drüben. Es ist ein ganz lieber Kerl. Er gefällt dir sicher. Ich meine, vielleicht könntest du ja …"

„Ich werde ihn mir jedenfalls mal ansehen. Und dann werden wir gemeinsam überlegen, was mit dem Ärmsten geschehen soll. Wer ist eigentlich der Verkäufer?"

„Er heißt Meier. Ein Bekannter von einem Onkel von einem Klassenkameraden."

„Aha. Na schön, warte hier auf mich, ich muss Troja schnell in die Box zurückbringen."

Oliver war ziemlich mulmig zumute, als er mit Bille zur Scheune hinüberging. Waren sie nicht doch zu weit gegangen? Aber schließlich war Bille ein prima Kerl und konnte einen Spaß verstehen. Den Kopf abreißen würde sie ihnen schon nicht.

Im Halbdunkel der Scheune konnte man wirklich kaum etwas erkennen. Zottel, der sich unter der klebrigen Schicht aus getrocknetem Schlamm alles andere als wohl fühlte, stand mit gesenktem Kopf und hängenden Ohren in der hintersten Ecke und sah aus wie ein Muli nach einem zehnstündigen Arbeitstag. Als Bille herantrat, hob er kaum den Kopf. Warum ließ sie auch zu, dass man so etwas mit ihm anstellte!

„Das ist er also. Der sieht ja wirklich erbarmungswürdig aus!", sagte Bille und klopfte dem fremden Pony den Hals. „Du lieber Himmel, der ist ja völlig verdreckt! Ich habe in meinem Leben noch kein so schmutziges Pferd gesehen!"

„Deswegen sollte er ja auch geschlachtet werden", sagte Timo treuherzig. „Weil keiner da war, der ihn gepflegt hat."

In diesem Augenblick hob das fremde Pony den Kopf und schnupperte. Es spitzte die Lippen, zog Bille mit unglaublicher Geschicklichkeit eine Tüte Bonbons aus der Tasche, ließ sie auf den Boden fallen, fasste mit den Zähnen vorsichtig den äußersten Zipfel und hob die Tüte an, sodass die Bonbons auf den Boden fielen; dann machte er sich darüber her. Bille ging schlagartig ein Licht auf. Aber sie ließ sich nichts anmerken.

„Es kann einem wirklich das Herz brechen, wenn man ihn so sieht. Halb verhungert auch noch! Ich denke, ich werde ihn nehmen. Bevor ich mich entscheide, möchte ich ihn allerdings gewaschen sehen. Kommt mit, ich zeige euch, wo ihr warmes Wasser und ein mildes Shampoo findet. Damit seift ihr ihn sorgfältig ein – aber Vorsicht, dass ihm nichts in Augen und Nase kommt! –, und dann spült ihr ihn vorsichtig und gründlich mit dem Schlauch ab. Danach rubbelt ihr ihn trocken und striegelt ihn anschließend ordentlich. Ach ja, und wenn ihr schon dabei seid, könnt ihr ihm auch gleich Schweif und Mähne verziehen und die Hufe fetten.

Ich schaue ihn mir an, wenn ihr fertig seid, und wenn er mir dann gefällt, nehme ich ihn mit nach Hause."

Oliver, Timo, Caroline und Christine sahen sich mit langen Gesichtern an.

„Noch irgendwelche Fragen? Okay, dann bis später. Komm, Oliver, ich zeige euch, wo ihr ihn waschen könnt. Und so etwas macht ihr bitte nie wieder. Zottel ist kein Spielzeug, sondern ein lebendes Wesen! Das war kein guter Scherz!"

Frühlingserwachen

So sauber war Zottel noch nie in seinen Stall heimgekehrt wie an diesem Tag. Natürlich blieb er es nicht lange. Denn seinem schlechten Ruf zum Trotz zeigte sich der April von seiner besten Seite; eine fast sommerlich warme Sonne ließ das Gras auf den Koppeln üppig sprießen, und wer nicht zum Arbeiten in die Reithalle musste, durfte sich draußen tummeln. So marschierte Zottel jeden Tag mit den Jungpferden auf eine der ausgedehnten Weiden und musste nicht mehr auf der kleinen Koppel hinter dem alten Pferdestall auf Bille warten.

Die Weideplätze wurden täglich gewechselt, da das Gras so früh im Jahr immer wieder Zeit brauchte, um sich zu erholen. Zottel tollte wie ein Dreijähriger mit den Jungpferden herum und wälzte sich zwischendurch genießerisch, und Bille bedauerte insgeheim, dass sie keinen Grund hatte, Mini und ihre Freunde zum Putzen ihres Ponys abzukommandieren; denn Zottel von Grasflecken und angetrockneten Erdresten zu reinigen, war immer wieder eine mühsame Prozedur. Doch der Club der Zottel-Freunde machte um sein Idol seit dem ersten April einen auffallend großen Bogen.

An diesem Sonntag befanden sich Zottel und seine jüngeren Genossen auf der vom Gutshof am weitesten entfernten Koppel, die im Westen hinter dem Wald lag. Zottel hatte sich als gutes Leitpferd erwiesen. Die Jungpferde folgten ihm willig, wenn es morgens aus dem Stall ins Freie ging; so genügte es, wenn Bille mit ihm vorausritt und Hubert oder der alte Petersen als Schlusslicht der kleinen Herde folgten und aufpassten, dass keiner zurückblieb.

Es war Mittag vorbei; Zottel hatte sich gerade eine kleine Schlafpause gegönnt, als ein voll beladener Bus am anderen Ende der Koppel die schmale Straße zum Wald entlangrumpelte. Fenster und Lüftungsklappen des Fahrzeugs schienen geöffnet zu sein, denn man hörte vielstimmigen Gesang und lautes Lachen. Zottels Neugierde war geweckt, er setzte sich in einen mäßig beschleunigten Zockeltrab, die aufmerksam gewordene Herde folgte ihm gehorsam.

Als sie am Ende der Koppel angekommen waren, war der Bus längst verschwunden. Nur eine sanft zu Boden sinkende Staubwolke erinnerte an das voll besetzte Gefährt. Zottel trat dicht an den Koppelzaun heran und schaute in die Richtung, in die der Bus gefahren war – zum Waldcafé, das am heutigen Sonntag nach langer Winterpause wieder eröffnet wurde. Waldcafé, das bedeutete Kuchen, Zucker, Musik, lachende Menschen, die einen verwöhnten und streichelten. Waldcafé, das war fast so schön wie der heimatliche Stall. Zottel sah tief in Gedanken versunken den Weg hinauf.

Hatte er sich zu kräftig gegen den Koppeldraht gelehnt? Oder war dies ganz einfach sein Glückstag? Der Zaun gab nach, morsch gewordene Pfosten legten sich langsam in die Waagerechte, der Draht senkte sich. Zottel brauchte nur noch hinüberzusteigen.

Die Herde folgte willig.

Zottel kannte sein Ziel, und ohne Aufenthalt marschierte er dem Bus nach durch den Wald, die Jungpferde fröhlich schnaubend, mit neugierig wachen Augen hinter ihm her.

Hin und wieder machten sie halt, rupften ein paar besonders saftige Gräser vom Wegrand oder tranken ein paar Schlucke aus einer Pfütze.

Der Bus hatte inzwischen sein Ziel erreicht. Die Gäste der Kaffeefahrt der Firma Bruhnsen & Co., hauptsächlich Damen des Kegelclubs Neukirchen, hatten schwatzend und lachend an den vorbereiteten Tischen Platz genommen, um sich mit Kaffee und Kuchen verwöhnen zu lassen. Ein bekannter Showstar machte sich im Hinterzimmer bereit, die Damen mit Liedern und Anekdoten zu erfreuen; und im Schatten der alten Buchen warteten, in Körben appetitlich angerichtet, Eierpackungen, Zucker- und Butterpäckchen für die Vorführung der elektrischen Küchengeräte, Tischdecken, Handtücher, Heizkissen, Kaffeeservice und Kristallgläser.

Serviererinnen eilten mit überladenen Kuchentabletts durch die Reihen, andere schenkten aus schweren Kannen Kaffee aus; die Damen an den Tischen reckten die Hälse nach den appetitlichen Kuchenstücken auf den Tabletts und schwankten in Gedanken, ob Kirschtorte, Käsesahne oder Cremeschnitten den größeren Genuss versprächen.

Der Vertreter der Firma Bruhnsen & Co. – er hatte sich als „Herr Charly" vorgestellt und versprochen, von Anfang bis Ende der Fahrt unermüdlich um das leibliche und seelische Wohl der Gäste bemüht zu sein – trat in die Mitte und klatschte in die Hände.

„Meine Damen! Darf ich einen Moment um Ihre Aufmerksamkeit bitten! Ich möchte Sie hier im Waldcafé, in dieser wunderschönen Umgebung, noch einmal herzlich willkommen heißen und Ihnen einen besonders schönen Nachmittag wünschen! Nach unserer kleinen Stärkung werden wir, wie Sie wissen, die Ehre haben, einen berühmten Gast in unserer Mitte begrüßen zu dürfen. Lilian Masurska, die Ihnen allen vom Fernsehen her bekannt ist! Und gleich darauf, meine verehrten Damen, kommen wir zum Höhepunkt dieses Nachmittags – die einmalige Verkaufsschau der Firma Bruhnsen & Co., die alles getan hat, um Ihre geheimsten Wünsche zu erfüllen. Einmalig, weil Sie in unserem Angebot einmalig günstige Preise für eine einmalig gute Qualität finden werden! Und nun – stärken Sie sich, meine Damen, für die großartigen Erlebnisse dieses Nachmittags! Viel Vergnügen wünscht Ihnen Ihre Firma Bruhnsen & Co.!"

Für Herrn Charlys Geschmack applaudierten die Damen reichlich gedämpft dafür, dass er seine Stimme derart verausgabt hatte. Hoffentlich gelang es der blonden Lilian, sie in die richtige Kaufstimmung zu versetzen. Man musste abwarten. Herr Charly sah den Damen zu, wie sie ihren Kuchen aßen und die Gespräche darüber verstummten.

Jetzt war der Augenblick gekommen, den Stargast des Nachmittags anzukündigen. Wieder klatschte Herr Charly in die Hände.

„Und nun, meine Damen, zu einem der Höhepunkte des heutigen Tages! Sie kennen sie alle …"

Herrn Charlys Gesicht erstarrte, sein Unterkiefer bewegte sich noch ein paarmal lautlos auf und ab, die Augen weiteten sich vor Staunen.

Die Damen folgten der Richtung seines Blicks und drehten langsam die Köpfe.

Hinter ihnen, am äußersten Tisch, stand ein rot-weiß gescheckes Pony. Und hinter dem Pony eine ganze Herde junger Pferde, die mit hocherhobenen Köpfen und gespitzten

Ohren ihrerseits auf Herrn Charly blickten, als erwarteten sie weitere Ankündigungen.

Langsam wandten sich die Köpfe wieder dem jungen Mann der Firma Bruhnsen & Co. zu; er musste ja wissen, was es mit diesem ungewöhnlichen Auftritt auf sich hatte.

„K-k-kein Grund zur Beunruhigung, meine Damen", stotterte er. „Die Tiere sind zahm, ja, ganz zahm. Wie mir scheint, sind auch sie gekommen, um unseren Star zu erleben, ha, ha, ha! Aber ich denke doch, wir werden unsere vierbeinigen Gäste bitten, uns wieder zu verlassen; die eine oder andere von Ihnen könnte sich durch sie gestört fühlen. Also, Freunde, verschwindet! Schsch! Schsch!", machte Herr Charly und fuchtelte wild mit den Armen.

Zottel wieherte fröhlich. Es klang, als lache er herzlich über den zappelnden Mann auf dem Podium. Dann entdeckte er nicht weit entfernt auf dem Tisch vor sich eine üppige Cremeschnitte. Zottel schritt näher, bog seinen Hals über die Schulter der vor ihm sitzenden Dame über den Tisch und schnappte sich den Kuchen.

„Huach!", schrie die Dame.

Zottel stand mit in sich gekehrtem Blick neben ihr und malmte, ein Bild der Zufriedenheit. Die übrigen Damen lachten schüchtern. Da Zottels junge Kollegen sich in einigem Abstand über das saftige Gras der Waldlichtung hergemacht hatten, fürchtete man nichts Schlimmes.

„Ein nettes Tier", sagte die Dame gegenüber, die sich sicher fühlte, weil der Tisch zwischen ihr und Zottel stand. „Sicher mag er ein Stück Zucker."

Zottel mochte. Zottel mochte sogar den ganzen Inhalt der Zuckerdose. Um den Damen keine Umstände zu machen, entschloss er sich zur Selbstbedienung. Die Damen lachten.

„Solange sie noch lachen, ist alles in Ordnung", murmelte Herr Charly und gab seinem hinter der Tür stehenden Star ein Zeichen, noch ein wenig zu warten.

Lilian Masurska konnte von ihrem Standort aus nicht sehen, was draußen geschehen war. Sie missverstand Herrn Charlys Geste, atmete tief ein, straffte Schultern und Busen und setzte ihr schönstes Showstar-Lächeln auf. Dann stürmte sie im Laufschritt zum Podium, die Arme weit ausgebreitet, in ihrem Fahrwasser der Akkordeonspieler, der die Aufgabe hatte, ihre Lieder zu begleiten.

Was Lilian Masurska zunächst sah, waren Hinterköpfe. Nicht erwartungsfroh ihr zugewandte Gesichter, sondern Rückenansichten von Leuten, deren Aufmerksamkeit offensichtlich von einer anderen Attraktion gefesselt war. Und dann sah Lilian Masurska die Pferde. Was sie nicht sah, war, dass Pferde und Publikum keineswegs, wie sie annahm, durch einen Zaun voneinander getrennt waren. Also konnte es ihrer Meinung nach nur darum gehen, die Aufmerksamkeit der Damen auf sich zu lenken.

„Einen Tusch!", flüsterte sie dem Akkordeonspieler zu.

Der Akkordeonspieler griff in die Tasten. Lilian Masurska frischte ihr Starlächeln auf und nahm noch einmal Schwung.

„Meine Freunde!", rief sie über die Köpfe hinweg und breitete die Arme aus.

Die Köpfe der Damen fuhren herum. Die Köpfe der Pferde ebenfalls. Galt das ihnen? Ihre Neugierde war geweckt, sie kamen näher. Die Damen schrien auf und wichen in Richtung Podium zurück. Die Pferde beschleunigten ihre Schritte.

Die Damen riefen nach Herrn Charly.

Herr Charly rief nach dem Wirt.

Der Wirt sah und hörte nichts, denn er stand im Keller und ordnete Weinflaschen in die Regale. Das Personal hatte sich zu einer kleinen Pause zurückgezogen, der Auftritt Lilian Masurskas interessierte sie weniger als Kaffee und Kuchen und der Klare, den der Koch zur Feier der Wiedereröffnung ausgegeben hatte. Nur hin und wieder reckte eine der Kellnerinnen den Hals und erwischte einen halben Blick auf das Podium.

Die Kaffeegäste hatten sich in geschlossener Front vor den anrückenden Vierbeinern zurückgezogen. Und je ängstlicher sie zurückwichen, desto neugieriger folgten ihnen die Pferde. Irma, die kleine Rappstute, zwickte übermütig die dicke Frau Heuer in den bunt geblümten Po. Die kleine Frau Hoffmann fühlte Santorins samtweiche Lippen im Genick und kriegte eine Gänsehaut bis in die Kniekehlen.

Über allem schwang der Showstar Lilian Masurska die Arme und streute lebensfrohe Lachtriller in die Runde.

Herr Charly hatte rückwärts die Tür erreicht und gab nun aus dieser sicheren Position heraus seine Anweisungen.

„Meine Damen! Meine Damen!" Seine Stimme kippte über vor Erregung. „Meine Damen, ich empfehle, sich vorübergehend ins Innere des Cafés zurückzuziehen und abzuwarten, bis der Wirt die Ausreißer wieder in ihren Stall gebracht hat. Bitte, gnädige Frau, hier entlang, hier, kommen Sie, Gnädigste, dort rechts hinein. Kommen Sie nur, die Pferde tun Ihnen nichts, kommen Sie hier herein!"

Vier der Damen hatten das rettende Ufer erreicht, die Übrigen standen immer noch dicht um das Podium gedrängt und versuchten, sich der neugierigen Vierbeiner zu erwehren, die schuppernd, knabbernd, Köpfe reibend mal der einen, mal der anderen zu Leibe rückten in Erwartung irgendwelcher Leckereien oder doch zumindest Zärtlichkeiten.

Mehr oder weniger mutig bemühten sich die Damen, ihrer Verfolger Herr zu werden. Einige wagten ein Tätscheln des Pferdehalses, ein flüchtiges Streicheln, andere versuchten es mit Argumenten oder Drohungen, wieder andere beschränkten sich darauf, ihre Handtaschen wie Schutzschilde vor sich zu halten, was wegen der mangelnden Größe von geringer Wirkung war; denn hielten sie sich die Tasche vors Gesicht, knabberte etwas in Nähe der Gürtellinie, pressten sie sie vor den Bauch, traf das feuchtwarme Pferdemaul Gesicht oder Hals.

In dieser kritischen Situation besann sich Lilian Masurska auf ihre Pflichten als Alleinunterhalterin. Sie gab dem Akkordeonspieler, der hinter ihr auf einen Stuhl geflüchtet war, ein Zeichen und begann zu singen. „Frühling in Wien, Frühling in Wien …"

„Los, alle mitsingen, vielleicht verscheucht sie das!", rief das pensionierte Fräulein Müller, früher Lehrerin, und hakte sich bei den neben ihr Stehenden ein. „Frühling in Wien …"

Eifrig fassten die Damen einander bei den Armen und begannen zu schunkeln. Im Chor übertönten sie Lilian Masurska, und wer den Text nicht beherrschte, behalf sich mit „lalalala". Die Pferde schauten verwirrt. Das wankte und schwankte vor ihren Augen, als befänden sie sich auf hoher See. Und unangenehm laut war es geworden – da hielt man besser Abstand. Eins nach dem anderen trat den Rückzug an.

Die ins Haus Geflüchteten hatten inzwischen den Wirt alarmiert und dieser die Polizei. Wachtmeister Bode und seine Polizisten überblickten die Situation sofort: Die Pferde konnten nur aus Groß-Willmsdorf entkommen sein, und man gab die Nachricht sofort weiter. Immerhin forderte es die Aufsichtspflicht, sich persönlich ein Bild des Geschehens zu machen, und so schwangen sich Wachtmeister Bode und ein anderer Beamter in ihren Wagen und fuhren dem Wald zu. In Groß-Willmsdorf brachten Bille, Tom und Simon einen Blitzstart zustande und galoppierten zum Tatort. Dort begann sich das Blatt zu wenden.

„Die Pferde treten den Rückzug an!", raunte das alte Fräulein Schmidt ihren Reisegenossinnen zu. „Der Weg ins Haus ist frei. Nur nicht so auffällig und alle auf einmal losrennen, sonst kommen sie zurück und schneiden uns wieder den Weg ab!"

So verkrümelte sich auf Zehenspitzen und ängstlich geduckt eine Dame nach der anderen und verschwand im Innern des Hauses. Die Übrigen schunkelten weiter und sangen mit Lilian Masurska um die Wette, bis nur noch das alte Fräulein Schmidt mit ihrem Piepsstimmchen übrig war. Singend tänzelte sie dem Haus zu, den Blick nicht von den Pferden wendend, um auf einen plötzlichen Angriff gefasst zu sein.

Die Pferde interessierten sich allerdings längst nicht mehr für die Gesellschaft. Sie hatten sich auf Zottel, ihr Leittier, besonnen, der – abgesondert von der übrigen Herde – seinen eigenen Neigungen nachging. Er trabte von Tisch zu Tisch und vertilgte, was die Damen bei ihrem plötzlichen Aufbruch übrig gelassen hatten.

Erst jetzt begriffen seine jüngeren Genossen, dass sie die wahre Attraktion dieses Ausflugs offenbar bisher übersehen hatten. Hier gab es einiges nachzuholen, und so drängten sie jetzt ebenfalls zu den Resten der Kaffeetafel und probierten

Obsttorten, Windbeutel, Zuckerschnecken und Biskuitrolle, vergaßen auch nicht die reichlich zum Gebrauch aufgestellten Schälchen mit Zuckerstücken. Santorin unterzog nebenbei den Gabentisch der Firma Bruhnsen & Co. einer eingehenden Prüfung, fand aber nichts, was seinem Geschmack entsprach, und beförderte ärgerlich einiges auf den Boden.

Wachtmeister Bode, der eine beträchtliche Strecke hatte fahren müssen, und die Groß-Willmsdorfer kamen zugleich am Ort des Geschehens an – der eine von rechts, die anderen von links. Und staunend verharrten sie am Rande der Lichtung und starrten auf das ungewöhnliche Bild, das sich ihnen bot: eine Herde Jungpferde friedlich um eine Kaffeetafel versammelt, die malmenden Mäuler auf Kuchenteller und Zuckerschälchen gesenkt, in der Mitte auf einem Podium eine ratlose Sängerin, begleitet von einem ebenso ratlosen Akkordeonspieler, der schräg hinter ihr auf einem Stuhl stand, und an den Fenstern des Waldcafés innen drei Dutzend ältere Damen mit platt gedrückten Nasen und gespannten Gesichtern.

Bille, Simon, Tom, Wachtmeister Bode und sein Assistent applaudierten. Lilian Masurska erwachte aus ihrer Sängerseligkeit und kehrte in die Wirklichkeit zurück. Die Damen hinter den Fenstern winkten lachend mit Servietten und Taschentüchern. Der Wirt stürzte sich wütend auf die Reiter, was die Jungpferde augenblicklich von den Tischen vertrieb. Auf die Idee, dass er dies auch früher hätte machen können, kam zum Glück niemand. Herr Charly sammelte die Gaben der Firma Bruhnsen & Co. vom Rasen auf und arrangierte sie aufs Neue, Leichtbeschädigtes mit einem Rotstiftvermerk *„Preisnachlass!"* besonders ins Blickfeld rückend.

„Ich hoffe, ihr habt die Versicherungsprämie pünktlich bezahlt", murmelte Bille.

„Keine Sorge!" Tom sprang aus dem Sattel. „Eine Runde für alle!", rief er dem Wirt zu. „Zur Beruhigung der Nerven! Wir bringen die Ausbrecher auf die Koppel zurück und kommen dann wieder. So lange werden die Damen ja noch hier sein, es dauert keine halbe Stunde."

„In Ordnung, Herr Tiedjen."

„Wer ist das?", erkundigte sich Herr Charly, Hoffnung schöpfend, beim Wirt des Waldcafés.

„Tom Tiedjen, der Sohn von Hans Tiedjen. Der berühmte Springreiter, kennen Sie den nicht? Und der andere war Simon Henrich, auch schon ziemlich bekannt auf den großen Turnierplätzen."

„Tiedjen, Henrich, natürlich! Meine Damen! Meine Damen, ich kann Ihnen eine außerordentliche Mitteilung machen, ein neuer Höhepunkt dieses erlebnisreichen Ausflugs!"

Herr Charly mochte vielleicht kein Held sein, aber eines konnte er – verkaufen! So verkaufte er jetzt den Reiterruhm der Tiedjens und Henrichs, ließ den Wert der soeben allzu hautnah erlebten Pferde – Hans Tiedjens erlesene Zucht! – auf Hunderttausende anwachsen und gab den Damen das Gefühl, einen Blick ins Allerheiligste des berühmten Springreiters getan zu haben. Die Waren der Firma Bruhnsen & Co. gingen weg wie warme Semmeln. Die Damen, der Gefahr entronnen und noch den süßen Schauer des besonderen Spaßes in den Gliedern, angeregt durch die freigebig ausgeschenkten Liköre des Wirts (auf Tom Tiedjens Kosten), kauften, bis auch nicht eine silberne Zuckerzange, nicht ein Elektroquirl mehr übrig war.

„Man sollte da vielleicht ein spezielles Arrangement mit der Familie Tiedjen treffen", sinnierte Herr Charly, als der Wirt ihm den vierten Klaren einschenkte. „Meinen Sie, man könnte die Nummer ins Programm aufnehmen?"

Daddys Überraschung

Der Zug rollte fast lautlos in den Bahnhof ein. Die Türen flogen auf, noch ehe er stand.

„Höher, das Schild! Ihr müsst es viel höher halten!", rief Bille.

Florian und Simon stemmten das Plakat hoch über ihre Köpfe. Ankommende Reisende warfen einen Blick auf das blumenumkränzte, mit großen bunten Buchstaben bemalte Pappschild und schüttelten lächelnd die Köpfe. *„Ein dreifaches Hoch unserem Häuptling! Herzlich willkommen, Daniel!"*, stand darauf.

„Da kommt er! Daniel!" Bille ließ ein Indianergeheul los, dass einem jungen Mann neben ihr der Koffer aus der Hand fiel, so erschrocken zuckte er zusammen.

Daniel ruderte kofferbeladen auf sie zu, seine Körperlänge stand in krassem Gegensatz zu dem verlegenen Lächeln auf seinem rosigen Gesicht, als er seines Begrüßungskomitees ansichtig wurde.

Bettina fiel ihm als Erste um den Hals, dann folgten Bille und Nico. Die Brüder nahmen die Sache lässiger, sie hatten wegen der Stangen, auf die das Plakat montiert war, ohnehin keine Hand frei.

„Hallo, Großer!"

„Grüß dich, großer Bruder! Wie geht's!"

„Hi, Chief, schön, dich zu sehen! Du hast uns gefehlt!", sagte Tom und boxte den Freund an die Schulter. „Siehst richtig verhungert und überarbeitet aus. Wird Zeit, dass wir uns wieder um dich kümmern."

„Das ist vielleicht ein Empfang, Kinder! Mann, ich hab gedacht, mich knutscht ein Känguru, als ich das Schild sah! Na kommt, hauen wir lieber hier ab, ehe sie glauben, dies wäre eine unangemeldete Demo."

„Man merkt's, du warst in der Großstadt", sagte Bille lachend. „Solche Befürchtungen haben wir hier in unsrer ländlichen Einsamkeit nicht. Simon hat deinem Vater den großen Wagen abgeschwatzt, sonst hätten wir nicht alle Platz gehabt – mit deinem ganzen Gepäck! Wir haben schon überlegt, ob wir vielleicht mit einem der Transporter kommen sollten, damit wir deine Koffer alle unterbringen."

„Na, so schlimm ist es ja auch nicht. Hier, nimm mal die Plastiktüte, da sind Geschenke drin."

„Welche Geschenke? Hat jemand Geburtstag?"

„Quatsch, meine Mitbringsel für euch!"

„Du hast uns was mitgebracht? Ist ja irre, zeig her!"

„Stopp! Die gibt's erst zu Hause. Das könnte euch so passen!"

Mit viel Drücken, Drängen und Schieben gelang es ihnen, mitsamt dem Gepäck im Auto unterzukommen.

„Na, was gibt's Neues, erzählt!"

„Deinem Dicken geht's gut, allerdings wird er jetzt alt und hat ganz gern seine Ruhe", erzählte Bettina. „Flori und ich reiten ihn abwechselnd, aber fast nur noch im Gelände. Wenn du wieder trainieren willst, wirst du ein junges Pferd brauchen."

„Daran habe ich auch schon gedacht, und ich …" Daniel

brach ab und biss sich auf die Lippen. Auf seinem Gesicht breitete sich ein geheimnisvolles, leicht abwesendes Lächeln aus.

„Was ist los? Was wolltest du sagen?"

„Och, ich … ich meine, zunächst mal werde ich so viel zu tun haben auf dem Hof, dass zum Trainieren kaum Zeit bleiben wird. Und für ein paar entspannende Ausritte zwischendurch ist mein Väterchen Asterix gerade recht."

„Finde ich spitze, dass du jetzt erst mal richtig in die Praxis einsteigst", sagte Tom. „Ich glaube, dein Vater ist sehr froh, dass er sich bald aus dem Betrieb zurückziehen kann. Er möchte sich lieber seinen Büchern widmen und endlich mal Zeit zum Reisen haben, hat er mir erzählt."

„Ich freue mich auch auf die Arbeit. Diese Rumhockerei auf der Uni, das Großstadtleben, das ist nichts für mich. Bei der praktischen Arbeit lernt man am schnellsten, worauf es ankommt. Und aus einem Gut wie Peershof kann man viel mehr machen, als es jetzt der Fall ist."

„Hast du schon Pläne?", erkundigte sich Simon.

„Eine Menge. Aber noch behalte ich sie für mich. He, Flori, Nico, ihr seid so still dahinten! Seid ihr noch da?"

„Lass sie, sie sehen sich so selten, das müssen sie ausnützen", stichelte Bille.

„Selten?"

„Ja – nur morgens in der Schule und den Rest des Tages im Stall und beim Reiten."

„Die Ärmsten! Wenn das so ist …"

Alle lachten.

Sie bogen in die Peershofer Allee ein und hielten bald darauf vor dem großen, ein wenig düsteren Gutshaus. Simon drückte ein paarmal kräftig auf die Hupe, und Herr und

Frau Henrich kamen heraus, um ihren Ältesten zu begrüßen. Bille und Tom holten Daniels Gepäck aus dem Kofferraum und brachten es ins Haus.

„Ihr wollt doch sicher zuerst schnell in den Pferdestall", sagte Vater Henrich lächelnd und zwinkerte Bille zu. „Aber bleibt nicht zu lange, der Tee ist fertig. Wir warten im Salon auf euch."

„Prima. Komm, Daniel!"

Bettina und Bille nahmen Daniel in die Mitte, die anderen marschierten hinterher.

„So feierlich? Ihr habt doch was mit mir vor?"

„Wir dachten nur, du möchtest Asterix vielleicht gleich begrüßen", sagte Bettina mit todernstem Gesicht. „Oder etwa nicht?"

„Doch, doch, natürlich."

Bille stieß die Tür zum Stall auf und ließ Daniel vorgehen.

„Ich werd verrückt!"

Daniel blieb wie angewurzelt stehen und riss die Augen auf, als glaubte er zu träumen.

„Seid ihr sicher, dass dies unser Stall ist?"

„Ganz sicher!"

Bettina lachte vergnügt. Die Überraschung war ihnen offensichtlich gelungen.

„Der ganze Stall renoviert! Neue Lampe, neue Schränke, Mann, ihr seid ja wahnsinnig! Neue Heuraufen auch! Sogar der Boden ist neu!"

„Ohne Vatis Hilfe hätten wir das natürlich nicht geschafft – weder finanziell noch was die Arbeit betrifft", berichtete Simon. „Da mussten schon ein paar Handwerker her. Aber wir haben doch eine beträchtliche Portion Arbeit investiert, vor allem Bettina und Florian, und auch Nico hat geholfen, wo sie konnte. Die Idee stammte übrigens von Bettina. Als sie vor ein paar Wochen beschloss, Großputz im Stall zu machen, stellte sie fest, dass es höchste Zeit für eine grundlegende Renovierung war. Und es gelang ihr, Vater klarzumachen, dass das doch eine richtige Überraschung zur Feier deiner Rückkehr sei."

„Na, die ist euch wirklich gelungen! Kinder, das ist ja toller als die Spanische Hofreitschule in Wien! Aber jetzt muss ich erst mal meinen Dicken begrüßen. Komm her, Asterix, mein Alter, lass dich umarmen! Junge, haben sie dich fein gemacht, du siehst ja aus wie ein Marmorstandbild, so schneeweiß und glänzend! Und ein neues Stallhalfter haben sie dir auch geschenkt! Leuchtend blau, das steht dir fabelhaft!"

„Hm, und hier ist noch ein Geschenk für dich. Zur Begrüßung von uns allen."

Bettina überreichte Daniel ein kleines Paket. Daniel löste das Geschenkband und schlug das Papier auseinander.

„Eine Decke! Schau dir das an, mein Alter, eine leuchtend blaue Stalldecke, passend zum Halfter! Leute, ihr seid ja verrückt, mich so zu verwöhnen! Tausend Dank! Warum tut ihr das? Ihr macht mich ganz verlegen!"

„Warum wir das tun? Weil wir uns so freuen, dass du wieder da bist, alter Junge", sagte Simon und legte Bille den Arm um die Schulter. „Du gehörst einfach dazu, und du hast uns die ganze Zeit sehr gefehlt. Aber nun komm, jetzt musst du unser Baby begrüßen!"

„Das Wunderkind Pinocchio! Klar doch, wo ist er denn?"

Daniel verließ die Box und stürmte an den anderen vorbei in den hinteren Bereich des Stalles, wo – ein wenig abgeschirmt von den anderen – Pünktchen mit ihrem Sohn stand.

„Donnerwetter! Das ist ja ein Prachtkerl! Na ja, bei den Eltern und der Pflege … Wer von euch trägt ihn denn nachts auf den Armen rum, wenn er schreit?", neckte Daniel Bille.

„Unser Kind schreit nie, es schläft brav durch", gab Bille zurück. „Außerdem wird er von vornherein richtig erzogen."

„Da bin ich gespannt."

„Und Florentine begrüßt du gar nicht?", meldete sich Florian zu Wort.

„Aber ja, alle der Reihe nach. Ehrlich gesagt habe ich mich gar nicht getraut, in ihre Nähe zu gehen, ich habe gehört, du ließest schon einen Spezialtresor anfertigen, um sie jedem fremden Zugriff zu entziehen."

Florian grinste halb geschmeichelt, halb verlegen.

„Na ja, so was gilt doch nicht für dich. Ich mag nur nicht, wenn Fremde an ihr rumfummeln."

„Und da ist ja auch Bongo! Grüß dich, mein Alter! Und unser Sternchen ist gewachsen!"

„Das ist doch nicht Sternchen! Das ist ihre Tochter Stella!", rief Bettina lachend. „Was, da staunst du! Sie kommt ganz nach dem Vater! Mit vier Jahren wird sie aussehen wie Patrick."

„Ich glaube, wir sollten jetzt raufgehen", mahnte Bille. „Sonst wird eure Mutter ungeduldig."

„O ja, sie hasst abgestandenen, kalten Tee. Recht hat sie, ich eigentlich auch. Also kommt."

Beim Tee musste Daniel natürlich von seinen Erlebnissen in der Stadt erzählen. Herrn und Frau Henrich interessierte begreiflicherweise mehr, was ihr Sohn während dieses Studienjahres auf der Uni gelernt und was er sich nebenbei an Weiterbildung erworben hatte, welche Theaterstücke und

Konzerte er besucht, welche Ausstellungen er sich angesehen hatte. Hatte er Tante Inge und Onkel Max öfter besucht? Und hatte er sich auch mal um den alten Onkel Ferdinand gekümmert? Warum hatte er so selten geschrieben? Das Gespräch wurde zum Verhör, und Bille und Simon warfen sich vieldeutige Blicke zu. Armer Daniel! Aber so war Mutter Henrich nun einmal, und vielleicht hatte sie nicht so unrecht. Über dem Leben mit den Pferden vergaß man leicht alles andere, und Daniel war dafür bekannt, dass er lieber in den Bergen wanderte oder bei Pferdefreunden untertauchte, als sich in Museen, Theatern oder Konzertsälen blicken zu lassen oder mal ein gutes Buch zu lesen.

Nach dem Tee wurde es dann erst richtig gemütlich. Sie hockten in Daniels Zimmer, schauten ihm beim Auspacken zu, nahmen ihre Mitbringsel entgegen – für jeden eine Kleinigkeit, die mit der Reiterei zu tun hatte – und erzählten von allem, was sich in den letzten Wochen in Groß-Willmsdorf so zugetragen hatte.

„Na, die Überraschung für dich ist uns jedenfalls gelungen, stimmt's?", fragte Florian.

„Ja, die ist euch wirklich gelungen. Hoffentlich gelingt mir meine auch so gut. Das heißt, es ist gar nicht meine, es ist Herrn Tiedjens Überraschung."

„Daddys Überraschung?", fragten Bille und Tom wie aus einem Mund. „Überraschung für wen?", fügte Bille hinzu.

„Na, ich denke, für euch alle."

„Ist ja toll. Erzähl schon!"

„Ich? Ich werde mich hüten! Strengstes Staatsgeheimnis. Da müsst ihr euch schon noch ein paar Tage gedulden. Kein Wort kommt über meine Lippen!"

„Daddy hat eine Überraschung für uns – na, das kann

eigentlich nur ein Pferd sein", überlegte Bille. „Vielleicht der neue Deckhengst? Oder die Zuchtstuten, die er kaufen wollte? Könnte natürlich auch sein, dass er unseren Turnierstall um ein Spitzenpferd bereichert, für die Zeit, wenn Tom und Simon ihr Abi hinter sich haben."

„Oh, eine Bereicherung für den Stall wird es ganz sicher werden", gestand Daniel grinsend. „Geduldet euch, ich sage nichts."

„Wird es bald ankommen?"

„Äh … ja, doch, ,es' wird bald ankommen. In den letzten Tagen des Monats."

„Dann brauchen wir nur zu checken, in welchem Stall der alte Petersen eine Box herrichtet, und wir wissen Bescheid, ob Zuchtstute, Hengst oder Turnierpferd", meinte Bille.

Daniel lachte laut auf.

„Ja und nein. Aber ich möchte es doch bezweifeln."

„Mann, du machst es vielleicht spannend", murrte Florian. „Uns kannst du's doch sagen."

Daniel schüttelte nachdrücklich den Kopf und presste die Lippen zusammen, und dabei blieb es.

In den nächsten Tagen dachten sie nicht mehr an die angekündigte Überraschung. Es gab viel zu tun, Tom und Simon igelten sich noch einmal ein, um sich auf die mündlichen Prüfungen vorzubereiten, und die anderen hatten mit Reiten und Schule mehr als genug zu tun. Vor allem Bille fiel abends wie eine Tote ins Bett und sehnte den Tag herbei, an dem Tom und Simon wieder voll einsatzfähig waren.

Außerdem hatte es mehrere Fohlengeburten gegeben. Vor allem Santa Monica hatte wieder ein Hengstfohlen gebracht, das zu den kühnsten Hoffnungen berechtigte. Es war stark und temperamentvoll, ein Hellfuchs, und sie hatten ihn San

Marco genannt. Donaus Tochter Dorine war gegen ihn ein zierliches Püppchen, wenn auch gut gebaut und zäh, immer hellwach und voller Neugierde, ein selbstbewusstes kleines Fohlen. Auch Iris hatte ein Stutfohlen gebracht, ein zappeliges kleines Teufelchen, ein richtiger Clown, wie sich bald herausstellen sollte, und der passende Name war schnell gefunden: Irrlicht.

Wann immer Bille den Stutenstall betrat, fühlte sie, dass dies ihr Platz war. Züchten, Pferdekinder großziehen – so konnte sie sich ihre Zukunft vorstellen. Und sie freute sich, dass auch Tom es als sein Ziel ansah, später einmal die Zucht zu erweitern und den landwirtschaftlichen Betrieb dafür einzuschränken, wenn nicht sogar ganz aufzugeben. Den Nachwuchs zur weiteren Aufzucht nicht mehr weggeben zu müssen, sondern selber großzuziehen und dann, je nach Begabung, auszubilden oder wieder der Zucht zuzuführen; eine riesige Pferdefamilie – das war in Billes Augen ein ebenso verlockendes Ziel wie das Ausbilden junger Reiter; und Bille fragte sich oft, wie ihre Zukunft eines Tages aussehen würde.

Daniel bekamen sie in diesen Wochen kaum zu sehen. Er stürzte sich mit Feuereifer in die Aufgabe, seinem Vater bei der Bewirtschaftung des Gutes Peershof zu helfen, zu lernen, wo immer es etwas zu lernen gab, und sich darauf vorzubereiten, den Hof eines Tages selbstständig zu führen.

So war Bille überrascht, als sie ihm eines Tages – aus der Reithalle kommend – in Groß-Willmsdorf vor dem Gutsbüro begegnete.

„Nanu, was machst du denn hier?"

„Ich hatte nur ein paar Fragen an den großen Boss. Übrigens …", Daniel grinste von einem Ohr zum anderen, „morgen kommt ‚es' an, habe ich gerade gehört."

„Es? Ach so – Daddys Überraschung, die hatte ich ganz vergessen. Da muss ich mich aber gleich darum kümmern, dass eine Box hergerichtet wird, bis jetzt ist da noch nichts passiert, soviel ich weiß."

„Tu das, tu das", sagte Daniel, und um seine Mundwinkel zuckte es verräterisch.

Als Bille in den Stall kam und Black Arrow in seine Box führte, war Hubert dabei, die Nachbarbox mit frischem Stroh zu versehen. Also doch!

„Für den Neuen, wie?", fragte Bille.

„Weiß nicht. Der Boss hat nur gesagt, wir sollen die Box fertig machen. Was er damit vorhat ... keine Ahnung!"

Auch der alte Petersen wusste angeblich von nichts.

„Vielleicht bringt der neue Assistent ein Pferd mit."

„Der neue Assistent?"

„Ja, der Nachfolger von Edmund. Er soll morgen ankommen, hab ich gehört."

„Aha. Und wo kommt er her?"

„Keine Ahnung."

Abends traf Bille Daniel noch einmal. Sie hatte Simon in Peershof besucht und nach dem kleinen Pinocchio gesehen, jetzt machte sie sich auf den Heimweg. Daniel kam gerade von einem Ritt durch die Felder zurück.

„Nun sag schon, was das für ein tolles Geheimnis ist!", drängte Bille.

„Hat Herr Tiedjen dir nichts verraten?"

„Kein Wort hat er gesagt. Allerdings habe ich Daddy auch nur ganz kurz gesehen – und da hat er telefoniert. Also? Es ist ein neues Turnierpferd, stimmt's?"

„Nicht direkt."

„Ein Fuchs?"

„Ja und nein. Eher nein."

„Ein Schimmel?"

„Nein und ja … schwer zu sagen …"

„Also ein Fuchsschimmel. Mann, du machst es vielleicht spannend!"

Daniel lachte.

„Wart's doch ab!"

„Holen wir ihn ab?"

„Klar. ‚Es' kommt morgen mit dem Zug um 18 Uhr 12."

„Na dann …" Bille winkte Daniel noch einmal zu und ritt davon.

Am nächsten Tag bat Hans Tiedjen Tom, den Transporter vorzufahren.

„Willst du mitkommen?", fragte Tom. „Daddy und ich holen den neuen Assistenten von der Bahn."

„Mit dem Transporter?"

„Er bringt ein Pferd mit, hat Daddy gesagt."

„Klar komme ich mit! Ich will endlich hinter das große Geheimnis kommen!"

An der Bahnstation wartete Daniel.

„Was machst du denn hier?"

„Ich hole ‚es' ab."

„Jetzt verstehe ich überhaupt nichts mehr! Du holst unseren Assistenten mit seinem Pferd ab? Warum denn das?"

„Na, sagen wir … es ist ein guter Freund von mir, und ich möchte ihn gleich begrüßen."

Bille blieb nicht mehr viel Zeit, sich zu wundern, denn jetzt lief der Zug ein. Tom wandte sich an seinen Vater.

„Ich habe mich erkundigt, der Waggon mit den Pferden hält genau an dieser Stelle, wir können sie hier gleich umladen."

„Gut, warten wir hier, Daniel kann inzwischen an den Zug gehen", sagte Herr Tiedjen und zwinkerte Bille zu. „Wir wollen bei der Begrüßung nicht stören."

„Stören?" Bille sah hinter Daniel her, der winkend und wild gestikulierend neben einem der Waggons herlief. Dann öffnete er die Wagentür. Etwas flog in seine Arme, eine Gestalt mit rotblonden Locken …

„Ah, da sind sie ja schon!", sagte Herr Tiedjen. „Hoffentlich haben sie die Fahrt gut überstanden. Komm, Bille!"

Einer der Zugbegleiter hatte die Tür aufgeschoben, und Hans Tiedjen half Bille in den Waggon. Im Wagen standen eine Schimmelstute und eine Dunkelfuchsstute, sie wendeten ihnen die Köpfe zu und wieherten.

„Na? Eine von denen müsstest du kennen", sagte Herr Tiedjen. „Erinnerst du dich nicht?"

„Die Schimmelstute kommt mir bekannt vor! Der Araberkopf! Das ist doch …"

„Saphir! Ganz richtig", kam eine Stimme aus dem Hintergrund. Im Türrahmen standen Daniel und das Mädchen eng aneinandergeschmiegt.

„Joy! Ich werd verrückt! Na, das ist eine Überraschung! Ich kann's noch gar nicht fassen! Du bist wirklich …"

„Herrn Lohmeiers Assistentin, stimmt!", sagte Joy lachend. „Ich habe die Schule nach der mittleren Reife sausen lassen und bin in die Landwirtschaft gegangen. Und mein Vater hat mich zur weiteren Ausbildung nach Groß-Willmsdorf geschickt, nachdem ich ein Jahr lang in England auf einem Gestüt gearbeitet habe."

„Ich fange an zu begreifen! Deshalb hatte Daniel in den Ferien nie Zeit, nach Hause zu kommen!"

„So, jetzt wollen wir aber unsere Rösser nicht länger

warten lassen", mahnte Herr Tiedjen. „Unterhalten könnt ihr euch auch später."

„Alle beide?", erkundigte sich Bille. „Gehört die Fuchsstute auch zu uns?"

„So ist es. Nachwuchs für unseren Zuchtstutenstall. Joy hat sie uns aus Buchenfeld mitgebracht."

„Super! Und wie heißt sie?"

„Verona. Tochter von Veronika, eine unserer besten Stuten."

„Na dann – herzlich willkommen in der neuen Heimat, Verona!"

Späte Rache

„Wo Onkel Paul nur bleibt? Er wollte doch schon vor einer Stunde hier sein! Krischan, nimm die Finger aus dem Kompott!" Billes Schwester Inge gab ihrem Sprössling einen Klaps auf die Finger, und der hellrote Erdbeersaft spritzte über den Tisch.

„Das hätte ja nun auch nicht sein müssen", sagte Mutsch ärgerlich und versuchte, mit einer Serviette zu retten, was zu retten war.

Der kleine Christian schrie. Thorsten, Billes Schwager, stand ärgerlich auf, um sich ein weiteres Bier aus dem Kühlschrank zu holen.

„Wenn er nicht bald kommt, ist mein schönes Geburtstagsessen verschmort", jammerte Mutsch.

„Da kommt er!", unterbrach Bille ihre Mutter und lief hinaus, um ihrem Stiefvater die Tür zu öffnen.

„Entschuldigt, Kinder!", dröhnte Onkel Pauls Bass durch das Haus. „Tut mir leid, dass ihr warten musstet. Hm, das duftet ja einmalig gut! Und einen Hunger hab ich! Thorsten, mein Junge, herzlichen Glückwunsch zum Geburtstag! Und dass du gesund bleibst, hörst du?"

„Werde mir Mühe geben."

„Nun fangt an, Kinder, lasst die Suppe nicht kalt werden!", mahnte Mutsch. „Was war denn bloß los, dass du so spät gekommen bist?"

Onkel Paul aß andächtig ein paar Löffel Suppe, dann lachte er vor sich hin.

„Nein, das könnt ihr euch nicht vorstellen, was heute im *Krug* los ist! Ich hab doch den Hensen, unsern Weinlieferanten, vorhin rübergefahren, na, und da musste er sich unbedingt mit einem Schnaps revanchieren. Hat mich einfach nicht weggelassen. Wir kommen also in die Gaststube, und ich denke schon, warum ist das heute so voll hier, mitten in der Woche. Ein richtiger Rummel; und im Nebenzimmer ist alles blau von Rauch, da konntest du die Hand kaum vor den Augen sehen. Einer tönt da auf dem Podium … also, ich frage die Bedienung, die Ilse, was das soll. ‚Ja, wissen Sie das nicht?‘, erwidert sie. ‚Da ist doch heute die Gründungsversammlung der neuen Heimatpartei! Der Bösenhaupt und seine Genossen. Die wollen uns von den Fremden befreien und wieder Zucht und Ordnung in unseren Landkreis bringen. Keine Nackten mehr in den Illustrierten, und im Kino und in der Kirche sollen die Frauen wieder getrennt von den Männern sitzen. Die Discos will er schließen lassen und die Negermusik verbieten. Zurück zu Omas guter alter Zeit.‘ Na, das hab ich mir ein bisschen angehört. Junge, Junge, der hat vielleicht Dinger losgelassen!“

„Der Bösenhaupt? Ich dachte, der wäre längst tot, der alte Knacker“, sagte Mutsch, nicht eben mitfühlend. „Er hat uns nach dem Krieg das Leben schwer genug gemacht. Damals war er zweiter Bürgermeister, dann ist er für ’ne ganze Weile in der Versenkung verschwunden. Man munkelte da so einiges. Und jetzt will er eine neue Partei gründen? Ja, geht denn da überhaupt jemand hin?“

„Neugierig sind sie, das ist alles. Immerhin, der Saal war voll.“

„Der hat uns gerade noch gefehlt", murmelte Bille und stellte die Suppenteller zusammen. „Migranten rauswerfen, die Typen hab ich vielleicht dick!"

Thorsten schüttelte den Kopf.

„Da seht ihr – wir sind ein freies Land! Jeder darf spinnen, wie er mag. Aber den Opa nimmt doch keiner ernst."

Onkel Paul wiegte nachdenklich den Kopf.

„Ich weiß nicht. Es waren auch ein paar ganz junge Leute da, die haben ihn angestarrt wie den lieben Gott! Es gibt immer Leute, bei denen so etwas auf fruchtbaren Boden fällt."

Mutsch stellte heftig die Bratenplatte auf dem Tisch ab.

„Der soll mir nur kommen! Wie der uns damals nach dem Krieg behandelt hat, als wir Ostpreußen hier ankamen! Steine hat er uns in den Weg gelegt, wo er nur konnte. Ein richtiges Ekel war er! Da kommt mir heute noch die Galle hoch, wenn ich nur dran denke! Ich war zwar noch ein Kind, aber ich weiß es noch genau!"

„Reg dich nicht auf, Olga, ich schwöre dir, der geht unter mit Pauken und Trompeten", sagte Onkel Paul begütigend. „Warte nur, bis er Sonntag vor der Kirche seine Wahlkundgebung macht für die nächste Bürgermeisterwahl. Die nehmen ihn doch alle nicht ernst."

„Hoffentlich nicht!"

Als Bille später mit ihrer Mutter in der Küche den Abwasch machte, kamen sie noch einmal auf das Thema.

„Ich hab dich schon lange nicht mehr wütend gesehen", sagte Bille. „Du musst dich ja damals schrecklich über ihn geärgert haben!"

„Ich hätte ihn in der Luft zerreißen können. Ums Verrecken wollte der uns keine Unterkunft geben, und die

Lebensmittelmarken, die sollte sich Großmutter bei ihm persönlich verdienen – falls du verstehst, was ich meine."

Bille sah ihre Mutter entsetzt an.

„O ja, jetzt verstehe ich. Und ihr habt euch nie gerächt für diese … Unverschämtheit?"

„Ich hatte keine Gelegenheit dazu. Leider."

„Ich kann verstehen, dass du das aus tiefster Seele bedauerst", sagte Bille mit einem Verschwörerlächeln. „Ich möchte nicht wissen, was ich an eurer Stelle getan hätte. Da wär mir sicher so einiges eingefallen!"

Dass auch Mutsch noch etwas dazu einfallen würde, das allerdings hätte Bille nicht vermutet.

In den nächsten Tagen tauchten überall an Hauswänden und Plakatsäulen neben den Verlautbarungen der bekannten Parteien, die um Stimmen für die nächste Gemeinderatswahl warben, auch Wahlplakate der *Neuen Heimatpartei* auf. *„Unser Land muss sauber werden!",* prangte es an allen Ecken. *„Weg mit allem Fremden, das uns nichts als den Sittenverfall gebracht hat!"*

Auf dem Weg nach Groß-Willmsdorf begegnete Bille ihrem alten Freund Karlchen, der jetzt an der Tankstelle arbeitete.

„Gehst du hin?", fragte er grinsend und wies mit dem Kopf auf ein Plakat, das zur Wahlversammlung vor der Kirche einlud. „Sogar einen Imbiss und Freibier gibt's. Der weiß schon, wie er sich seine Leute ranholt. Bei Freibier kommen sie doch alle."

„Ich hab Wichtigeres zu tun", antwortete Bille naserümpfend. „Für den Hohlkopf ist mir meine Zeit wirklich zu schade."

„Meine Kumpels und ich, wir wollen mit Eimern und

Schrubbern da antanzen", verriet Karlchen. „Für eine saubere Heimat, du verstehst …"

„Spitze! Dann lohnt es sich vielleicht doch zu kommen."

„Es wird sicher nicht uninteressant." Karlchen machte ein undurchdringliches Gesicht, das einiges versprach. „Überleg's dir."

„Mach ich."

Aber bis zum Sonntag hatte Bille die Wahlversammlung wieder vergessen. Sie war schon früh in der Halle mit Hans Tiedjen verabredet, der ihre Fortschritte mit dem Hengst Dukat einmal kritisch unter die Lupe nehmen wollte; bis nach Groß-Willmsdorf drang der Wahlkundgebungsrummel nicht.

Onkel Paul hatte sich, von Mutsch angestiftet, erboten, Bille mit dem Wagen hinüberzufahren und abends wieder abzuholen. Mutsch kümmerte sich inzwischen um Zottel und Moischele, die beiden Ponys. Als Onkel Paul zurückkam, stand ein üppiges Sonntagsfrühstück auf dem Tisch.

„Ich hab mir gedacht, wir sparen uns heute mal das Mittagessen und legen es mit dem Frühstück zusammen. Das ist jetzt in", sagte Mutsch. „Brunch nennt man das – aus Breakfast und Lunch zusammengesetzt. Inge und Thorsten machen das auch immer. Und hinterher machen wir einen schönen Spaziergang."

„Einverstanden." Onkel Paul setzte sich an seinen Platz, betrachtete wohlwollend, was Mutsch alles auf dem Tisch aufgebaut hatte, und rieb sich vergnügt die Hände. „He, wo rennst du denn jetzt noch hin?"

„Schenk schon mal den Kaffee ein", sagte Mutsch. „Ich hab was im Stall vergessen …"

Vom Kirchplatz her drang der Lärm der Feuerwehrkapelle,

die Parteifreunde der *Neuen Heimatpartei* versammelten sich zu ihrer ersten großen Wahlkundgebung. Mutsch hörte die Musik, und ein zufriedenes Lächeln huschte über ihr Gesicht. Dann trat sie in den Stall und öffnete die Tür zu Zottels Box.

„Du magst doch sicher mal wieder einen schönen Spaziergang machen, mein Kleiner", sagte Mutsch scheinheilig. „Aber warte, bis ich drin bin." Dann rannte sie ins Haus zurück.

Auf dem Kirchplatz, genau der Kirchentür gegenüber, hatte man aus vier Stangen, ein paar Brettern und Querlatten ein Podest für den Parteivorsitzenden errichtet. Es war mit einem weißen Laken zugehängt, das allerdings nicht ganz bis zum Boden reichte und so den neugierigen Blicken einen Eindruck von dem gewährte, was im weiteren Verlauf der Veranstaltung auf die geduldig Ausharrenden wartete: ein Fass Bier und etliche Platten mit belegten Brötchen. Außerdem für die Genossen im jugendlichen Alter eine Wanne mit Eiswasser, in dem Limonadeflaschen kühlten. Coca-Cola lehnte man in Kreisen der *Neuen Heimatpartei* selbstverständlich als ausländisches Getränk ab.

Links von dem Podest hatte sich die Feuerwehrkapelle postiert, sie schmetterte Heimatweisen und flotte Märsche, bis auch der älteste Wedenbrucker herangeschlurft kam, um zu sehen, was auf dem Kirchplatz los war.

Herr Bösenhaupt, den spärlichen Haarrest mit viel Pomade so an den Kopf geklebt, dass er Fülle vortäuschte, hatte seinen schwarzen Anzug angezogen und die silbergraue Krawatte umgelegt, die noch von der Hochzeit seiner Tochter stammte. Frau Bösenhaupt, ebenfalls in feierlichem Schwarz mit lila Schleierhütchen und Handschuhen, sah bewundernd zu ihrem Mann auf, der jetzt das Podium bestieg und wartete, bis der Pastor die Gottesdienstbesucher an der Kirchentür verabschiedet hatte. Dann legte er los.

„Meine lieben Wedenbrucker! Liebe Freunde unserer schönen Heimat! Wir sind hier zusammengekommen …"

Im Hintergrund entstand Unruhe. Karlchen und seine Freunde, jeder mit einem Eimer und einem Schrubber in der Hand, waren im Gleichschritt anmarschiert und gesellten sich nun zu den Zuhörern. Herr Bösenhaupt schwieg irritiert. Da die jungen Leute sich aber still verhielten und mit andächtigem Ernst zu ihm aufschauten, fuhr er in seiner Rede fort.

„… wir sind hier zusammengekommen, weil die Zeit reif ist, meine Freunde! Viele von uns spüren es seit Langem schon, ja, die Zeit ist reif, dass endlich etwas geschieht, um unsere geliebte Heimat in neuem Glanz erstrahlen zu lassen! Sauberkeit für unsere Heimat, ehe sie an der durch fremde Elemente eingeschleppten Verschmutzung wie an einer schleichenden Krankheit zugrunde geht! Wenn ich …"

„Sauberkeit für unsere Heimat! Hoch! Hoch! Hoch!", brüllten Karlchen und seine Freunde und stießen im Rhythmus ihrer Schreie die Schrubber gen Himmel.

Herr Bösenhaupt machte eine besänftigende Geste. Der Enthusiasmus der jungen Leute war erfreulich, aber doch etwas störend.

„Wenn ich von Verschmutzung rede, so meine ich natürlich, meine Freunde, die geistige Verschmutzung, die sich seit vielen Jahren bei uns überall breitmacht! Immer neue Wogen von Fremdem sind seit dem letzten Krieg über unser schönes Land hinweggeschwappt und haben ihr schmutziges Strandgut hier bei uns zurückgelassen!"

Während Herr Bösenhaupt sich in blumigen Worten über die Verschmutzung der Gemüter ausließ, hatte Zottel längst seine Chance wahrgenommen und war den vielversprechenden Klängen der Feuerwehrkapelle gefolgt. Wo Musik spielte, da wurde gefeiert, und wo gefeiert wurde, da gab es gut zu essen. Zottel trabte auf den Kirchplatz zu, hielt an, schnupperte kurz, um sich zu orientieren, und wusste Bescheid. Dort drüben, wo das weiße Laken winkte, befand sich das Ziel seiner Wünsche.

Im Schutz der breiten Rücken der Feuerwehrmänner marschierte Zottel ohne Eile der – wie es ihm schien – nur für ihn gedeckten Tafel zu. Als das allen wohlbekannte, rotweiß gefleckte Pony hinter den Feuerwehrmännern auftauchte, stießen sich die Wedenbrucker grinsend an. Alle mochten Zottel. Die beschwörenden Reden des Parteivorsitzenden Bösenhaupt begannen langweilig zu werden, aber hier winkte eine unterhaltsame Abwechslung. Enger drängten die Zuhörer um den Redner.

„Wir müssen uns schämen, ja, schämen, meine Freunde, wenn wir heutzutage beobachten, wie sich unsere Jugend ihren Lehrern und Erziehern gegenüber aufführt, wie sie jede gute Sitte verachtet und …“

„Der Feind kommt von links!“, brüllte Karlchen, während die Wedenbrucker amüsiert Zottels Weg verfolgten.

„Richtig, der Feind kommt von links!“, nahm Bösenhaupt die Bemerkung auf und lobte so viel Einsicht bei einem Vertreter der jungen Generation.

Bäcker Kruse, ebenfalls Flüchtling aus Ostpreußen, wie es Mutsch und Onkel Paul waren, und deshalb auf den Parteivorsitzenden alles andere als gut zu sprechen, beobachtete begeistert, wie Zottel das Laken mit der Nase anhob, einen zierlichen Schritt über die untere Querlatte tat und die Tabletts mit den Brötchen einer ersten kritischen Bestandsaufnahme unterzog.

„Du wirst von hinten angegriffen und merkst es nicht!", rief der Bäcker schmunzelnd. „Am Schluss guckst du in die Röhre!"

„So ist es!", donnerte der Parteivorsitzende. „Sie greifen uns an, nehmen uns die Früchte unserer Mühe und Arbeit, und wir stehen schließlich mit leeren Händen da!"

Die Wedenbrucker jubelten vor Begeisterung.

Zottel entschied sich für die Leberwurstbrote, nachdem Süßes zu seinem Bedauern nicht zu entdecken war. Stück für Stück griff er mit gespitzten Lippen, angelte mit der Zunge nach und malmte zufrieden.

„Das Pony frisst Ihnen die Brötchen weg", kreischte die alte Trude und quiekte vergnügt.

„Wir dürfen uns nicht länger gefallen lassen, dass fremde Elemente …", dröhnte Bösenhaupt.

„Der Rote hat dich längst unterwandert!", schrie Kurt, ein Freund von Karlchen. „Pass nur auf, dass er dich nicht zu Fall bringt, Opa!"

„Mich! Mich!!" Der Parteivorsitzende schlug sich an die Brust. „Mich werden die Roten nicht zu Fall bringen! Sollen sie doch kommen, ich bin gefeit gegen die niederen Anschläge auf unsere guten Sitten, unser kostbarstes Gut! Mich werden sie nicht zu Fall bringen!"

„Da wär ich nun nicht so sicher!", schrie die dicke Bäuerin Kienkopp. „Das geht manchmal schneller, als man denkt!"

Sie hatte recht.

Einer der Gefolgsmänner des Parteivorsitzenden hatte seinen Blick von den Lippen seines bewunderten Anführers losgerissen und dabei das Pony entdeckt, das sich gerade den Käsehäppchen widmete.

„Willst du wohl machen, dass du da rauskommst!", zischte er und gab Zottel einen kräftigen Schlag auf sein rundes Hinterteil.

Zottel, in seiner liebsten Beschäftigung gestört, stieg kerzengerade auf und krachte mit dem Kopf von unten gegen das Podest. Entsetzt machte er einen Satz nach vorn, sprang über Bierfass und Getränkewanne hinweg und floh, unter Mitnahme der oberen Hälfte des Podestes und des Parteivorsitzenden. Zutiefst verstört, raste er die Straße hinauf.

Allerdings kam er nicht weit, denn beherzte Wedenbrucker stellten sich ihm entgegen, um ihn aufzuhalten. Zottel drehte zur Seite ab und suchte einen Fluchtweg über Bauer Kienkopps Hof. Leider nahm er die Kurve so scharf, dass der Parteivorsitzende samt Podestrest im hohen Bogen auf dem Misthaufen landete, dort, wo er in den flüssigen Zustand überging. Die Wedenbrucker applaudierten.

„Da gehört er auch hin", murmelte Bäcker Kruse.

Zottel machte, dass er in seinen schützenden Stall zurückkam. In der Futterkrippe fand er eine Hand voll Zuckerstücke und saftige Mohrrüben. Die hatte Mutsch da hineingetan. Nur so, für ihren Liebling Zottel.

Wolken an Billes Himmel

„Na? War's schön?"

Tom stöhnte nur und tastete sich mit halb geschlossenen Augen zum Wasserhahn. Er ließ den kalten Strahl erst über Gesicht und Nacken, dann über die Arme laufen, formte dann die Hände zur Schale und trank gierig daraus.

„Junge, Junge, so abgestürzt bin ich in meinem ganzen Leben noch nicht!", ächzte er schließlich.

Bettina und Bille sahen sich lachend an.

„Du Armer! Wann bist du denn nach Hause gekommen?"

„Nach Hause? Vor einer halben Stunde etwa."

„Waaas?"

„Na ja, erst war der Abschlussball, da waren wir bis kurz nach Mitternacht. Dann in der Disco … Und als die zugemacht haben, hat uns eine Klassenkameradin noch mit zu sich nach Hause genommen. Die haben einen Partykeller. Gegen sechs Uhr morgens hat sie dann Kaffee und Spiegeleier gemacht, aber viel genützt hat das auch nicht mehr."

„Sie hat tatsächlich die ganze Klasse mit zu sich genommen?", fragte Bille ungläubig. „Die Eltern werden nicht sehr begeistert gewesen sein."

„Quatsch, doch nicht alle! Da waren wir nur noch zu fünft: Karla und Nini, Klaus, Simon und ich. Außerdem waren ihre Eltern nicht da."

„Aha."

Bille wollte es nicht, aber sie konnte nicht verhindern, dass es ihr einen Stich gab. Was hatte Simon bewogen, nach dem Fest nicht nach Hause, sondern mit zu dieser Karla zu gehen? Feiern war doch sonst gar nicht sein Fall, dazu war es ihm viel zu wichtig, am Morgen pünktlich in den Sattel zu kommen! Nun ja, die Erleichterung darüber, dass er das Abitur gut bestanden hatte, war groß, da machte man schon mal eine Ausnahme. Vielleicht hatten die anderen so lange auf ihn eingeredet, bis er zugesagt hatte. Aber ein bisschen böse war sie doch.

Bettina schien es ähnlich zu gehen, aber sie überspielte es geschickt. Außerdem fühlte sich Tom ganz offensichtlich hundsmiserabel; was immer er heute Nacht angestellt hatte, er musste es bitter büßen.

Simon blieb den ganzen Vormittag unsichtbar. Tom war mit Bettina ins Gelände gegangen, um an der frischen Luft wieder einen klaren Kopf zu bekommen, und Bille hatte die Halle für sich. Sie ritt erst Black Arrow, dann San Pietro und schließlich Troja und Sinfonie. Dann rief sie in Peershof an.

„Simon? Ach, der schläft noch", hieß es, „er ist ja erst heute Morgen um neun Uhr zurückgekommen."

„So spät erst? Ja dann … Ich wollte eigentlich auch nur wissen, ob ich seine Pferde bewegen soll, falls er sich heute ausruhen will."

„Ja, ich weiß nicht", sagte Frau Henrich. „Möglicherweise will er am späten Nachmittag reiten. Am besten, du rufst gegen drei noch mal an."

„Okay, mach ich. Danke schön!"

Bille hängte ein. Um neun Uhr war er erst zurückgekommen? Hatte Tom nicht gesagt, kurz nach halb acht? Was hatte er so lange bei dieser Karla gemacht? Bille schluckte mit Gewalt alle misstrauischen Gedanken hinunter. Simon liebte sie doch, er würde nie etwas hinter ihrem Rücken tun, was sie nicht wissen durfte. Sicher würde er ihr heute Nachmittag alles ganz genau erzählen.

Trotzdem war Bille beim Mittagessen zu Hause sehr schweigsam. Mutsch und Onkel Paul beobachteten beunruhigt, wie sie lustlos in ihrem Essen herumstocherte und nicht zuhörte, wenn man sie etwas fragte.

„Was ist los, Kind?", fragte Mutsch schließlich. „Du wirst doch nicht krank? Du hast es mit dem Reiten in letzter Zeit wieder mächtig übertrieben, das habe ich dir schon ein paarmal gesagt. Aber du willst es ja nicht wahrhaben!"

„Ach, Mutsch, das ist doch nun vorbei, du weißt genau, dass es nur mit Simons und Toms Abitur zusammenhing."

„Na, hoffentlich kommst du jetzt ein bisschen zur Ruhe, du hast es wirklich nötig!"

„Aber klar."

Nach dem Essen ging Bille in ihr Zimmer hinauf, um für die Englischarbeit zu lernen, die am Dienstag auf dem Programm stand. Mutsch und Onkel Paul brachen zu ihrem Sonntagsspaziergang auf, später wollten sie bei Inge und Thorsten vorbeischauen. Feiertagsstille herrschte drinnen und draußen. Bille schlug ihre Bücher auf und ging die Vokabeln durch.

Warum rief er nicht an? Das tat er doch sonst immer. Immer? In letzter Zeit hatten sie sich an manchen Tagen überhaupt nicht gesprochen, so sehr hatte er gebüffelt. Und waren sie beisammen, hatte er sie manchmal gar nicht wahrgenommen. War wirklich nur das Abitur daran schuld gewesen?

Bille versuchte, sich auf ihre Vokabeln zu konzentrieren, doch immer wieder wanderten ihre Gedanken nach Peershof hinüber. Kurz vor drei lief sie schließlich zum Telefon und rief an. Daniel war am Apparat.

„Simon? Du, der ist gerade weggefahren. Ich dachte, er holt dich vielleicht ab? Ehrlich gesagt, ich wollte mir nämlich seinen Wagen ausleihen, aber er sagte, er brauchte ihn selber. Ich hab gedacht, ihr habt irgendwas vor."

„Okay, dann müsste er ja gleich hier sein. Dank dir schön, Daniel."

Bille lief zum Wohnzimmerfenster und schaute die Straße hinauf. Wollte Simon sie überraschen? Wollte er einen Ausflug mit ihr machen, einen Stadtbummel mit Konditorei und Kino – zum Trost für die Schinderei in den letzten Wochen? Aber seine Pferde waren noch nicht bewegt worden! Oder hatte er das inzwischen getan? Vielleicht hatte er Daddy oder Tom darum gebeten – oder Joy, die ritt so gut, dass man ihr jedes Pferd anvertrauen konnte.

Bille lief in ihr Zimmer hinauf, um sich hübsch zu machen. Vor ein paar Wochen war Simon mit ihr einkaufen gegangen und hatte ihr beim Aussuchen neuer Sommergarderobe geholfen. Zwar war es nicht direkt sommerlich warm, überlegte sie, aber die leuchtend rote Leinenhose mit dem grob gehäkelten weiten Pulli in Weiß und Rot konnte sie anziehen. Mit den kurzen weißen Stiefeln sah das toll aus.

Sie zog sich um, versuchte eine andere Frisur, einen neuen Lidschatten und drehte sich vor dem Spiegel. Sie konnte mit sich zufrieden sein.

Wo blieb er nur? Er hätte längst da sein müssen! Sie begann ihr Zimmer aufzuräumen, stellte das Radio an und wieder aus, blätterte in einer alten Illustrierten und schaute immer wieder auf die Uhr. Um vier Uhr war alles klar: Simon war nicht nach Wedenbruck gefahren. Also konnte er nur in Groß-Willmsdorf sein.

Bille zog sich wieder um, ging in den Stall, sattelte Zottel und ritt nach Groß-Willmsdorf hinüber. Simons Ente stand vor dem alten Pferdestall. Vielleicht hatte er sich erst um seine Pferde kümmern und sie später abholen wollen. Aber warum hatte er nicht wenigstens angerufen und ihr Bescheid gesagt? Bille brachte Zottel zu Black Arrow in die Box und schaute sich um. Feodora fehlte, also war er mit ihr in die Halle hinübergegangen.

In der alten Reithalle war Simon nicht. Florian arbeitete, von Nico unter die Lupe genommen, mit Florentine.

„Habt ihr Simon gesehen?"

„Draußen auf dem Springplatz", antwortete Nico und wandte sich schnell wieder Florian zu.

„Okay, danke."

Bille ging über den Hof zum Springplatz hinüber, der hinter den Wirtschaftsgebäuden im Schutz mächtiger alter Eichen lag, geschützt vor den allzu neugierigen Blicken der Sonntagsspaziergänger, die sich manchmal aufmachten, um bei dem berühmten Turnierreiter Hans Tiedjen ein wenig hinter die Kulissen zu schauen.

Schon von Weitem hörte Bille das Lachen. Hell und zugleich warm und voll. Zunächst vermutete sie, Fremde hätten sich bis zum Springplatz vorgewagt, ungeachtet des Schildes *Zutritt verboten*. Aber dann hörte sie Simon sprechen; er rief etwas, eine scherzhafte Bemerkung wohl, denn wieder antwortete das Lachen.

Und dann sah Bille sie. Ein Mädchen wie aus einer Coca-Cola-Reklame, haselnussbraunes Haar, große dunkelbraune

Augen, Grübchen, Zähne wie Perlen und ein gebräunter, rosiger Teint von der Zartheit eines eben gereiften Pfirsichs. Gekleidet war das Wunderwesen in einen modischen weißen Overall, dessen Ärmel sie lässig aufgekrempelt hatte; der offene Reißverschluss ließ viel braun gebrannte Haut sehen. Die weichen Stiefel waren die gleichen, die Simon für sie selbst ausgesucht hatte. Bille starrte das Mädchen verwirrt an.

„He, da bist du ja! Grüß dich! Kennt ihr euch? Das ist Bille – und Karla", rief Simon. „Karla möchte lernen, wie man unüberwindbare Hindernisse nimmt", lachte er.

„Aha!" Bille machte kein besonders intelligentes Gesicht.

Karla hatte sich bereits wieder abgewandt, ihre Augen hingen fasziniert an Simon, der mit Feodora gerade eine schwierige Kombination nahm.

„Toll!", rief sie und fügte mit blitzenden Augen hinzu: „Ich bewundere dich, Simon, so was könnte ich nie!"

„Es beruhigt mich, dir wenigstens auf diesem Gebiet überlegen zu sein, nachdem ich mich auf anderen Gebieten als ein solcher Stümper erwiesen habe."

„Du übertreibst", Karla lachte gurrend, „du willst nur Komplimente hören."

„Ich *liebe* Komplimente! Du nicht?"

So ging das eine Weile hin und her. Bille kam sich entsetzlich überflüssig vor. Simon zog mit Feodora eine echte Show ab. Zu verstehen war es bei einem Mädchen wie Karla. Die konnte einem Jungen schon den Kopf verdrehen. Bille wandte sich zum Gehen.

„Reitest du jetzt?", rief Simon hinter ihr her.

„Nein, hab ich heute Morgen schon erledigt."

„Und warum bist du gekommen?"

„Weil ich sehen wollte, ob du zufällig hier bist. Daniel sagte was davon, dass du mich abholen wolltest."

„Das muss er missverstanden haben. Ich habe Karla abgeholt. Sie wollte gern die Pferde sehen."

„Okay, ist ja gut. Ich war mir nur nicht sicher, ob ich heute deine Pferde bewegen sollte oder nicht. Als ich bei dir anrief, schliefst du noch, und deine Mutter wusste nicht Bescheid."

Bille drehte sich auf dem Absatz um und ging, ehe Simon noch etwas sagen konnte. Blöde Frage, warum sie hergekommen sei! War das plötzlich so außergewöhnlich, dass sie ihn sehen wollte? Bitte schön, es ging auch anders. Wenn er sie nicht sehen wollte, sie würde sich ihm bestimmt nicht an den Hals werfen!

Bille ging in den Schulstall hinüber, um noch einmal nach Dukat zu sehen und einen Blick zum Indianer hineinzuwerfen. Doch der Indianer war nicht da, er machte einen Spaziergang mit seinen drei Alten, wie Achmed sagte, der vor dem Stall auf der Bank in der Sonne saß und hingebungsvoll auf einer kleinen Flöte blies, die er sich geschnitzt hatte. Bille setzte sich für eine Weile neben den Türkenjungen, hörte ihm zu und fühlte sich auf einmal schrecklich traurig; in einer Mischung aus Fernweh, Sehnsucht nach Simons Nähe und einem Gefühl, das sie nicht deuten konnte und in dem sich alles mischte: der Gedanke an Leben und Tod, Sommer und Winter, Licht und Dunkelheit und an alles, was sie je bekümmert und erfreut hatte. Sie hätte weinen mögen, und weil sie das nicht wollte – jedenfalls nicht vor Achmed –, nickte sie ihm zum Abschied zu und ging.

Als sie in den alten Stall kam, war Simon noch nicht zurück. Wahrscheinlich führte er jetzt Feodora trocken und spazierte zu diesem Zweck mit Karla durch die Gegend. Na schön, sie würde sich dadurch nicht aufhalten lassen. Vermutlich würde er ohnehin seine neue Flamme nach Hause fahren und den Rest des Tages mit ihr verbringen.

Bille hatte keine Lust, jetzt jemandem zu begegnen. Zum Glück waren Tom, Bettina, Florian und Nico nirgends zu sehen, und auch Joy war vermutlich mit Daniel in Peershof drüben. Bille zog Zottel aus dem Stall und ritt in gestrecktem Galopp nach Wedenbruck zurück.

Mutsch und Onkel Paul blieben zum Abendessen bei Inge und Thorsten. Bille machte sich in der Küche schnell einen Tee und ein Wurstbrot, stellte alles auf ein Tablett und ging in ihr Zimmer hinauf. Nach etwa einer Stunde klingelte das Telefon. Bille tat, als hörte sie es nicht. Nach einer weiteren Stunde klingelte es noch einmal – lang und anhaltend. Sie stand auf und ging zur Tür, doch dann kehrte sie wieder um. Sollte er ruhig glauben, sie sei ausgegangen.

Sie trank ihren Tee, lernte ihre Englischlektionen, so gut es ging, und wartete insgeheim darauf, dass das Telefon noch einmal klingelte. Aber es blieb still.

Als sie am Nachmittag darauf Black Arrow in der Halle ritt, kam Simon mit Nathan herein.

„He, lebst du noch!", sagte er vorwurfsvoll. „Wo hast du gestern Abend gesteckt? Ich hab versucht, dich zu erreichen, aber niemand hat sich gemeldet."

„Ich war in meinem Zimmer und habe Englisch gepaukt. Vielleicht habe ich es nicht gehört."

„Das gibt's doch nicht!"

„Warum nicht?"

Simon stieg kopfschüttelnd in den Sattel und ließ Nathan im Schritt neben dem Hufschlag gehen. Bille mied ein

Zusammentreffen mit ihm und galoppierte auf dem Zirkel, solange er in der Nähe war. Eine Weile ritten beide schweigend. Dann kam Hans Tiedjen mit San Pietro in die Halle, und von nun an drehte sich das Gespräch nur um das Reiten.

Hans Tiedjen ritt den jungen Fuchswallach eine Weile, bis er durch und durch gelockert war, dann übergab er ihn Bille und trainierte mit ihr noch einmal intensiv eine halbe Stunde. Simon hatte Black Arrow mit in den Stall genommen und kehrte nun mit Feodora zurück. Jetzt nahm sich Hans Tiedjen seinen Nachfolger und Musterschüler vor, und Bille ging mit San Pietro hinaus ins Gelände, um ihn trocken zu reiten.

Tom arbeitete mit Troilus auf dem Springplatz, er hatte sich einen mittelschweren Parcours aufgebaut und versuchte, sein Pferd langsam an schwierigere Aufgaben heranzuführen. Bille schaute ihm eine Weile zu, dann kehrte sie in den Stall zurück. Sie brachte San Pietro wieder in die Box, versorgte ihn und sattelte Troja, um auch mit ihr noch eine Weile ins Gelände zu gehen. Als sie den Stall verließ, kam Simon gerade aus der Halle zurück. Bille ging an ihm vorbei, als sähe sie ihn nicht.

„Sag mal, ist irgendwas?"

„Wie?"

„Du bist so komisch? Hast du was?"

Bille schwang sich in den Sattel und ritt davon. Simon sah ihr ratlos nach.

Als sie nach einer guten halben Stunde zurückkam, wartete Simon vor dem Stall auf sie. Er wollte gerade auf sie zugehen und sie beim Absteigen auffangen, als hupend ein kleiner roter Fiat auf den Hof bog. Aus dem offenen Fenster lehnte Karla und winkte Simon strahlend zu.

„He, großer Meister, was sagst du dazu? Mein Abitur-
geschenk, stell dir vor! Als ich heute Morgen zum Frühstück
hinunterkam, lagen Schlüssel und Papiere auf meinem Teller. Sind meine Alten nicht spitze?"

„Allerdings. Herzlichen Glückwunsch!"

„Na los, steig ein, ich lade dich zu einer kleinen Probe-
fahrt ein! Bist du hier fertig? Dann fahre ich dich nach Hause."

„Aber mein Wa…"

„Nun komm schon! Den kannst du auch morgen holen",
drängte Karla. „Ich hole dich morgen ab und fahre dich her.
Ich muss doch jetzt so viel wie möglich üben!"

Simon machte eine hilflose Geste zu Bille hin und stieg
ein. Bille drehte sich abrupt weg und zog Troja hinter sich
her in den Stall.

„Na? Hast Konkurrenz gekriegt, was?", sagte Hubert grinsend.

„Rutsch mir den Buckel runter", knurrte Bille. „Eine blöde Ziege."

„Ich finde sie eigentlich sehr nett", bohrte Hubert weiter.
„Sie hat sich gestern lange mit mir unterhalten. Hat sich alles erklären lassen und sich nach meiner Arbeit erkundigt.
Hochgestochen oder affig ist die nicht, auch wenn sie so
schnieke aussieht."

Bille fühlte sich auf einmal schrecklich müde. Mutsch hatte wohl recht, sie war in letzter Zeit überhaupt nicht zum
Verschnaufen gekommen. Die Schule und das viele Training
mit den Pferden hatten sie erschöpft.

„Klar ist sie ein netter Kerl", sagte sie zu Hubert. „Sie ist
sogar ein Supermädchen. Wenn ich ein Junge wäre, würde
ich die nehmen oder keine."

„Na, du bist schließlich auch nicht ohne", bemerkte Hubert gönnerhaft.

„Danke, bemüh dich nicht."

Bille brachte Sattel und Trense in die Sattelkammer, vergewisserte sich noch einmal, dass bei den Pferden, die sie heute geritten hatte, alles in Ordnung war, dann holte sie Zottel von der Koppel hinter dem Stall, sattelte ihn und ritt nach Hause. Eigentlich hatte sie versprochen, noch einmal in die Schulreithalle zu schauen, wo der elegante Carl-Anton heute unter den gestrengen Blicken Ignaz des Schrecklichen zum ersten Mal seinen Dukat ritt. Aber sie hatte nur den einen Wunsch, so schnell wie möglich nach Hause zu kommen und allein zu sein.

In den nächsten Tagen versuchte Simon immer wieder, mit Bille ins Gespräch zu kommen, doch sie wich ihm ständig aus. Schließlich gab er auf und ließ sie in Ruhe.

Mochte sie ihn nicht mehr? Hatte sie sich ihm entfremdet? Hatte sie sich in einen anderen verliebt? Oder war es wirklich nur die Erschöpfung nach den vielen Wochen, in denen sie seine Pferde mit betreut hatte? Simon wusste es nicht. Er kam auch kaum dazu, darüber nachzudenken; denn die ersten Turniere standen vor der Tür, und er musste endlich wieder systematisch trainieren, wenn diese Saison nicht für ihn verloren sein sollte.

Außerdem war da diese Karla, die jeden Tag aufkreuzte, um ihn mit etwas Neuem zu überraschen: Einladungen, Ausflüge, wichtige Leute, denen sie ihn unbedingt vorstellen musste und die angeblich für seine Zukunft ungemein wichtig waren. Oder sie brauchte dringend seinen Rat oder seine Hilfe. Und wenn ihr sonst nichts einfiel, dann kam sie ganz einfach, um ihm beim Training zuzuschauen.

So geschah es, dass Bille und Simon in den nächsten Wochen nebeneinanderher lebten wie zwei Berufskollegen, deren einziger Gesprächsstoff die tägliche Arbeit ist.

Die Vergeltung

„Hast du deine Nennung für Neukirchen schon rausgeschickt, Bille?", fragte Ignaz der Schreckliche, als sie Dukat nach dem morgendlichen Training in den Stall zurückbrachte. „Wird ja diesmal eine Mammutveranstaltung. Und lauter große Namen! Von uns gehen fast ein Dutzend Reiter mit. Schade, dass wir keinen Reiter für Dukat haben, aber Carl-Anton ist noch lange nicht so weit. Eine L-Dressur könnte der Hengst ohne weiteres gewinnen."

„Daddy möchte, dass ich San Pietro reite. Er ist in ausgezeichneter Form, wenn er so weitermacht, wird er bald alle anderen überflügeln. Auch Black Arrow ist im letzten halben Jahr noch um einiges besser geworden. Ich bin sehr gespannt auf diese Saison. So gut vorbereitet wie jetzt war ich noch nie."

„Das ist wahr." Ignaz der Schreckliche legte ihr lächelnd den Arm um die Schultern. „Allerdings solltest du für meinen Geschmack ein bisschen mehr essen und schlafen, sonst könnte es nämlich sein, dass du die Saison gar nicht durchstehst."

„Ach das …", winkte Bille ab.

„Nein, Bille, unterschätz es nicht! Auch das ist ein Teil der Selbstdisziplin, die ein Reiter braucht. Wo soll denn die Kraft herkommen, wenn du dich selber vernachlässigst und ständig Raubbau mit deinen Reserven treibst! Liebeskummer gut und schön, aber man straft die Männer nicht dadurch, dass man sich selbst zugrunde richtet!"

„Liebeskummer?" Bille wurde feuerrot.

„Glaubst du, dein alter Lehrer ist blind? Ich weiß doch, was los ist. Aber überleg mal, wenn es gilt, eine so ernst zu nehmende Konkurrentin aus dem Felde zu schlagen, dann doch nur, indem man zeigt, was in einem steckt, oder? Als Trauerkloß vom Dienst wirst du da wenig erreichen."

„Wer sagt, dass ich etwas erreichen will? Ich muss mich eben damit abfinden, das ist alles."

„Quatsch!", sagte Ignaz der Schreckliche.

Im ersten Augenblick hatte Bille nur resigniert mit den Achseln gezuckt, aber dann begann sie über die Worte ihres Lehrers nachzudenken. Eigentlich hatte er recht. Diese Karla war ein Supermädchen, und sie hatte sich offensichtlich bis über beide Ohren in Simon verliebt. Inwieweit das auf Gegenseitigkeit beruhte, war schwer zu beurteilen, aber eines schien klar: Karla bewunderte Simon wegen seiner Erfolge als Reiter. Und Simon versuchte instinktiv, auf Karla als Reiter Eindruck zu machen. Vielleicht schmeichelte es ihm, von einem so attraktiven und verwöhnten Mädchen bewundert zu werden. Da gab es nur eins: Bille musste dieser Karla zeigen, dass sie ebenbürtig war. Wenn sie auch nicht besser war als Simon, schlechter war sie auf keinen Fall. Nicht nach diesen Monaten intensiven Trainings!

Von nun an bereitete sich Bille systematisch auf das erste Turnier dieses Jahres vor. Nicht nur ihre Pferde, vor allem sich selbst. Sie schlief viel, vertilgte ungeheure Mengen von Salat, Obst, Honig, Milch und allem, von dem sie glaubte, dass es ihre Kondition verbessern könne. Statt morgens mit Zottel nach Groß-Willmsdorf hinüberzureiten, joggte sie.

Sie ließ sich von Onkel Paul – der sich freute, sie so aktiv zu sehen – nach Leesten in die Sauna und zur Massage fahren und überredete Tom, zweimal wöchentlich mit Bettina und ihr ins Schwimmbad zu gehen.

Als der Tag des Turniers herankam, sah Bille aus, als hätte sie sechs Wochen Kuraufenthalt am Meer hinter sich. Auf der Straße drehten sich die jungen Männer nach ihr um, und im Internat überboten sich die Mitschüler an Hilfsbereitschaft und Liebenswürdigkeit. Noch nie hatte man ihr so oft die Tür aufgehalten, Bonbons oder Schokolade angeboten oder heruntergefallene Hefte aufgehoben. Schlug sie in der Studierstunde ihre Bücher auf, lagen Liebesgedichte oder anonyme Briefe darin, in denen ihr Lob gesungen wurde, und ging sie in den Stall, rannte sicher jemand hinter ihr her, der Apfel oder Zuckerstücke für ihre Pferde aufgespart hatte oder seine Hilfe beim Putzen anbot.

Für Simon war dies alles ein Beweis seiner schlimmsten Vermutungen: Wer so blühend aussah, konnte nur frisch verliebt sein! Zwar hatte er keine Ahnung, wer der Glückliche war, aber das Internat verfügte über eine ganze Reihe gut aussehender und begabter Jungen. Ja, nicht nur das, auch unter den Lehrern gab es mindestens zwei, die das Herz eines Mädchens höher schlagen lassen konnten.

Das Turnier in Neukirchen begann am Freitag. Auf dem Lehrplan der jungen Reiter stand für den Donnerstag das Herrichten eines Turnierpferds. In langer Reihe waren die Schulpferde draußen vor dem Stall angebunden, und überall mühten sich mehr oder weniger geschickte Hände mit dem Einflechten der Mähnen und dem Verziehen der Schweife. Dann wurde die nötige Ausrüstung für ein Turnier zusammengestellt, Schutzmaßnahmen für den Transport besprochen, über das Für und Wider der verschiedenen Bandagen und Gamaschen diskutiert, die Lektion „Erste Hilfe" wiederholt, und schließlich erklärte Johnny der Indianer, der dem Reitlehrer Herrn Toellmann assistierte, ihnen noch ein paar Tricks für den Fall, dass sich ein Pferd weigerte, in den Transporter zu steigen.

Das Verladen der Pferde am nächsten Tag ging zum Glück ohne Probleme ab. Luzifer, der Gutmütigste unter den Schulpferden, wurde als Erster in den großräumigen Laster geführt, und die anderen folgten ihm willig.

An diesem ersten Tag starteten Reiter der C-Kategorie in Dressur und Springen; außerdem gab es Leistungsprüfungen, Ponywettbewerbe und Fahrprüfungen. Es waren nur wenige Zuschauer da, die wurden erst für den Sonntag erwartet. Trotzdem war das Lampenfieber groß, und der Jubel über die zahlreichen Platzierungen, die von den Groß-Willmsdorfern erreicht wurden, noch um einiges größer.

Ignaz der Schreckliche war ständig zwischen Dressurplatz und Parcours unterwegs, ermunterte hier, tröstete dort, strahlte Ruhe und Zuversicht aus und wusste auf jede Frage eine Antwort. Frau Körber, die erst am nächsten Tag mit ihrem Pferd startete, spielte die Mutter vom Dienst; sie schenkte aus Thermosflaschen heißen Zitronentee aus, verteilte Traubenzucker und Kekse, Obst und belegte Brote, hielt Heftpflaster und Nähzeug bereit; sie hatte immer im entscheidenden Moment ein sauberes Papiertaschentuch, einen feuchten Lappen oder eine Sicherheitsnadel zur Hand und half bei der Abwicklung der Formalitäten im Büro.

Am Samstag startete die nächsthöhere Leistungsklasse, alle Übrigen kamen als Zuschauer mit, und Herr Hütter, der

Direktor, hatte einen Bus gemietet, der die ganze übermütige Gesellschaft nach Neukirchen hinüberfuhr. Es war wie ein großer Familienausflug, und die Reiter mussten sich energisch gegen allzu viele helfende Hände zur Wehr setzen, die mehr Unruhe und Durcheinander anrichteten, als dass sie eine willkommene Unterstützung gewesen wären.

Als Frau Körber mit ihrem noch jungen Pferd in der A-Dressur den ersten Platz belegte, wurde sie von ihren Schülern auf die Schultern genommen und im Triumphzug zum Transporter getragen, während ihr Wallach von so vielen streichelnden Händen bedeckt war, dass kaum noch ein freies Stück Fell übrig blieb.

Da die Sonne schien und es ein herrlich warmer Frühlingstag war, hielten sie auf der Wiese neben dem Transporter ein Picknick und kamen sich vor wie fahrendes Volk zwischen all den Wagen und Pferden. Überall standen große und kleine Transportanhänger, umgeben von Pferden und jeglichem Zubehör, Reiter und ihre Familien, Kinder, Hunde lagerten um diese wie Inseln auf der Wiese verstreuten Ersatzbehausungen. Tränkeimer wurden hin und her geschleppt, Informationen ausgetauscht, Pferde fachmännisch begutachtet. Hin und wieder erhob sich sehnsüchtiges Wiehern über der quirligen Geschäftigkeit der Turnierteilnehmer und ihrer Begleiter.

„Vorn am Eingang gibt's jetzt Eis! Da, wo die Kasse ist", berichtete Oliver.

„Was? Nichts wie hin!", rief Beppo. „Wer kommt mit?"

„Und sonst? Keinen Kuchen?", erkundigte sich Mini.

„Den gibt's an der Kaffeebar in der Halle drinnen."

„Mini!", mahnte Frau Körber.

„Nicht für Luzifer, bestimmt nicht!"

„Er hat seine Tafel Schokolade schon gekriegt für seinen dritten Platz bei der E-Dressur", sagte Christine kichernd.

„Stimmt gar nicht!"

„Na?" Frau Körber sah Mini zweifelnd an.

„Höchstens 'ne halbe."

Peter kam mit mehreren Papptellern voller gegrillter Würstchen von der Reithalle her.

„Schnell! Nehmt mir welche ab, ehe sie alle in den Dreck fallen! Wer hat Würstchen bestellt?"

„Ich!"

„Ich auch!"

„Hier!"

„Leute, Franca hat null Fehler! Sie kommt ins Stechen!", rief Timo außer Atem. Er war, ohne es zu wissen, die zweihundert Meter in Rekordzeit gelaufen.

„Was? Ich wusste gar nicht, dass sie schon dran ist! Warum erfährt man so was nicht!", schimpfte Peter und rannte, sein Würstchen wie eine Siegestrophäe in die Höhe haltend, zum Parcours hinüber.

„In einer Viertelstunde geht's weiter, der Parcours wird erst umgebaut!"

Aber nun gab es kein Halten mehr, alles stürmte davon. Nur Frau Körber atmete tief ein, sie schloss die Augen und lehnte sich gegen die Rampe, um den Augenblick der Ruhe zu genießen.

Der Indianer, der ein bisschen durch das Gelände gestreift war, kam zu ihr herüber und setzte sich neben sie, aber er störte sie nicht. Er hatte viel gesehen, viel beobachtet. Manches hatte ihm gefallen, anderes gar nicht. Falscher Ehrgeiz, Rücksichtslosigkeit gegen Pferde, Lieblosigkeit, Dummheit, mangelndes Einfühlungsvermögen im Umgang mit den vierbeinigen Freunden waren Dinge, die ihn tief unglücklich machen konnten. Und Johnny der Indianer hatte seine eigene Art, mit Pferden zu sprechen und von ihnen zu erfahren, was sie bedrückte.

Auch der zweite Turniertag ging erfolgreich für die Groß-Willmsdorfer zu Ende. Nun wartete man gespannt auf den Sonntag, den Tag, an dem die Großen, die Könner und Profis starteten.

Bille hatte den Tag der Vorbereitungen in großer Ruhe und Konzentration verbracht. Da auch Tom, Joy, Florian, Nico und Simon starteten und ihre Pferde vorbereiten mussten, fiel es nicht auf, dass Bille nur das Notwendigste sprach. Jeder war mit sich beschäftigt und achtete nicht besonders auf die anderen. Und was Simon betraf, der hatte eine Helferin, die unermüdlich um ihn herumwieselte und versuchte, ihm so gut sie konnte zur Hand zu gehen.

Am nächsten Morgen starteten sie im Konvoi. Onkel Paul fuhr mit Bille, Black Arrow und San Pietro voran, ihnen folgte Tom mit Bettina und Joy, die Troilus und Saphir in ihrem Anhänger hatten. Das Schlusslicht bildeten Hans Tiedjen und Simon mit Feodora und Nathan.

Bille, ausgeruht und – wie sie zu ihrem Erstaunen feststellte – ohne jede Nervosität, sah in ihrer Turnierkleidung so hübsch aus, dass Simons Herz hart zu klopfen begann, als er sie sah. Bille beachtete ihn kaum, sie war vollauf mit ihren Pferden beschäftigt. Simon starrte mit so unglücklichem Gesicht zu ihr hinüber, dass seine Schwester Bettina darauf aufmerksam wurde.

„Weißt du, dass du der größte Idiot bist, der auf Gottes Erdboden herumläuft?", sagte sie, nicht gerade sanft, zu Simon.

„Ich? Wieso? Was habe ich denn getan?"

„Nichts, das ist ja das Schlimme. Du hättest etwas tun müssen! Zumindest hättest du etwas verhindern müssen. Aber ihr Männer seid ja blind vor lauter Eitelkeit!"

Simon schluckte. Bettina stieg ins Auto, vorn fuhr Onkel Paul vorsichtig an, Tom folgte mit seinem Wagen in dem gebotenen Abstand. Herr Tiedjen setzte sich hinter das Steuer. Simon beugte sich zu ihm hinunter.

„Mir fällt da etwas ein", stotterte er. „Ich habe zu Hause etwas vergessen. Macht es Ihnen etwas aus, allein vorzufahren? Ich komme dann mit meinem Wagen nach."

„Nein, nein, ist in Ordnung. Wir sehen uns in Neukirchen. Du hast ja sowieso bis Mittag Zeit."

Bille und Joy kamen als Erste dran; sie liefen zur Meldestelle und begannen anschließend sofort mit dem Abreiten ihrer Pferde.

San Pietro sah sich neugierig unter den vielen fremden Kollegen um und wieherte zur Begrüßung. Er schien ausgezeichneter Stimmung zu sein und zeigte keine Spur von Unruhe. Erst als Bille in den Parcours einritt und der Wallach das Publikum sah, schien er für Sekunden vom Startfieber befallen. Bille spürte seinen Herzschlag durch den Sattel. Doch nach dem ersten Sprung, den er weit überflog, legte sich seine Nervosität. Jetzt war er vollkommen konzentriert und aufmerksam.

Bille spürte, dass San Pietro weit mehr zu leisten vermochte, als hier von ihm gefordert wurde, und auch der Wallach schien es zu wissen, jedenfalls absolvierte er den Parcours wie eine Stilübung. Anhaltender Applaus belohnte Pferd und Reiterin.

Saphir hatte weniger Glück, zweimal kam sie aus dem

Tritt und riss eine Stange. Joy trug es mit Fassung und lobte ihre Stute zärtlich, als sie den Parcours verließen. Saphir wurde alt, und es war Zeit für sie, vom Turnierplatz Abschied zu nehmen und nur noch im Gelände zu gehen. Es war ohnehin ein Wunder, was Joy durch Geduld, Liebe und gute Pflege aus der Schimmelstute gemacht hatte, die sie verritten und verängstigt vor drei Jahren übernommen hatte.

Auch das Stechen absolvierte San Pietro ohne Fehler. Der Sieg war Bille und ihm sicher, als keiner der vier Reiter, die gegen sie angetreten waren, diesmal einen Nullfehlerritt schaffte.

„Ich habe es gewusst!" Hans Tiedjen schloss Bille herzlich in die Arme. „Ihr zwei wart einfach unschlagbar. Ich glaube, das wird ein erfolgreicher Sommer für euch."

„Heißt das, dass ich mit San Pietro auch weiterhin starten darf, Daddy?"

„Selbstverständlich. Was dachtest du?"

„Na ja, Simon …"

„Simon wird ein weiteres junges Pferd zur Ausbildung bekommen, vielleicht sogar zwei. Wenn Nathan und Feodora im nächsten oder übernächsten Jahr ihre Karriere beenden, werden die Neuen dann inzwischen so weit sein."

„Super! Zwei Neue!"

Tiedjen lachte.

„Man sollte wirklich meinen, wir hätten genug Pferde für dich auf dem Hof! Aber nun geh, ruh dich ein bisschen aus, du musst heute noch einiges leisten! Ich habe hinter der Halle bei der Imbiss-Ausgabe einen Tisch für uns reserviert. Da kriegst du jetzt erst mal was zu essen."

„Ach, ich hab gar keinen Hunger. Was gibt's denn da?"

„Gegrillte Steaks und Kartoffelsalat oder Pommes frites."

„Doch, ja, ich glaube, jetzt spüre ich doch ein gewisses Leeregefühl im Magen."

„Na siehst du. Und hinterher gibt's Apfelkuchen mit Sahne und Kaffee. Ich erwarte dich dort."

Bille versorgte San Pietro und aß dann in der Gesellschaft von Tom, Bettina, Daniel, Joy und Herrn Tiedjen zu Mittag. Der Sieg mit San Pietro hatte sie in Hochstimmung versetzt. Selbst wenn Black Arrow im S-Springen nicht erfolgreich sein sollte, der Tag war gut.

Billes Stimmung verflog allerdings schlagartig, als sie zum Wagen zurückging, um Black Arrow zu satteln. Da stand Simon und legte Nathan den Sattel auf. Und neben ihm Karla, zwei Zigaretten im Mund, die sie gerade anzündete, um eine davon Simon zwischen die Lippen zu stecken. Dass Simon rauchte, das war Bille neu, aber darauf kam es nun auch nicht mehr an.

Bille sattelte Black Arrow und ritt zum Abreiteplatz hinüber. Bevor sie aufstieg, hatte sie ihn einmal kurz umarmt und ihm zugeflüstert: „Lass mich nicht im Stich, hörst du? Heute geht's ums Ganze!" Jetzt spürte sie eine große Welle der Zuversicht und des Einverständnisses von ihrem Pferd auf sich übergehen. Nie hatte sie die Freundschaft zwischen Black Arrow und ihr so intensiv empfunden. Sie und ihr Pferd waren eins, das fühlte sie.

Simon kam mit Nathan auf den Abreiteplatz und lächelte ihr zu. Er sah nicht besonders glücklich aus. Sein Problem, dachte Bille. Er lockerte sein Pferd kurz, ließ Nathan einen Probesprung machen und wurde bald darauf aufgerufen. Wie erwartet, hatten die beiden null Fehler, aber als Simon den Parcours verließ, ließ er die Richter wissen, dass Nathan zu einem Stechen nicht mehr antreten würde; er war am Wassergraben umgeknickt und lahmte leicht.

„Ist das nicht übertriebene Vorsicht?", hörte Bille Karla sagen. „Er lahmt doch schon gar nicht mehr! Er war nur für ein paar Schritte aus dem Takt."

„Wenn schon. Er hat sich wehgetan, und das Risiko gehe ich nicht ein. Das Pferd ist wichtiger als der Sieg."

Der Punkt geht an mich, meine liebe Karla, dachte Bille, das hättest du nicht sagen dürfen.

Jetzt war sie an der Reihe. Black Arrow sprang wie ein junger Gott. Vom ersten Hindernis an merkte sie, wie genau er aufpasste und Entfernung und Höhe sicher abmaß. Sie brauchte nur darauf zu achten, ihn möglichst nicht zu behindern, hin und wieder ein kleiner Hinweis auf eine besonders enge Kehre, eine schwierige Doppelkombination, ansonsten konnte sie ihn laufen lassen. Null Fehler und die bisher beste Zeit! Bille unterdrückte das aufkommende Gefühl eines möglichen Sieges, denn sicher würde es ein Stechen geben, und noch war Simon mit Feodora nicht im Parcours gewesen.

Sie hatte recht. Fünf Reiter waren im Stechen. Ihre Chancen auf einen zweiten oder dritten Platz standen nicht schlecht. Da! Sie wurde aufgerufen. Der Reiter vor ihr hatte sich verritten und aufgegeben. Hoffentlich passierte ihr das nicht! Blitzschnell prägte sie sich noch einmal die nun verkürzte Strecke ein.

Hatte Black Arrow heute einen unsichtbaren Helfer? War es seine Freundschaft zu ihr, dass er sich selbst übertraf? Er sprang fast noch besser als beim ersten Mal. Null Fehler, das Publikum applaudierte wild. Ganz gleich, wie das Springen ausging, der Star des heutigen Tages hieß Sibylle Abromeit.

Der nächste Reiter hatte acht Fehler. Der übernächste vier. Jetzt kam Simon. Bille hielt den Atem an. Ein großartiger Ritt – und null Fehler.

„Donnerwetter, das hättest du dir auch nicht träumen lassen, wie?", sagte Hans Tiedjen hinter ihr. „Mit Simon im Stechen!"

Aber Bille hatte keine Zeit, darüber nachzudenken. Wieder wurde die Strecke verkürzt, zwei Hindernisse erhöht. Das Startzeichen! Black Arrow schoss los, als hätte er an diesem Tage noch nichts getan. Konnte das gut gehen, dieses Tempo, dieser Übermut? Vorsicht, Junge!, raunte Bille ihm zu, aber ihre Sorge war überflüssig. Black Arrow nahm genau Maß; seine Sprünge waren formvollendet. Null Fehler. Der Beifall wurde zum Orkan.

Jetzt kam Simon. Er drosselte das Tempo, riskierte nichts. Feodora sprang sauber und überlegt, und Bille war sicher, dass auch sie das zweite Stechen mit null Fehlern bestehen würde. Aber da passierte es. Der vorletzte Sprung, eine kleine Unaufmerksamkeit, Feodora berührte die Stange, riss sie mit. Ärgerlich über ihren Fehler legte die Stute die Ohren an und stürmte auf das letzte Hindernis zu. Da – ein deutliches „Klack"! Ein Huf hatte die Mauer gestreift, doch die beiden hatten Glück, nichts fiel zu Boden.

Bille war abgestiegen und hatte Onkel Paul Black Arrow übergeben, der den Wallach herumführte. Sie selbst hatte atemlos Simons Ritt verfolgt und starrte nun fassungslos auf die Anzeigetafel. Simon kam im Galopp aus dem Parcours, stoppte scharf neben Bille und sprang aus dem Sattel. Er ließ die Zügel der Stute los, schlang seine Arme um Billes Hüften, hob sie hoch und wirbelte mit ihr im Kreis herum.

„Du hast's geschafft, du hast's geschafft! Menschenskind, fantastisch, super, irre, spitze! Ihr wart einsame Klasse! O Mann, ich freue mich so!"

Bille schaute ihn verwirrt an.

„He, ich hab das Gefühl, du hast noch nicht kapiert, was los ist! Du hast den ersten Platz! Du hast gesiegt!"

Da Bille ihn immer noch anstarrte, besann sich Simon auf ein altbewährtes Mittel. Er küsste sie, bis ihm jemand eine Hand auf die Schulter legte und ihn darauf aufmerksam machte, dass sie beide zur Siegerehrung erwartet wurden.

Nach der Preisverleihung wurde Bille von Reportern umdrängt.

„Einen Moment, Fräulein Abromeit!"

„Fräulein Abromeit, schauen Sie bitte hier herüber!"

„Noch einmal so nett lächeln, bitte!"

„Fräulein Abromeit, bitte einmal das Pferd streicheln!"

„Könnten Sie mit Ihrem Gesicht ein bisschen näher an den Kopf Ihres Pferdes heran? So ist es gut, ja, danke schön! Gleich noch einmal!"

„Moment mal!", sagte Simon und stellte sich dem Reporter in den Weg.

Dann nahm er Billes linke Hand und steckte einen schmalen Goldring an ihren Finger.

„Nur zur Sicherheit. Damit sich hier keiner einbildet, du wärst noch zu haben."

„Und du?"

Simon hob seine linke Hand, an der der gleiche Ring steckte. „Ich auch nicht. Eigentlich", fuhr er fort, „solltest du ihn gleich nach dem Abitur haben. Aber du warst ja nie zu sprechen. Und ich ... na ja, du siehst es ja jetzt, man hat manchmal seine liebe Not mit den Fans ..." Er lachte.

„Fräulein Abromeit, bitte noch eine Aufnahme!"

„Darf ich ein paar Fragen an Sie stellen, Fräulein Abromeit?"

„Würden Sie mir bitte ein Autogramm geben?"

Bille zwinkerte Simon zu. „Ja, ja, ich sehe es."

Tina Caspari wurde in Berlin geboren und lebt heute in der Nähe von München. Das Leben auf dem Land, Tiere und besonders Pferde spielen für Tina Caspari eine wichtige Rolle, hier findet sie die Ideen für ihre Geschichten. Bevor Tina Caspari das Schreiben von Kinder- und Jugendbüchern zu ihrem Hauptberuf machte, war sie Schauspielerin und Sprecherin in Funk und Fernsehen. Und eines möchte sie immer noch gerne: selber Filme machen. Das rotweiß gescheckte Pony Zottel hat es übrigens wirklich gegeben. Tina Caspari sagt über ihn: „Zottel war unglaublich verfressen und immer zu Streichen aufgelegt. Er war mein bester Freund. Ich werde ihn nie vergessen."

Bille & Zottel

Bille liebt Pferde über alles. Da macht es ihr noch nicht mal etwas aus, um fünf Uhr morgens aufzustehen, um im Stall zu helfen. Als sie das ehemalige Zirkuspony Zottel zur Pflege bekommt, ist Bille das glücklichste Mädchen der Welt. Zottel erobert Billes Herz im Sturm, und bald sind die beiden unzertrennlich. Billes sehnlichster Wunsch ist es, dass Zottel ihr gehört. Ob ihre Mutter und ihr Stiefvater damit einverstanden sein werden?

**Sammelband 1:
Ein Zirkuspony
zum Liebhaben**
ISBN 978-3-505-13807-2

Enthält die Einzelbände 1-3:
· Pferdeliebe auf den ersten Blick
· Zwei unzertrennliche Freunde
· Mit einem Pferd durch dick und dünn

Bald ist Sommer! Bille und ihr Pony Zottel freuen sich schon auf die Ferien. Aber vorher steht noch einiges an: Ein verwaistes Pony braucht ihre Hilfe, und ein kranker Reitlehrer muss unbedingt aufgemuntert werden. Mit den Sommerferien geht das Abenteuer dann richtig los: Bille und ihre Freude unternehmen mit ihren Pferden einen Wanderritt – aber sie müssen sich auch gegen eine Motorradbande behaupten, die die Koppel zur Rennstrecke auserkoren hat …

**Sammelband 2:
Der schönste Sommer
für Bille und Zottel**
ISBN 978-3-505-13808-9

Enthält die Einzelbände 4-6:
· Applaus für Bille und Zottel
· Die schönsten Ferien hoch zu Ross
· Gefahr auf der Pferdkoppel

Kinder lieben Schneiderbücher!

www.schneiderbuch.de

Film ab für Zottel! Bei Dreharbeiten auf Gut Groß-Willmsdorf ist Billes Pony die Attraktion. Als ehemaliges Zirkuspony weiß Zottel, wie er sein Publikum unterhalten kann. Immer wieder gerät Bille mit ihrem Zottel in komische Situationen und erlebt mit ihm spannende Abenteuer. Als Bille den schönen Wallach Black Arrow zum Geburtstag geschenkt bekommt, freut sich auch Zottel. Black Arrow ist sein bester Kumpel, und nun kann er immer mit ihm zusammen sein. Dass Bille sich in Simon verliebt, macht ihr Glück schließlich vollkommen.

Sammelband 3:
Aufregende Ferien für
Bille und Zottel
ISBN 978-3-505-13809-6

Enthält die Einzelbände 7-9:
. Ein Cowboy für Bille und Zottel
. Ein Filmstar mit vier Beinen
. Im Sattel durch den Sommer

Gut Groß-Willmsdorf wird zu einem Reiter-Internat! Bille und ihre Freunde freuen sich schon auf die vielen Pferdefreunde! Doch kaum sind die neuen Schüler da, versetzt ein Brand im Stall alle in helle Aufregung. Bald darauf hat Billes Pony Zottel wieder einen großen Auftritt: Als Clown in der Manege begeistert Zottel ganz spontan und ungeplant die Zirkusbesucher. Und bei einer öffentlichen Versammlung sorgt das freche, verfressene Pony für jede Menge Chaos, als es sich in einem unbemerkten Moment auf das Buffet stürzt …

Sammelband 4:
Reiterabenteuer mit Bille und Zottel
ISBN 978-3-505-13810-2

Enthält die Einzelbände 10-12:
. Im Hauptfach Reiten
. Sensation in der Manege
. Frühling, Freunde, freche Fohlen

Tina Caspari
Bille und Zottel
je ca. 380 Seiten
Band 1+2: € 9,99 [D]
Band 3+4: € 10,00 [D]

Schneiderbuch
EGMONT

Reiten mit dem Wind

Ein Wildpferd für Johanna

Das Gefühl von Freiheit

Bevor Johannas Familie nach New Mexico gezogen ist, hat ihr Vater ihr ein eigenes Pferd versprochen. Er hat sogar schon einen bestimmten Hengst für sie im Auge. Doch während einer Wanderung in den Bergen stößt Johanna auf eine Herde Wildpferde. Eines der Wildpferde löst sich aus der Herde und stürmt direkt auf sie zu. Eine stolze Stute mit edlem Kopf und feurigen Augen. Johanna spürt sofort, dass sie und dieses Pferd zusammengehören! Das ist der Beginn einer außergewöhnlichen Freundschaft und eine berührende Geschichte über Mut, Vertrauen und bedingungslose Liebe.

Andrea Pabel
Reiten mit dem Wind
Ein Wildpferd für Johanna
192 Seiten, broschiert mit Klappe
€ 9,99 [D]
ISBN 978-3-505-13643-6

Kinder lieben Schneiderbücher!

www.schneiderbuch.de

EGMONT

Linda Crammond

Sundancer
Mit dir bis ans Ende der Welt

Kämpfe für deinen Traum!

Sundancer ist weg, Kiris über alles geliebtes Pferd! Seit Kiri ihm das Leben gerettet hat, sind die beiden unzertrennlich. Es ist zu Kiris wichtigstem Freund geworden, dem sie alles erzählt, was sie bewegt. Denn ihr Vater, mit dem sie allein auf einer Farm am Meer lebt, ist selten zu Hause. Und wenn, dann ist seine neue Freundin Stephanie dabei. Die mag Kiri nicht besonders. Nun hat ihr Vater auch noch Sundancer verkauft, weil er Geld braucht – ohne ihr etwas davon zu sagen. Kiri weiß noch nicht einmal, wo Sundancer hingebracht wurde. Aber sie muss ihr Pferd unbedingt finden und zurückholen – um jeden Preis …

Eine herzergreifende Geschichte über die innige Freundschaft zwischen einem Mädchen und einem Pferd!

208 Seiten, broschiert mit Klappe
€ 9,99 [D]
ISBN 978-3-505-13892-8

www.schneiderbuch.de

EGMONT

Willkommen in Poppys Welt!

Hier gibt es Zuckerwatte und Popcorn zum Frühstück, einen zahmen Löwen namens Butterblume als besten Freund und Jonglieren und Seiltanz als Lieblingsfächer. So sieht Poppys Zirkusleben aus – bis kurz vor ihrem zwölften Geburtstag. Da nämlich kommt sie aufs Internat. Dort sorgt nicht nur Poppy, sondern auch eine ägyptische Ausstellung für Trubel. Denn auf einem geheimnisvollen Rubin soll ein böser Fluch lasten. Und mit einem Mal ist dieser Rubin auch noch wie vom Erdboden verschluckt! Poppy und ihre neuen Freunde wittern ein spannendes Abenteuer …

Laura Wood
**Poppy Pym und
der gestohlene Rubin**
320 Seiten, gebunden
€ 12,99 [D]
ISBN 978-3-505-13803-4

Kinder lieben Schneiderbücher!

www.schneiderbuch.de

Schneiderbuch

EGMONT